本书由上海市德育研究精品出版计划资助

主导论：

多元文化背景下的
高校德育主导性研究

石书臣 等著

人民出版社

目　录

序

  坚持主导性,对大学生进行主流意识形态教育,是高校德育的本质要求。改革开放以前,在封闭与半封闭的社会环境和计划经济体制下,我国思想文化领域相对比较单一,高校德育主导性是比较明确和有效的。改革开放以来,当国门大开和"左"的思想束缚被冲破之后,国外的一些思想、文化不断涌入,民族传统文化也开始发掘,我国思想文化领域呈现出多元文化并存的态势。在多元文化背景下如何坚持高校德育主导性的问题,成为新时期高校德育面临的新课题。

  在当今世界,随着经济全球化、信息网络化的发展,跨国界、跨地域的文化交流日益扩大,各种文化相互交汇、交流、交锋。在适应开放环境与文化交流的过程中,我们要清醒看到发展中国家面临着发达国家经济与科技的强势压力,也面临着发达国家的文化影响与渗透。这种影响与渗透,在理论层面,表现为蕴涵着西方资产阶级价值观的各种哲学社会科学理论、思潮的涌入;在文化层面,表现为通过电影、电视、广播、互联网、书籍、刊物等方式不同程度地传播西方的价值观。我国既不能因为有这些影响而重新封闭,拒绝学习和借鉴西方有益的知识与经验,也不能对一些消极影响而视而不见。

  多元文化的交汇与影响,在高校这个信息、知识的集散地和文化开放的前沿是比较明显的,有的教师和学生面临这种影响,或忽视分辨,或追新求异,或盲目认同,一时受西方某些理论、思潮的消极影响在所难免,但关键是要正视这种影响,并针对影响进行自觉的教育引导。因为大学生的世界观、人生观和价值观正处在形成与巩固之中,具有可塑性,德育的引导显得尤为重要。

在现代社会条件下,文化的作用日益突出,文化建设日益受到各国重视,为此,西方国家提出了"文化软实力"概念。在我国,江泽民在党的十五大报告中明确指出:"有中国特色社会主义的文化,是凝聚和激励全国各族人民的重要力量,是综合国力的重要标志。"(《江泽民文选》第2卷,人民出版社2006年版,第33页)胡锦涛在党的十七大报告中进一步强调:"当今时代,文化越来越成为民族凝聚力和创造力的重要源泉、越来越成为综合国力竞争的重要因素,丰富精神文化生活越来越成为我国人民的热切愿望。要坚持社会主义先进文化前进方向,兴起社会主义文化建设新高潮,激发全民族文化创造活力,提高国家文化软实力,使人民基本文化权益得到更好保障,使社会文化生活更加丰富多彩,使人民精神风貌更加昂扬向上。"(胡锦涛:《高举中国特色社会主义伟大旗帜 为夺取全面建设小康社会新胜利而奋斗——在中国共产党第十七次全国代表大会上的报告》,人民出版社2007年版,第33页)特别是在多元文化背景下,如何弘扬中华民族文化、坚持社会主义意识形态主导地位,日益成为我国文化建设的突出问题。为此,高校德育必须站在维护中华民族文化与社会主义意识形态安全的高度,以对学生全面发展负责的态度,对学生的文化生活进行正确引导。要旗帜鲜明地反对那些否定和淡化意识形态、怀疑中华民族文化生命力与竞争力、主张文化西方化、趋同化的错误倾向。思想文化领域的多元化发展,既彰显了坚持高校德育主导性的现实意义,也为高校德育坚持主导性增加了难度。因而,深入分析多元文化背景对高校德育主导性的影响,探讨坚持高校德育主导性的理论和方法,成为我国高校德育面临的重要现实性课题。

在多元文化背景下坚持高校德育主导性,关键是要处理好主导性与多样性的关系。主导性与多样性相结合,实际上是普遍性与特殊性的辩证。多样性既是现代社会发展的标志,也是人们推进发展所呈现的差异。在多样性发展过程中,为了实现发展的协调与和谐,必须坚持主导性。所谓主导性,就是民族国家发展的方向性与规定性,在不同层面体现着不同要求。在经济层面要坚持市场体制和经济全球化发展中的国家政治主导;在文化层面要坚持对外开放和多元文化激荡中的民族文化主导;在科技层面要坚持科技发展和社会信息化条件下的人本主导;在社会层面要坚持社会多样化和个体特色化发展的社会主义核心价值体系主导。多样化发展只有遵循国家发展的方向与规范,才能明确发展目标,得到发展保证。主导性只有以多样化发展为基础,才能实现主导价值。应当看到,在德育过程中,在学生的目标确立与行为规范上,主导性与多样性往往存在矛盾,比如,在理论教育中重书本、轻实际的教条主义倾向;在实际教育中忽视马克思主义理论指导的经验主义倾向;在各种教育内容选择过程中忽视主旋律教育的"边缘性"倾向;以及有些人不同程度存在的政治信仰迷茫、理想信念模糊、价值取向扭曲的倾向等,都是主导性与多样性相脱离的具体表现。为此,高校德育既要始终坚持马克思主义在高校教育中的指导地位,也要不断提高大学生多样性发展的主导能力,引领大学生全面发展。

中共中央《关于深化文化体制改革推动社会主义文化大发展大繁荣若干重大问题的决定》对高校德育坚持主导性提出新的要

求，强调"社会主义核心价值体系是兴国之魂，是社会主义先进文化的精髓，决定着中国特色社会主义发展方向。必须强化教育引导，增进社会共识，创新方式方法，健全制度保障，把社会主义核心价值体系融入国民教育、精神文明建设和党的建设全过程，贯穿改革开放和社会主义现代化建设各领域，体现到精神文化产品创作生产传播各方面，坚持用社会主义核心价值体系引领社会思潮，在全党全社会形成统一指导思想、共同理想信念、强大精神力量、基本道德规范。"因而，高校如何坚持以社会主义核心价值体系主导，引领发展方向，帮助大学生自觉坚持社会主义核心价值体系的主导地位，成为高校德育的重大战略任务。

总之，研究多元文化背景下高校德育主导性问题，是一个前沿性的重要课题。《主导论：多元文化背景下的高校德育主导性研究》一书，就是一部专门研究该问题的学术专著。该书以马列主义、毛泽东思想和中国特色社会主义理论体系为指导，以社会多样化、文化多元化为现实背景，从多元文化背景的形成到多元文化背景对我国高校德育主导性的影响；从高校德育主导性的本质涵义到坚持高校德育主导性的时代要求；从高校德育主导性的基本理论到高校思想政治理论课的教学实践；从我国高校德育主导性的特色到中美两国高校德育主导性的比较等层面，比较系统地探讨了多元文化背景下高校德育主导性的深化与发展，形成了一部富有时代感和创新性的学术专著，体现出以下明显特点：

一是导向明确。该书从坚持马克思主义指导地位和社会主义意识形态主导地位的高度，揭示了高校德育主导性的涵义和本质要求，并把马列主义、毛泽东思想和中国特色社会主义理论体系作为高校德育的主导内容。该书分析了有些高校德育程度不同存在的"中性化"、"边缘化"、"市场化"、"迎合化"错误倾向，强调了高校德育主导性与主流意识形态的统一性。这对在多元文化背景下坚持高校德育主导性的正确方向,无疑具有正确的导向作用。

二是视野开阔。该书站在文化建设与发展的高度,深入分析了高校德育与文化环境的关系,探讨了文化环境的德育价值和高校德育的文化价值,并从高校德育与文化环境的内在联系中,深入分析了多元文化背景对坚持高校德育主导性的影响。该书还从比较的视野,通过借鉴美国的政治社会化与政治文化理论、现代自由主义的正义原则和重叠共识理论等,进行了中美两国高校坚持德育主导性的比较研究,揭示了不同国家高校坚持德育主导性的普遍性。

三是时代感强。该书以文化多元化为时代背景,从分析多元文化背景的成因及发展趋势入手,深入探讨了多元文化背景对高校坚持德育主导性的深刻影响,并提出了高校坚持德育主导性的时代要求。该书还吸收借鉴了人本德育、学习型德育、主体性德育、开放性德育等现代德育理念,对多元文化背景下高校德育主导性的发展具有一定的促进作用。

四是富有新意。该书内容比较新颖,其中,对高校德育主导性的涵义与本质的研究,对多元文化背景下高校德育主导性的深化与发展研究,对多元文化背景下高校思想政治理论课的主导性研究,对中美两国高校德育主导性的比较研究等,都颇有见解与特色。有些见解和观点富有新意,诸如高校德育主导性的本质在于坚持主流意识形态在高校德育过程中的主导地位;高校德育的主导功能包括理想信念的科学主导、智能发展的方向主导、行为取向的价值主导、心理问题的理性主导等;要根据建设马克思主义理论一级学科的要求增强高校思想政治理论课的主导合力;要突出高校思想政治理论课的主导地位等,都颇有独到见解。

毋庸讳言,由于该著作所研究的主题涉及内容广泛,而且处在不断发展变化之中,因而作者难以把握周全,难免有疏漏和不尽人意之处。但作者毕竟提出和研究了当代高校德育很重要、很现实的理论与实际问题,希望作者围绕这一问题进一步深化研究,力争取得更新的研究成果。

郑永廷

2011 年 10 月 30 日

于中山大学康乐园

第一章　多元文化背景下高校德育主导性研究导论

坚持主导性,是高校德育的本质要求,其实质是对大学生进行主流意识形态教育。就我国高校德育而言,坚持主导性,就是要坚持马克思主义在我国意识形态领域的指导地位。改革开放以前,在封闭与半封闭的社会环境和单一的计划经济体制下,我国的思想文化领域比较单一,所以高校德育的主导性比较明确,也容易发挥作用。改革开放以后,随着我国社会的转型和国内外形势的深刻变化,我国思想文化领域日益呈现出多元化发展趋势。因而,如何在多元文化背景下坚持马克思主义在意识形态领域的指导地位,成为高校德育面临的一个新课题。

第一节　高校德育主导性的内涵

当前,在诸多关于高校德育(或高校思想政治教育)的专著和学术论文中,主导性已是一个常见的概念,但是,对于高校德育主导性的内涵,却很少有人进行解释。在实际工作中,人们对它的全部含义也比较笼统、模糊,有的甚至把主导性与阶级性、政治性等同,以至于在以经济建设为中心,和平与发展成为时代主题的现代社会,产生了要不要高校德育主导性的困惑,严重影响了高校德育主导性的实现和发展。因此,在研究多元文化背景下高校德育主导性问题之前，有必要先对高校德育主导性的概念和内涵进行简要的阐释。

一、德育的概念及其在我国的历史演进

关于德育一词，一般认为是近代以来西方学者始用的新概念。早在 18 世纪 70、80 年代，德国哲学家康德就把遵从道德法则培养自由人的教育称为"moralische Erziehung（道德教育，简称'德育'）"或"practische Erziehung（实践教育）"。1860 年，英国学者斯宾塞在他的《教育论》一书中把教育明确划分为"智育（intellectual education）"、"德育（moral education）"、"体育（physical education）"。从此，"德育"逐渐成为教育世界中的一个基本概念和常用术语。需要说明的是，由于这里的德育概念是我们在翻译成中文时对西方的道德教育的简称，这与我们现在所理解的德育概念相比，其内涵相对较小，所以，我们将它称为狭义的德育概念。

我国古代并没有德育这个概念，亦称道德教育。我国的德育概念是 20 世纪初由西方传入的。班华主编的《现代德育论》一书中认为，我国最早使用德育这一专门术语的是 1902 年的《钦定京师大学堂章程》："外国学堂于知育体育之外，尤重德育"。1906 年王国维著《论教育之宗旨》正式使用"德育"这一术语，他所说的"德育"实际上就是道德教育。1928 年唐钺等人编纂的《教育大辞书》对"德育"也作"道德教育"的理解："德育为教育之一方面，以儿童之道德心之陶冶为目的"，是"德性之熏陶。"①由此可见，我国传统的德育概念起初也限指"道德教育"。同时，我们也要认识

---

① 班华主编：《现代德育论》，安徽人民出版社 2001 年版，第 9 页。

到,这与我国古代德政一体的道德教育有很大差别。

　　建国以后,由于受我国社会意识形态发展的影响,德育内容有了新的扩展,我们所理解和使用的德育概念便与西方有了很大差别。特别是到了80年代,人们逐渐把道德教育、政治教育、人生观和世界观教育、法制教育等收进到德育概念中来,于是便出现了与德智体全面发展和德才兼备意义上的"德"的素质相对应的广义的德育概念。1985年,董纯才等人主编的《中国大百科全书·教育卷》认为:德育是"教育者按照一定的社会或阶级的要求,有目的、有计划、有组织地对受教育者施加系统的影响,把一定的社会思想和道德转化为个体的思想意识和道德品质的教育。"① 1990年顾明远主编的《教育大辞典》中释义为:德育"旨在形成受教育者一定思想品德的教育。在社会主义中国包括思想教育、政治教育、道德教育。"②这两种解释进一步扩展了德育的内涵,但这两种表述所突出的都是德育的社会性目标和统一性要求,而对受教育者的主体性、个体目标和多样化需要还体现不够。1994年,《中共中央关于进一步加强和改进学校德育工作的若干意见》中指出,"要遵循青少年学生思想品德形成的规律和社会发展的要求,根据德育工作的总目标,科学地规划各教育阶段的具体内容、实施途径和方法。……各种教育内容的深浅和侧重点,要针对不同年龄及学习阶段的理解和接受能力有所不同,逐步提高。"鲁洁、王逢贤主编的《德育新论》一书中也认为"德育是教育者根据一定社会和受教育者的需要,遵循品德形成的规律,采用言教、身教等有效

---

① 董纯才等主编:《中国大百科全书·教育卷》,中国大百科全书出版社1985年版,第59页。

② 顾明远主编:《教育大辞典》第1卷,上海教育出版社1990年版,第97页。

手段，通过内化和外化，发展受教育者的思想、政治、法制和道德几方面素质的系统活动过程。"①这两种表述不仅明确指出德育要遵循社会发展的要求和根据社会的需要来实施，而且强调要"遵循青少年学生思想品德形成的规律"和"受教育者的需要"，从而实现了德育客体性与主体性、统一性与层次性的有机统一。

现在，广义的德育概念已成为我国高校普遍认同并使用的概念，也是本文立论所使用的概念。当然，我们既要坚持德育概念发展观，又必须反对德育概念的泛化倾向。

二、高校德育主导性的含义

主导一词，在现代社会是一个使用频率较高的概念。在现代汉语中，主导一词主要有两种释义：一是释作形容词，表示起主导作用的（方面）；二是释作名词，表示起主导作用的事物。在学术研究领域，一般都是从作用角度进行阐释的，其内涵主要包括统领、领导、指导、引导、支配、控制、保证、促进等作用。当用作形容词时，指"发挥主导作用的"。比如，有学者从价值观的角度认为，"主导价值观，顾名思义，它包含两个层面的意思：一是地位上的主导、核心；二是作用上的引导、导向。这两层意思互相补充、互相影响。其中地位上的主导、核心决定着作用上的引导、导向；后者又是前者在操作层面上的延伸。他们共同对社会的存在和发展起着推动和影响作用。"②也有学者从教育的角度认为，"教育与其他影响因素相比，特别是与遗传、环境相比，在人的身心发展中起主

---

① 鲁洁、王逢贤主编：《德育新论》，江苏教育出版社1994年版，第95页。
② 贾英健：《多样价值观态势与主导价值观的确立》，《山东社会科学》2002年第1期。

导作用。这种主导作用，有的人理解为促进作用；有的人理解为规范发展方向、促进身心多方面和谐发展、加速发展、促进潜力发展等几个方面；也有的人理解为控制着人的发展方向、速度和水平。不管作哪种理解，其理由大致都是认为：教育是有目的、有计划、有组织的活动，能够遵循人的身心发展的规律，能有意识地对各种环境因素进行控制、改造和利用，把遗传所提供的人的发展的可能性和环境为人的发展所提供的后天条件充分地运用起来，是一种高度自觉的影响，等等。"①当用作名词时，指"发挥主导作用的事物或方面"。如有的学者认为，"所谓主导，就是引导、选择的主要方向、方面及重点"②。虽然一般都认为主导有形容词和名词两种基本用法，但在具体应用中，有时也作为动词来使用。如胡锦涛同志指出："妥善处理人民内部矛盾，完善信访制度，健全党和政府主导的维护群众权益机制。"③这里显然是将主导作为动词来使用的，指"起主导作用"。

　　根据上述分析，主导性的概念应包括两个方面的含义：从事物本身讲，是指事物保持其引导的主要方向、方面和重点的特性，即本质主导性；从事物与其作用对象的关系讲，是指事物具有主要的和引导的作用的特性，即功能主导性。事物的主导性是本质主导性与功能主导性的有机统一，本质主导性规定着功能主导性的性

---

① 唐荣德：《"学校教育主导作用论"在教育实践中引发的认识误区》，《桂林市教育学院学报》1999 年第 4 期。

② 郑永廷：《现代思想道德教育理论与方法》，广东高等教育出版社 2000 年版，第 111 页。

③ 胡锦涛：《高举中国特色社会主义伟大旗帜，为夺取全面建设小康社会新胜利而奋斗——在中国共产党第十七次全国代表大会上的报告》，人民出版社 2007 年版，第 41 页。

质和方向,功能主导性则是本质主导性的实现条件。

根据对主导和主导性概念的分析,我们认为,高校德育主导性也包括两个层面的主导性:就其本质层面而言,是指高校德育要坚持引导、选择的主要方向、方面和重点的特性,主要表现为具有主导目标、主导内容、主导方法等,有坚定明确的政治方向;就其功能层面而言,是指高校德育居于主导地位、发挥主导作用的特性,主要表现为对大学生成长成才的方向保证作用、价值导向作用、目标激励作用等。高校德育主导性是这两个方面主导性的有机统一。其中,高校德育本质主导性规定着功能主导性的性质和发展方向,而功能主导性则是本质主导性的实现条件。简言之,高校德育主导性,就是高校德育坚持引导、选择的主要方向、方面和重点,并在大学生成长成才过程中发挥主导作用的特性。

第二节　高校德育主导性的本质

高校德育主导性的本质与高校德育的一般性质和本质规定有着内在的联系,因此,认识高校德育主导性的本质,必须首先弄清高校德育的一般性质和本质规定。只有正确认识和把握它们之间的关系,才能在多元文化的影响下,始终坚持高校德育的正确发展方向。

一、高校德育的一般性质

德育的一般性质指的是在一切德育中普遍存在的、贯穿于德育始终的特性。一般认为,德育具有阶级性和社会性两种属性。胡德海教授在其所著《教育学原理》一书中认为,教育形态有教育活动与教育事业之别,存在着两种不完全相同的本质属性,"就教育活动这一教育形态而言,教育的本质属性是它的传递性、工具性、手段性。……教育活动的这个专门特点决定了它可以为一切社会,为人的各种社会生活服务,……其次,还必须肯定,在阶级社会中各种不同的教育事业、教育制度都是为了适应一定人、一定民族、一定国家、一定团体,总之是适应一定社会的政治、经济、阶级的需要的,因此,各种不同社会制度下的学校教育事业都必然具有不同的阶级性、民族性。"①德育作为教育的重要组成部分,必然也具有社会性和阶级性两种属性。1995 年原国家教委颁布试行的《中国普通高等学校德育大纲》中也曾强调:"德育即思想、政治、品德教育,它体现教育的社会性和阶级性,是学校教育的重要组成部分。"

德育具有阶级性和社会性两重性质,是自阶级形成和国家产生以来任何德育普遍存在的客观现象。而且,由于德育的主要任务在于进行统治阶级的意识形态教育,所以,德育与其他教育相比具有更鲜明的意识形态性。

那么,什么是意识形态呢?"意识形态"一词,是日法国哲学家特拉西在 19 世纪初首先使用的。"他用这个名词表示他所称谓的'观念科学',与那些解释性的理论、体系或哲学是有区别的,它是一种负有使命的科学;它的目标在于为人类服务,甚至拯救人类,使人们摆脱偏见,而为理想的统治作好准备。"②正因为如此,特拉西的意识形态学说曾短暂地与拿破仑的政治结合起来,成为法兰西共和国的官方学说。但是,当拿破仑把国家由共和变成帝

---

① 胡德海:《教育学原理》,甘肃教育出版社 1998 年版,第 271—277 页。
② 《简明大不列颠百科全书》第 9 卷,中国大百科全书出版社 1986 年版,第 101 页。

制，由革命走上保守甚至反动的时候，特拉西的意识形态理论中所继承和发挥的法国启蒙思想运动的民主和革命精神则为拿破仑所不容，最后遭到镇压，意识形态理论被指责为空想。但至此以后，意识形态的概念在欧洲一些国家的思想家们所写的哲学、政治学、社会学著作中逐步地使用并流行起来，但他们大都从否定的意义上来使用意识形态的概念，对意识形态持批判的态度。黑格尔把意识形态看作一种异化了的精神。费尔巴哈接过黑格尔的批评武器，对宗教这种最具异化特征的意识形态形式进行了彻底的批判。他们虽然都没有对意识形态作出过明确解释，但这些批判性工作却奠定了意识形态概念的意识形态性（政治性、阶级性）。马克思矫正了费尔巴哈批判天国的利剑而使之转向对现实的批判，即把批判的矛头指向现实的资本主义的经济政治制度以及各种各样的错误反动思潮，对资产阶级意识形态进行了抨击和否定。自从马克思主义的"科学的意识形态"（列宁语）诞生以后，整个世界的意识形态斗争的格局就变成了社会主义与资本主义、无产阶级与资产阶级意识形态的基本对立。

然而，究竟什么是意识形态呢？特拉西以后的思想家们包括马克思主义的经典作家们都没有专门解释过。

二十世纪以来，随着意识形态领域的激烈斗争和意识形态问题研究的深入，许多政治思想家和理论工作者开始尝试对这一概念进行定义式的解释。如：1962年，苏联出版的《哲学百科全书》把意识形态解释为反映周围现实世界的关系和人与人的相互关系，是在阶级社会具有阶级性的系统化、理论化的思想观点的总和。1981年，前民主德国出版的《辩证唯物主义与历史唯物主义》一书中把意识形态界定为表达一定阶级经济利益的政治目的，表现为一个社会的政治、法律、哲学、美学和其他思想的总和。英国

《简明大不列颠百科全书》的解释为,"从广义上讲,意识形态可以表示任何一种注重实践的理论,或者根据一种观念系统从事政治的企图。"①我国现在的许多哲学教科书和一些政治学著作也有对意识形态的解释,一般都把意识形态和思想上层建筑两个概念等同。其中,最有代表性的是在肖前主编的《马克思主义哲学原理》一书中,把意识形态定义为社会的思想上层建筑,"指反映特定经济形态、从而也反映特定阶级或社会集团的利益和要求的观念体系","最重要的有政治法律思想、道德、宗教、艺术和哲学等形式"。② 宋惠昌在《当代意识形态研究》一书中认为,意识形态是一个社会哲学或政治哲学的基本范畴,是"社会的思想上层建筑,是一定社会或一定社会阶级、集团基于自身根本利益对现存社会关系自觉反映而形成的理论体系;这种理论体系包括一定的政治、法律、哲学、道德、艺术、宗教等社会学说、观点;意识形态是该阶级、该社会集团政治纲领、行为准则、价值取向、社会理想的思想理论依据"③。从以上中外学者对意识形态概念的描述中,我们可以看到他们的一个共同特点,就是一般都把意识形态当作一个政治哲学和上层建筑的基本范畴,他们对意识形态的解释都有反映或体现特定阶级或社会集团利益的含义。

当然,也应该指出,对"意识形态"的以上理解,在现实生活中还没有为所有的学者认同和接受。以上理解与西方理论界对意识

---

① 《简明大不列颠百科全书》第 9 卷,中国大百科全书出版社 1986 年版,第102 页。
② 肖前主编:《马克思主义哲学原理》上册,中国人民大学出版社 1994 年版,第 369、371 页。
③ 宋惠昌:《当代意识形态研究》,中共中央党校出版社 1993 年版,第 9—10页。

形态的理解也是有差异的。我国学者孟登迎认为,"在当代中国,意识形态常被当作与政治思想斗争密切相关的概念使用,以至于不少人总是将意识形态与政治混为一谈,却很少探讨这一概念的西方哲学史背景。而在当代西方理论界,意识形态概念是由于附着流派纷呈的哲学和文化思潮而变得十分繁杂,以至于至今尚无一人能够为这一概念下一个完满的定义。"①尽管如此,西方国家许多理论家把"意识形态"当作一个贬义词的影响却很广泛。"在我国某些学者中,在注意到西方学者对'意识形态'的贬斥态度之时,却有意无意地忽略了或掩盖了这样一个事实,即他们批判的锋芒都是指向西方资本主义的意识形态,这些理论的核心都在于指出西方资本主义意识形态已走上了穷途末路。西方马克思主义者马尔库塞和阿尔都塞的批判是最为激烈的。他们认为,西方现代资本主义社会的病态,集中地表现在它的意识形态上:自由思想的沦丧,创造性的消灭,人的主体性的丧失,等等。他们认为,这样的意识形态是应该终结的。我国的某些学者却将这些批判抽象地移植过来,把它们当作对社会主义意识形态的批判,并得出应该停止谈论意识形态的错误结论。"②

但是,本文这里使用"意识形态"这一概念的意义主要不在于关注和研究意识形态概念的定义及其发展,而是为了说明意识形态与德育的本质联系。所以,这里仍然沿用我国学者目前普遍认同的意识形态概念,即作为一个政治哲学和观念上层建筑的范畴

---

① 孟登迎:《意识形态与主体建构》,中国社会科学出版社 2002 年版,第 78 页。

② 陈立思主编:《当代世界的思想政治教育》,中国人民大学出版社 1999 年版,第 18 页。

来理解。我国学者一般认为,意识形态是社会意识的重要组成部分,"属于上层建筑的社会意识形式称为社会意识形态,主要包括政治法律思想、道德、宗教、艺术、哲学等。它们从各自不同方面发挥独特的作用。在阶级社会中,占统治地位的思想文化,本质上是经济上占统治地位的阶级的意识形态,因而具有鲜明的阶级性。"①《中国大百科全书·哲学卷》中也指出:意识形态是指"系统地、自觉地、直接地反映社会经济形态和政治制度的思想体系,是社会意识诸形式中构成观念上层建筑的部分。在阶级社会中,意识形态具有阶级性,集中体现一定阶级的利益和要求。"②本文对高校德育意识形态性的把握,也是基于对意识形态的这一理解。这既有利于我们从我国高校德育的实际出发,从本质上把握德育与意识形态的关系,也有利于认清目前学术界存在的德育意识形态化和德育非意识形态化这两种片面认识倾向。从这个意义上讲,德育的阶级性和社会性两种属性也可以理解为德育的意识形态性和非意识形态性。

　　所谓德育的意识形态性,是指它的阶级性,也就是说它明确地属于一个阶级,并为这个阶级的根本利益服务,其作用在于维护一个特定社会的统治阶级的统治。德育的意识形态性是阶级矛盾和阶级斗争的必然产物。就我国德育而言,就是要坚持社会主义意识形态的主导地位,为培养德智体全面发展的社会主义建设者和接班人而服务。所谓德育的非意识形态性,是指它的非阶级性的社会性、普遍性的一面,它可以为一切社会和社会中所有人的发展

---

　　①　本书编写组:《马克思主义基本原理概论》,高等教育出版社2008年版,第85页。

　　②　《中国大百科全书·哲学卷》,中国大百科全书出版社1987年版,第1097页。

服务,其作用是维系一个社会共同体的存在和发展。德育的非意识形态性反映了人类社会发展的普遍性要求。就我国德育而言,就是要在坚持社会主义意识形态主导地位的前提下,不断满足人们多样化的德育目标期待和对人类社会具有普遍意义的道德要求,从更广泛的意义上为推进人的社会化和人的全面发展服务。

事实上,不论狭义的还是广义的德育,中国的还是西方的德育都无一例外地包含了道德教育的内容,同时也包含着道德以外的意识形态内容。从狭义德育角度讲,因为道德是意识形态的重要形式,所以,道德教育必然带有意识形态性,也就是具有阶级性。但是,道德教育又是有层次性的,既包含意识形态性的道德内容,也就是代表统治阶级利益的道德内容;又包含非意识形态性的道德内容,也就是代表全社会、全人类共性的道德内容。因此,德育必然具有两重性质,即既有意识形态性的一面,还有非意识形态性的一面(而且,在阶级社会德育的本质在于意识形态性)。从广义德育的角度讲,在任何时代、国家和地区,德育的内容和要求都不是单一的。虽然对德育的叫法不同,但不能由此而否定德育所包含的上述主要内容。而且,即便是西方国家的道德教育,实际上在道德教育实践中也包含着道德教育以外的政治教育、思想教育的内容和要求;我国儒家的道德教育,更是包含着政治教育的意义,是融伦理与政治为一体的德育。我们与西方所不同之处在于西方德育的意识形态性具有隐性的特点,而我国则有显性德育的传统,以及反映在德育内容和要求上的侧重点不同。

因此,不论是狭义德育还是广义德育,都有意识形态性和非意识形态性两重性质。德育既不可能脱离意识形态,也不能忽略非意识形态性,更不能等同于意识形态;既要坚持德育的意识形态性,又应该遵循德育自身的发展规律。那种把德育等同于意识形态的德育意识形态化倾向和认为德育应脱离意识形态的德育非意识形态化倾向都是错误的。西方德育中那种淡化意识形态的倾向也是虚伪的。

任何国家和社会的德育始终具有意识形态性和非意识形态性两重属性,是意识形态性与非意识形态性有机统一的整体。其中,德育的意识形态性始终是主导的方面,它体现了德育主导性的本质。尽管大、中、小学德育的具体任务、内容、目标、要求等有所不同,但德育意识形态性与非意识形态性两重属性的地位并不是并列的,更不能颠倒。特别是在高校德育中,德育的意识形态性始终居于支配的、主导的地位,决定着德育的性质和方向,主导方面变质,高校德育的根本性质就发生了改变。而非意识形态性必须服从、服务于意识形态性,并随着社会的发展和意识形态内容的变化发展不断丰富和发展。

德育的意识形态性和非意识形态性属性具体表现在以下两个层面:

1. 德育的功能具有意识形态性和非意识形态性两重性质。正如张澍军教授在其所著《德育哲学引论》一书中所阐述的那样,"一方面,统治阶级总是将德育看作服务于本阶级统治的工具,德育功能必然被注入极强的政治和阶级意识,因而成为占统治地位的统治意识的一部分。这就是德育功能的意识形态性。但另一方面,这并不是说德育活动便只是认同并内化为统治阶级的功能期待和选择,而是社会各个阶层或阶级都有自己的德育功能期待;也许更为重要的,是尚有许多人类共同性的、非阶级性的东西,同样影响德育功能的价值取向。这就是德育功能的非意识形态性。"[1]

---

[1]　张澍军:《德育哲学引论》,人民出版社2002年版,第224页。

因此,任何德育无不具有意识形态性和非意识形态性两重功能。虽然德育称谓有所不同,但不能由此而否定德育的上述两重功能。即便是突出道德教育内容和德育社会性功能的西方国家,在他们的德育实践中实际上也包含着道德教育以外的社会制度、价值标准、理想信念等政治教育、思想教育的内容和要求,内隐着德育的意识形态性功能,在特殊时期还可能强化。而且,德育的意识形态性功能始终居于主导地位,代表着德育的性质和方向,而非意识形态功能处于从属地位,它不能脱离意识形态功能而存在,只能存在于具有意识形态性的德育功能体系之中。

2. 德育的内容具有意识形态性和非意识形态性两重因素。这是由意识形态内容的两重因素所决定的。意识形态是社会意识的重要组成部分,是系统化、理论化了的阶级意识,其本质特性在于阶级性。但任何意识形态的内容却具有两重因素,即既有意识形态性因素又有非意识形态性因素。这是因为:一方面,任何意识形态总是阶级的意识形态。"在阶级社会中,每一个人都在一定的阶级地位中生活,各种思想无不打上阶级的烙印。"[①]而且,"统治阶级的思想在每一时代都是占统治地位的思想",[②]在社会思想中起着主导的、支配的作用,而被统治阶级的思想往往处于服从的、受支配的地位。另一方面,任何意识形态也不同程度地包含对全社会乃至一切社会具有普遍意义的非阶级性的因素。正如恩格斯所说,现代社会的三个阶级即封建贵族、资产阶级和无产阶级都有各自的道德理论,但"这三种道德论代表同一历史发展的三个不同阶段,所以有共同的历史背景,正因为这样,就必然有许多共同

---

① 《毛泽东选集》第 1 卷,人民出版社 1991 年版,第 283 页。

② 《马克思恩格斯选集》第 1 卷,人民出版社 1995 年版,第 98 页。

之处。不仅如此,对同样的或差不多同样的经济发展阶段来说,道德论必然是或多或少地互相一致的。"①总之,意识形态性因素与非意识形态性因素总是以特定的关系并存于同一种意识形态之中。因而,作为以意识形态教育为主要任务的德育来说,其内容必然相应地具有意识形态性和非意识形态性两重内容,即德育既以意识形态中的意识形态性因素为主导内容,又包括意识形态中对全社会乃至一切社会具有普遍意义的非阶级性因素。

由此可见,德育既不等同于意识形态性教育,也不能忽略其非意识形态性,更不可能脱离意识形态性。那种把德育等同于意识形态教育的德育意识形态化倾向和认为德育应淡化意识形态教育的德育非意识形态化倾向都是错误的。而且,德育的意识形态性与非意识形态性是辩证的并不断发展的。我们既要坚持德育的意识形态方向,突出其主导性,又应不断发展其非意识形态性,以适应社会变化发展要求,切实发挥德育的应有作用。

二、高校德育的本质规定

事物的本质和属性既有联系又有区别。事物的属性是指事物所具有的性质、特点。而事物的本质则是指事物的根本属性,也就是最能体现某一事物、对该事物的存在和发展起决定性影响作用的属性。根据唯物辩证法关于事物本质的理论,把握事物的本质规定,必须同时满足三个基本条件:第一,它是类的本质,是同类事物共同具有的最一般、最普遍、最稳定的属性;第二,它是该事物不同于其他事物的特有属性;第三,它是由事物的根本矛盾所决定的根本属性。把握事物的本质规定,之所以要同时满足这三个条件,

---

① 《马克思恩格斯选集》第3卷,人民出版社1995年版,第434页。

是因为三个条件都必不可少，缺少任何一个方面都不能准确地把握本质，甚至不一定是本质。根据这一要求和本文对德育的广义理解，我们认为，德育的本质规定，主要在于德育的意识形态性，也就是要按照一定阶级或集团的意识形态要求去影响和改变学生的思想和行为。因为只有这一属性才满足了上述三个基本条件。

首先，它是德育现象中共同具有的最一般、最普通、最稳定的属性。世界上的德育现象千差万别，但本质上都是按照一定阶级或集团的意识形态要求去影响和改变学生的思想和行为，这是各种德育普遍具有的属性。当然，也并不是说各种德育普遍具有的属性都是本质属性。因为，作为德育本质的普遍属性还必须具备后面的两个条件。在意识形态诸形式中，由于政治最能直接体现统治阶级的利益和要求，所以政治是核心，是主导，而其他形式只有与政治或统治阶级的要求相联系（相一致或相冲突），才会具有意识形态性，否则就属于非意识形态性质。正是从这种意义上讲，有人也把意识形态性称作政治性。那么，为什么我们不宜用"阶级性"或"政治性"表达德育的本质规定而使用"意识形态性"呢？这是因为，虽然阶级性和政治性是意识形态的主导属性，但阶级性和政治性主要体现了政治教育的本质，却难以体现意识形态中所包含的受政治制约的思想、道德等内容的德育本质。同时，这也有助于避免把政治教育作为德育的唯一内容，毕竟政治教育不等于德育。而按照一定阶级或集团的意识形态要求去影响和改变学生的思想和行为则比较全面地体现了德育的本质规定，而且是各种德育现象中最一般、最普遍、最稳定的共同属性。

其次，它是德育不同于其他教育活动的特有属性。德育的本质规定决定了德育的主要任务在于进行统治阶级的意识形态教育。其中，主导教育内容是政治教育。世界各国无不注意强化意识形态中的"政治"那部分意识形态教育。当然,作为德育的整体,还包括受政治制约的思想教育、道德教育等内容。正是因为德育这种鲜明的意识形态属性,才体现了德育的本质,把德育与其他教育活动区别开来。德育不同于科学文化教育,是因为科学文化教育虽然也有意识形态的内容,但它的主要任务不是进行意识形态教育,而在于科学文化知识教育和创新能力的培养;德育不同于单纯的思想教育和单纯的道德教育,是因为它们都不是把意识形态中的政治内容作为主要内容,而且都不能全面反映德育这一整体概念的本质要求;德育也不同于政治教育,因为政治教育只反映了意识形态中的政治内容,而不能体现德育所要求的意识形态中的思想、道德等内容。可见,按照一定阶级或集团的意识形态要求去影响和改变学生的思想和行为是德育的特有属性,这种特殊属性不是从某个方面而是从整体上反映了德育的内在规定性。丧失或淡化这种特性的德育现象,只能是德育的假象,而不是德育的真象。当然,也不能把所有特有属性当作本质属性。如果特有属性只是个别德育的属性,而不具有普遍意义,也不能作为德育的本质属性。

最后,它也是德育根本矛盾所决定的根本属性。辩证唯物主义认为,任何事物都是一个由多种矛盾构成的矛盾体系或矛盾系统。而其中贯穿于事物发展过程的始终并规定事物和过程的根本性质的矛盾,就是事物的基本矛盾或根本矛盾。由于它的存在和发展,规定和影响着其他矛盾的存在和发展。同样,德育的基本矛盾也规定着德育的本质。这个基本矛盾就是一定社会所要求的思想政治品德要求与受教育者思想政治品德现状之间的矛盾。这个矛盾贯穿在所有德育现象的过程始终。解决这个矛盾的实质和目的,是为了把本阶级、本社会对人们的思想政治品德要求也就是意识形态要求变成人们实际的思想品德。德育的全部工作,都是围绕解决这一基本矛盾而展开的。由于这个基本矛盾或根本矛盾及其所反映出的德育的根本目的,自然使按照一定阶级或集团的意识形态要求去影响和改变学生的思想和行为成为德育的根本属性,它反映了统治阶级的思想意志要求。

德育的本质规定,是由上述三个基本条件共同规定的。这三个方面是一个有机整体,缺一不可。如果仅是德育的一般属性而不是区别于其他教育活动的特有属性,则不能构成德育的本质;如果只是个别德育现象的属性,不是德育现象的共有属性,也不能构成德育的本质;如果具备了上面两个条件,而没有体现德育的根本属性,也就是统治阶级的思想意志要求,同样也不符合德育的本质规定。正因为"按照一定阶级或集团的意识形态要求去影响和改变学生的思想和行为"这一特性满足了上述三个条件,所以才使它成为德育的本质规定。

当然,我们也不能把德育的本质仅仅理解为意识形态性要求,当一些德育的非意识形态性要求(比如科学性、时代性等)服务于一定的意识形态,或成为一定意识形态的内容时,也会成为德育的本质要求或本质特征。

要正确认识和把握高校德育的本质,必须处理好以下几种关系:

第一,德育本质与德育现象的关系。哲学上现象与本质的对立统一关系原理告诉我们:一方面,现象与本质有着明显的区别。现象是事物的外在表现,是表面的、多变的、复杂多样的;本质则是事物的内在规定性,是深藏的、相对稳定的、深刻的、单纯的。另一方面,现象和本质又是相互联系和辩证统一的。现象和本质相互依存,现象不能脱离本质,现象是本质的现象,脱离本质的纯粹现象是不存在的;本质也不能脱离现象,本质总是现象的本质,本质只能通过现象表现出来,脱离现象的本质同样也是不存在的。同时,现象和本质也是可以相互转化的。但这种转化不能理解为本质从看不见的东西转为可以看得见摸得着的现象,或现象由看得见的东西变成了看不见的本质。本质变现象只能理解为本质表现为现象;而现象变本质应视为现象表现本质,现象越丰富,表现事物的本质越深刻,而且,按其表现本质的不同方式还有真象和假象之分。

德育现象和本质也是对立统一的,德育现象也有真象和假象之分。德育现象一般表现为真象,但也有表现为假象的情况,从而影响人们认识德育的本质。比如,把德育"中性化"、"边缘化"、"市场化"、"迎合化"等倾向,就是德育的假象。这几种假象主要是忽视了德育的目的性。"中性化"倾向是淡化德育功能的意识形态性,把德育看作是一种纯业务性、纯学术性的工作,在学术上产生"如同研究宗教可以不信宗教一样,研究马克思主义也可以不信马克思主义"等错误认识,其结果是模糊了德育的政治方向。"边缘化"倾向是淡化政治教育内容的主导地位,主张以人文教育、通识教育、艺术教育、心理教育等边缘性、外延性内容为重点,为中心。或在学术上把各种思想政治观念简单地拼凑在一起,新鲜概念很多,旁征博引不少,看起来很丰富,但价值取向不明确,甚至相互冲突,实质上也就在不知不觉中把德育的本质内容淡化了。"市场化"倾向是片面强调德育适应市场经济,甚至把市场经济原则移入德育,而忽视了我国市场经济的社会主义大前提,因而冲淡了社会主义核心价值观的主导。"迎合化"倾向,是指一味地迎合学生的兴趣、关注点和价值取向,在一些重大思想和政治原则问题上采取回避甚至放任的态度,实质上淡化了德育的本质内容。德育的假象还表现为另一种情况，就是忽视德育实践性的"孤立化"、"理论化"等倾向。"孤立化"就是将高校德育与教学、管理等其他工作相脱离，结果造成教书与育人、智育与德育相脱节的"两张皮"现象，实际是放弃德育对其他领域的主导。"理论化"是把高校德育内容概念化、教条化，而不与丰富多彩的实践和学生思想实际相结合，以至于产生"德育无用论"的错误认识。比如在很多高校，思想政治理论课一直上，但由于重理论少实践而不起作用。这些假象虽然名义上像做德育工作，但难以达到德育的真正目的。我们既要防止误把一些德育现象当作德育本质，特别是以德育假象冲击了德育的真正本质，也要防止把德育本质降低为德育现象，而忽视或淡化德育本质。

第二，德育本质属性与德育一般属性的关系，或者说德育根本性质与一般性质的关系。德育作为人类社会的一项实践活动，既是统治阶级进行思想统治的客观需要，也是人民群众精神需求的客观要求。因而，就德育的一般属性或一般性质而言，应包括阶级性和社会性两个方面。1995 年原国家教委颁布试行的《中国普通高等学校德育大纲》中也曾强调："德育即思想、政治、品德教育，它体现教育的社会性和阶级性，是学校教育的重要组成部分。"这里的"德育"同德育是同义的。由于德育的主要任务在于进行统治阶级的意识形态教育，所以，德育与其他教育相比具有更鲜明的意识形态性，从这个意义上讲，德育的阶级性和社会性两种属性也可以理解为意识形态性和非意识形态性。也有学者从整体上对德育的具体性质进行了研究。比如，有学者认为，德育的主要性质包括德育的目的性、实践性与阶级性；有学者从马克思主义理论教育的角度认为，德育的本质特征包括阶级性、科学性、实践性和批判性，等等。德育的本质属性或根本性质则是德育属性中规定着德育性质和发展方向的根本属性。这个根本属性就是阶级性或意识形态性,它规定着德育的根本性质和方向,是德育的主导属性。而社会性或非意识形态性虽然也是德育的属性,但不是本质属性,它受本质属性的影响和制约。

第三,德育本质规定与德育本质特征的关系。在国内有关德育本质的探讨中,既有对德育本质的探讨,也有对德育本质特征的探讨。但本质与本质特征是有区别的,不能把二者混同。德育本质是德育的根本属性,即意识形态性,而德育本质特征则是德育本质的外在表现和具体表现,是德育的意识形态性在德育功能、目标、内容、方法等方面的具体表征,比如表现在德育功能上的阶级性、目标上的超越性、内容上的主导性、方法上的灌输性等。也有的学者从马克思主义理论教育的角度认为,德育的本质特征包括阶级性、科学性、实践性和批判性[①],等等。尽管对德育本质特征的探讨角度不一,但必须把本质特征与本质区分开。只有如此,才能深入、准确地把握德育的本质。

三、高校德育主导性的本质要求

高校德育主导性是高校德育的本质要求和体现,虽然高校德育主导性反映了高校德育的本质要求,但是,高校德育主导性的本质并不等同于高校德育的本质。德育的本质在于按照一定阶级或集团的意识形态要求去影响和改变学生的思想和行为,德育主导性的本质则在于坚持主流意识形态在高校意识形态领域的主导地位。由于不同社会、不同国家占主导地位的意识形态是不同的,所

---

① 胡子克主编:《马克思主义理论教育概论》,人民出版社 2005 年版,第 103 页。

以其高校德育主导性的本质要求也是有差异的。就我国社会主义高校而言，高校德育主导性的本质，就是要坚持和巩固马克思主义在高校意识形态领域的指导地位和社会主义意识形态的主导地位。

高校德育主导性坚持主流意识形态主导地位的本质要求，是由社会发展、高等教育发展和学生发展的客观需要所决定的：

首先，从高校德育的社会功能来看，这是社会发展的客观要求。从高校德育的起源和发展史来看，高校德育这项人类实践活动是人类社会发展到一定阶段的产物，必然受一定社会历史条件的影响和制约。人类社会发展的历史表明，任何一个社会的思想领域，总是由那个社会的统治阶级的思想占统治地位的。正如马克思恩格斯所言："统治阶级的思想在每一时代都是占统治地位的思想。这就是说，一个阶级是社会上占统治地位的物质力量，同时也是社会上占统治地位的精神力量。"[①]任何国家的统治阶级，为了巩固其统治，都要竭力维护和发展其占统治地位的意识形态，排斥和反对其他意识形态。高校德育担负着为社会培养合格人才的使命，必然要把坚持和维护主流意识形态作为本质要求。

其次，从高校德育在高等教育中的地位来看，这是高等教育发展的内在要求。列宁曾经指出："在任何学校里，最重要的是课程的思想政治方向。"[②]邓小平同志也曾指出："学校应该永远把坚定正确的政治方向放在第一位。"[③]社会主义国家的大学，坚持正确的政治方向，就是要坚持社会主义的办学方向，坚持和维护马克思

---

① 《马克思恩格斯选集》第1卷，人民出版社1995年版，第98页。

② 《列宁全集》第45卷，人民出版社1990年版，第249页。

③ 《邓小平文选》第2卷，人民出版社1994年版，第104页。

主义在意识形态领域的指导地位。2004 年 8 月 26 日颁布的《中共中央国务院关于进一步加强和改进大学生思想政治教育的意见》(即"16 号文件")中明确指出:"加强和改进大学生思想政治教育的指导思想是:坚持以马克思列宁主义、毛泽东思想、邓小平理论和'三个代表'重要思想为指导,深入贯彻党的十六大精神,全面落实党的教育方针,紧密结合全面建设小康社会的实际,以理想信念教育为核心,以爱国主义教育为重点,以思想道德建设为基础,以大学生全面发展为目标,解放思想、实事求是、与时俱进,坚持以人为本,贴近实际、贴近生活、贴近学生,努力提高思想政治教育的针对性、实效性和吸引力、感染力,培养德智体美全面发展的社会主义合格建设者和可靠接班人。"并指出:"学校教育要坚持育人为本、德育为先,把人才培养作为根本任务,把思想政治教育摆在首要位置。"这些都给高校德育主导性提出了坚持和维护主流意识形态的本质要求。

第三,从高校德育的对象来分析,这是学生发展的本质要求。高校德育的对象是人,因而,他们的思想政治道德素质不仅要符合社会发展要求,也要符合人类自身生存和发展的规律和特点,社会发展最终要体现并促进人类自身的发展和自由程度。由于人具有社会属性和自然属性双重特性,所以,人的全面发展必然是社会化和个性化相统一的过程。人的社会化与个性化的关系,实际上就是社会发展与个人发展的关系问题。社会发展与个人发展二者是辩证统一的关系。个人发展是社会发展的基础,社会发展是个人发展的条件;个人发展依赖于社会发展,又对社会发展具有能动作用;个人发展是社会发展的手段,又是社会发展的目的。根据马克思主义关于人的本质的理论,由于人的本质在于人的社会性,所以尽管人的全面发展是社会化和个性化统一的发展,但人的发展的主导方面必然是社会化发展方面。即便是人的个性化发展，也必须适应社会发展的要求，与社会发展要求相协调，这样才有利于并真正实现人的个性化发展。人的社会化要求，从高校德育主导性角度说，就是"政治社会化"要求，它实质上反映的是一种意识形态性要求。高校德育的根本目的是为了使人成为特定社会和时代的所期望的、符合主流意识形态要求的人。

第三节　研究多元文化背景下高校德育主导性的意义

主导性是相对于多样性而言的，它与多样性是辩证统一的。主导性是对多样性的主导，没有多样性就无所谓主导性。在过去相对封闭的社会环境和单一的计划经济体制下，我国的意识形态领域具有一元化的倾向，所以高校德育片面强调统一性，根本不允许思想道德的多样性发展。如此一来，主导性实际上被一元性所替代。改革开放以来，随着社会多样化、文化多元化的发展，人们的思想道德日益呈现出多样性、个性化发展的特点，这就对高校德育主导性提出新的挑战和新的要求。因而，开展多元文化背景下的高校德育主导性研究具有重要现实意义和理论意义。

一、研究多元文化背景下高校德育主导性的现实意义

1. 对于在多元文化背景下增强高校德育主导性具有指导意义。改革开放以来，随着我国意识形态和思想文化领域的多元化趋势，各种不同文化、价值观相互碰撞、交错和整合，必然对我国主流意识形态的主导地位带来冲击和挑战。这集中表现为社会主义意识形态与资本主义意识形态的矛盾和冲突。社会主义意识形态

和资本主义意识形态是两种性质根本不同的意识形态。两种意识形态在交汇过程中不可避免地会在指导理论、价值取向、根本原则等方面发生矛盾和冲突。社会主义意识形态与资本主义意识形态的这种冲突性、斗争性正是社会主义意识形态主导性的表现。如果社会主义意识形态丧失了这种主导性，资本主义意识形态马上就会取而代之。对思想领域的阵地，马克思主义不去占领，非马克思主义和反马克思主义的东西就肯定会去占领。因而，越是在意识形态领域和思想文化多元化的情况下，坚持社会主义意识形态的主导地位就越显得比以往任何时候都更加重要和突出。所以，研究多元文化背景下高校德育主导性问题，有利于我们深刻把握高校德育主导性的本质要求，更好地坚持和增强高校德育的主导性。

2. 有利于在实践中坚持高校德育主导性与多样性的辩证统一，增强高校德育的时代性和有效性。这是改革开放条件下思想文化领域互渗性与冲突性并存发展的客观要求。一方面，在当代世界，社会主义和资本主义两种不同社会制度在斗争中并存发展，既有制度性的差异，又有人类共同面临的生存和发展问题。这种特点反映在思想文化领域就是社会主义思想道德与资本主义思想道德的冲突性与互渗性的矛盾。另一方面，我国实施改革开放政策之后，不仅使思想道德领域空前活跃，而且国外的各种理论、思潮、生活方式也蜂拥而至，社会主义思想道德与非社会主义思想道德（包括资本主义思想道德、封建主义思想道德、宗教思想等）相互激荡，既有差异和冲突的一面，又有共性和借鉴的一面。冲突性、差异性要求高校德育必须坚持意识形态性，互渗性、共性、借鉴性则是对高校德育非意识形态性的内在要求。因此，在高校德育实践中，必须坚持主导性与多样性相结合的原则，这是多元文化背景下坚持和发展高校德育主导性的必然要求。

3. 有利于加强社会主义核心价值体系教育、发挥社会主义核心价值体系的引领作用。党的十七大报告中指出："积极探索用社会主义核心价值体系引领社会思潮的有效途径，主动做好意识形态工作，既尊重差异、包容多样，又有力抵制各种错误和腐朽思想的影响。"在日益复杂的国内外新形势下，只有在社会主义核心价值体系的引导和动员下，并且以其为主导价值，才能对当前的多元价值取向进行规范和引领，最大限度地形成思想共识。建设社会主义核心价值体系，就要坚持发挥社会主义核心价值体系的引领作用，要让社会主义核心价值观成为引领社会风尚的旗帜，确保社会主义核心价值体系在最大程度上进入学生生活，引领社会思潮。在多元文化背景下，多元文化价值取向的碰撞日益增多，既给大学生价值观的发展带来了生机和活力，也难免会使他们在思想上产生疑惑、误解，甚至迷失方向。因此，研究多元文化背景下高校德育主导性问题，有利于我们进一步提高坚持高校德育主导性的重要性的认识，深刻把握高校德育主导性的本质要求，切实加强社会主义核心价值体系教育，发挥社会主义核心价值体系在高校意识形态领域的引领作用，引导大学生树立正确的世界观、人生观和价值观，培养德智体全面发展的社会主义合格建设者和可靠接班人。

二、研究多元文化背景下高校德育主导性的理论意义

1. 探索多元文化背景下坚持高校德育主导性的理论和方法。改革开放以前，我国思想文化领域相对比较单一，有利于坚持高校德育的主导性。改革开放以来，随着思想文化领域的多元化发展，这给坚持高校德育主导性增加了难度。高校德育的主导作用不再像过去那样管用和有效,已是不争的事实。但是,是不是因为高校德育主导性出现了弱化问题,就模糊主导性甚至不讲主导性了呢?肯定不是。在实际工作中,不是我们不坚持或没有坚持主导性,而是坚持主导性的理论和方法受到了多元文化和多元价值取向的冲击和挑战。因而,使坚持高校德育主导性的问题日益凸显出来,迫切需要在坚持高校德育主导性方面进行理论创新。要积极主动地分析多元文化背景下坚持高校德育主导性面临的新的复杂情况和挑战,探讨在新形势下坚持高校德育主导性的理论、方法和有效对策,来适应文化多元化趋势的发展要求。

2. 推动多元文化背景下高校德育主导性形态的转型和发展。改革开放以前,在封闭与半封闭的社会环境和单一的计划经济体制下,我国的思想文化领域比较单一,所以高校德育的主导性比较明确,也容易发挥作用。改革开放以后,随着我国社会的转型和国内外形势的深刻变化,我国思想文化领域日益呈现出多元化发展趋势。因而,如何在多元文化影响下开展坚持高校德育主导性,成为高校德育面临的一个新课题,引起国内诸多专家和学者的广泛关注。总体来看,从各个层面、不同角度研究多元文化背景对高校德育的影响及其应对的成果较多,如研究多元文化背景下的高校德育改革,研究多元价值取向对大学生的影响及对策等,但系统研究多元文化背景下高校德育主导性的成果,特别是从理论发展和转型角度研究高校德育主导性的成果尚不多见。在新世纪新阶段,随着文化多元化趋势的发展及多元文化背景对高校德育的深刻影响,高校德育主导性的理论和方法亟待突破、发展、转型,与时俱进。这种转型的基本原则,就是坚持主导性与多样性相结合。

3. 丰富现代高校德育的理论体系。改革开放以来,随着国内外形势的深刻变化和不断发展,大学生的思想状况出现了许多新的特点,人们普遍感到德育工作越来越难做,但并不能以此为由削弱这项工作。江泽民同志指出:"我们愈是改革开放,愈要加强思想政治工作;愈是加强思想政治工作,愈能促进改革开放。"①德育之所以难做,不仅有社会原因,也有自身原因。从自身方面来讲,说明德育已经落后于社会发展要求了。要使德育适应社会发展,关键要进行理论创新。德育主导性理论是德育理论的本质内容,并涉及德育的各个要素和各个环节,因此,在文化多元化的时代背景下,研究高校德育主导性理论的创新与发展,必定会促进德育理论的整体创新与发展。

---

① 中共中央宣传部编:《毛泽东邓小平江泽民论思想政治工作》,学习出版社 2000 年版,第 24 页。

第二章　高校德育与文化
环境的联系

文化环境是社会环境的重要组成部分,包含丰富的内容。高校校园文化作为我国社会主义文化的组成部分,毋庸置疑,也有其相对稳定和独特的文化环境系统,即高校文化环境。高校德育作为文化建设的范畴,与高校文化环境具有内在的联系,二者相互渗透,相互促进。在多元文化背景下,坚持高校德育主导性应充分重视高校文化环境的作用,并通过发展高校德育来推动高校文化环境的进一步优化和完善,以期达到双赢的目的。

第一节　文化环境的含义和类型

一、文化环境的含义

1. 文化的含义

文化是人类社会特有的现象,它伴随人类的产生而产生,伴随人类的进步而发展。文化是人类文明深层积淀的产物。在我国,"文化"一词古已有之。它的原意为"人文化成",来自《周易》"关乎人文,以化成天下"。在中国,最早明确使用"文化"一词的是刘向,他在《说苑·指武》篇中说:"圣人之治天下,先文德而后武力。凡武之兴,为不服也;文化不改,然后加诛。"在这里文治教化的思想已经很明确地显现出来了。在西方,"文化"一词主要来源于拉丁文的 Culture,其原意为耕种、养殖、驯化等含义,其中也含有了教化的功能。英国人类学之父泰勒在其代表作《原始文化》中对文化作了这样的概括:"文化,或文明,就其广泛的民族学意义来说,是包括全部的知识、信仰、艺术、道德、法律、风俗以及作为社会成员的人所掌握和接受的任何其他的才能和习惯的复合体。"①

由于文化的内涵十分丰富,所以东西方的学者们并没有一个清晰、统一的定义。一般来说,文化可以分为广义文化和狭义文化。"广义的文化即人化,它映现的是历史发展过程中人类的物质和精神力量所达到的程度和方式。狭义的文化特指以社会意识形态为主要内容的观念体系,是政治思想、道德、艺术、宗教、哲学等意识形态所构成的领域。"②本文主要是从狭义上使用文化这一概念的,也就是主要指精神文化。文化具有民族性、时代性、阶级性、精神性等特点。文化的核心是社会占主导地位的世界观、人生观和价值观。

党的十七大报告中指出:"当今时代,文化越来越成为民族凝聚力和创造力的重要源泉、越来越成为综合国力竞争的重要因素,丰富精神文化生活越来越成为我国人民的热切愿望。"文化日益成为人们关注的焦点。在高校德育领域重视文化因素,有利于从文化角度审视具有文化特性的高校德育,从而使得高校德育在优良的文化氛围中得以焕发蓬勃生机。

2. 环境和文化环境的含义

环境,泛指生物有机体生存空间各种条件的总和。具体说,它是有机体外部可以进入有机体的反应系统,直接影响到生命活动

---

① 泰勒:《原始文化》,上海文艺出版社 1992 年版,第 1 页。
② 肖前主编:《马克思主义哲学原理》下册,中国人民大学出版社 1994 年版,第 685—686 页。

的物质、能量和信息的总和。广义地讲,环境是相对于某项中心事物,并且总是作为某项中心事物的对立面而存在的,它因中心事物的不同而不同。一般情况下,所谓环境是以人类及其相关活动为主体的,可分为自然环境和社会环境两大类。对于环境的研究,目前存在两大错误倾向:一是"环境决定论",法国启蒙学者孟德斯鸠认为地理环境对法律和社会政治制度有决定作用;二是"精神万能论",片面强调人的主动性和创造性,不顾客观实际和规律,最终陷入唯心主义的泥潭。马克思针对以上两种错误的倾向给予了深刻而又严厉的批判,并运用历史唯物主义的观点提出了科学的环境观,即通过实践活动达到人与环境的对立统一。正如马克思恩格斯所说:"人创造环境,同样,环境也创造人。"①这句话深刻揭示了环境造人,人也创造环境的作用与反作用原理,既突出了人的主体性地位,又承认了环境对于人的客观影响。

文化环境是社会环境的重要组成部分,是人的存在和社会发展赖以依托的各种文化条件的总和。它由有形的物质文化和无形的精神文化两个部分组成。物质文化主要包括各种物质文化设施、文化器材、物质文化产品等。精神文化表现为人们的精神风貌、道德状况、行为模式、心理状态、生活方式等。近年来文化环境得到了学术界的普遍关注,人们不仅看见了旧的文化环境的危机,同时也在积极探寻新的文化环境的构建,以便更好地发挥文化环境对人的塑造功能。

二、文化环境的类型

1. 按影响空间划分,可分为本土文化环境与国外文化环境

所谓本土文化是指扎根本土、世代传承、有民族特色的文化。

---

① 《马克思恩格斯选集》第 1 卷,人民出版社 1995 年版,第 92 页。

本土文化不完全等于传统文化。本土文化既有历史传统的沉淀,也有植根于现实生活的变化和发展。它是对于各种文化经过本民族的习惯和思维方式的影响,重新阐释了的文化,是本土内独创的一种文化形式,是对传统文化进行了整合或是发展了的一种文化形式。本土文化在个人或团体成长历程中足以影响其知觉、思维、价值观等,以形成本土文化环境。本土文化环境可大可小,大至一个民族,小至一个宗教、一所学校或一个家庭。当然,随着地域之间的界线模糊,本土文化已不是绝对的本土化,本土文化环境中也融入了外来文化。

国外文化环境主要是指国外文化在个人或团体成长过程中对其知觉、思维、价值观等的影响所形成的环境,它以国界为分界线。改革开放以来,随着中外社会文化交往的日益频繁,国外文化思潮在我国青年学生中较为广泛地传播,在高等学校中出现了诸如萨特热、弗洛伊德热、尼采热、叔本华热、马斯洛热等现象。欧美的影视文化和餐饮文化、日本的动漫、韩国的电视剧等受到大学生的喜爱。西方的实用主义、消费主义、新自由主义等社会思潮等也渗入高校校园。所有这些,都对青年学生的政治思想、道德观念、价值取向、文化意识和生活方式等产生了不同程度的、多元的影响。从影响效果来看,这些文化思潮和文化现象在一定程度上拓宽了学生们的知识面,开阔了眼界,活跃了思想,但也使得学生们产生了思想偏颇的倾向。这就需要高校在德育过程中积极正确引导,取其合理部分,祛除其糟粕。

2.按影响范围划分,可分为家庭文化环境、学校文化环境、社会文化环境

家庭文化环境,是指家庭文化设施、家庭生活方式、家庭成员对文化知识的学习态度以及渴求程度等所形成的文化氛围。家庭

是人生第一个不可逾越的环境单元,在众多的环境因素中,家庭环境对人的心理发展的影响是最直接、最深刻、最持久的。我国古代孟母为了教子成才,曾三迁其居,最终使孟子成为儒家"亚圣"。良好的文化环境对于孩子的成长有一种熏陶、感染和潜移默化的影响作用,有益于孩子健康心理的形成和发展,更有利于提升孩子的人文素质。

学校文化环境或校园文化环境,是学校师生共同创造的校园物质文化环境、校园精神文化环境和校园制度文化环境的总和,包括学校的校容校貌、物质文化设施、发展目标、规章制度、价值观念、生活方式、行为规范、内部人际关系、校风等内容。学校文化环境能够强化师生的校园归属感、责任感和荣誉感,激发学生求知欲望、启迪智慧、陶冶情操、娱乐精神、净化心灵,从而养成良好的行为习惯。鉴于学校文化环境对于学生成长成才的重要性,我们应该积极构建优良的学校文化环境,使学生在优良的文化环境中提升各方面素质,获得全面发展。

所谓社会文化环境是指社会生活中较流行的文学、艺术、影视、音乐、娱乐与生活方式等所表现的文化内容与形式。随着对外开放的发展,我国的社会文化环境日益呈现出多样化、多元化、多层次的发展趋势。其中,对当代大学生影响最为突出的一种新的社会文化环境是网络文化环境。在当今社会,随着信息网络化的发展,互联网作为思想文化传播的新媒体,已经成为大学生学习知识、交流思想、休闲娱乐的重要手段,"上网"成为大学生学习生活的重要组成部分,网络文化直接影响到大学生的学习和生活。但是,网络是一柄"双刃剑",它对大学生既有积极作用,也有消极影响。这就需要学校、家庭和全社会共同努力,构建健康的网络文化环境,正确引导大学生的上网行为,提高他们的网络素养。

3. 按构成要素划分,可分为物质文化环境、精神文化环境、制度文化环境

物质文化环境是指一定社会所拥有的凝结文化观念的物质产品状况。物质文化环境也可以称作物态文化环境,主要包括烈士丰碑、历史博物馆、民族纪念馆和各种具有丰富内涵的文化遗址、人文景观等。物质文化环境是人类创造的精神产品在社会生活中的物化表现形式。人类在漫长的发展过程中创造了无数光辉灿烂的物质产品,这些物质产品总是蕴含着一个民族特有的理想和精神,体现着这个民族的文化传统,向人们潜在地灌输某种思想意识、社会规范和价值标准,从而筑就社会成员的民族认同感。物质文化环境是精神文化环境的物质形态最直观的表现形式。

精神文化环境是指一定社会所拥有的思想观念、价值体系等精神形态的文化氛围。其中,观念文化环境是精神文化环境的主体,它构成了精神文化环境的深层结构,主要包括社会的思想意识、文化价值观念、生活观念、行为方式以及哲学、法律、道德艺术、宗教等成果,是一个民族的文化传统、精神面貌的集中体现。观念文化环境的核心,而且也是整个精神文化环境的核心,是文化价值观。文化环境价值观是一定社会的社会成员统一的行为判断标准,是内在于人们意识中的一般行为判断标准,它决定着一切具体的、外在的行为标准的一致性,帮助社会成员做出正确的选择。一个民族只有形成有利于整体生存和发展的文化价值观,社会才能协调运转,不断发展。

制度文化环境是指一个民族在长期发展过程中逐步形成和发展起来的并为社会成员普遍接受的基本社会规范的状况,主要包括社会习俗、法律规范、道德规范和纪律规范,等等。社会习俗是一种没有强制约束力的规范。在我国悠久的文化传统中,广大劳动人民创造出一系列约定俗成的风俗习惯,如婚丧嫁娶、传统节日等支撑着我们的民族精神和社会团结。道德规范则是人们在社会生活中必须遵守的行为标准,它依靠社会舆论、人们的内心信念、习惯、传统和教育作用,直接反映着人们在社会生产和社会生活中的相互关系。而法律规范是国家立法机关制定和认可,并由国家强制力保证执行的行为规范的总和,它体现着统治阶级的意志,其目的是确认和巩固对统治阶级有利的社会关系和社会秩序。正是通过这些多样化的规范体系,社会才使其成员的大多数行为限制在一个有利于整体发展的范围之中。

4. 按内容层次划分,可分为基础层次文化环境、中等层次文化环境与较高层次文化环境

基础层次文化环境主要包括每个人都浸染在其中的风俗习惯、传媒、大众文化生活方式等。风俗习惯是指个人或集体的传统风尚、礼节、习性,是特定社会文化区域内历代人们共同遵守的行为模式或规范。风俗由于是历史形成的,它对社会成员有一种非常强烈的行为制约作用。风俗是社会道德与法律的基础和相辅部分。主要包括民族风俗、节日习俗、传统礼仪等等。传媒是指传播信息资讯的载体,可以是私人机构,也可以是官方机构。传播渠道有纸类(如报纸、杂志等)、声类(如电台广播)、影视类(如电视、电影等)、现代网络类(如互联网)等。传媒的功能主要检测社会环境、协调社会关系、传承文化和提供娱乐。大众文化是一种都市化、商业化、娱乐型的民间文化。它以一般民众为主体,以喜闻乐见的民俗习惯和大众传播信息为内容,对于缓解人们紧张生活,丰富人们业余文化生活,满足普通老百姓的精神需要起到一定作用。

中等层次文化环境主要指各类特定主体的活动环境,如企业文化环境、校园文化环境、社区文化环境等。中等文化环境主要是根据人们活动的范围来界定的。企业文化环境是指企业全体员工在长期的发展过程中所培育形成的并被全体员工共同遵守的由最高目标、价值体系、基本信念及行为规范等构成的总和。校园文化环境是学校特有的文化条件。社区文化环境主要反映的是一个社区范围内的特定文化现象。中等层次文化环境主要反映的是特定群体在一定范围内的文化体现。

较高层次文化环境主要由哲学思维、信仰、世界观、人生观、价值观、道德观等构成。就我国而言，哲学思维即是用马克思主义的辩证唯物主义和历史唯物主义原理，以科学的、实践的、辩证的思维考虑问题的方法。信仰是对某种宗教，或对某种主义极度信服和尊重，并以之为行动的准则。就我国而言，最高层次的信仰是马克思主义信仰，要发挥马克思主义信仰在信仰领域的主导和引领作用。"三观"教育是人们自觉抵制迷信、愚昧、颓废、庸俗的落后文化的精神武器。道德观有助于帮助人们树立良好的道德品质，构建和谐的社会人际关系，促进社会的团结与稳定。这些较高层次的文化环境，与基础层次和中等层次的文化环境相比，虽然在执行上有一定难度，但是随着社会的进步与发展，较高层次文化环境的建设成为社会发展和每个人都应基本具有的必然趋势。

第二节　文化环境的德育价值

文化与德育同属于精神文明建设的范畴，二者具有内在的联系。德育具有自身独特的文化属性，文化本身也蕴含丰富的德育资源和德育价值。文化环境对高校具有特殊的影响和作用方式。在高校德育中应正确认识和把握二者的内在联系，选择和营造良好的文化环境，充分利用和发挥文化环境在高校德育中的重要作用。

一、德育价值的概念

关于什么是德育价值,目前学术界主要有以下几种观点:一是
"作用意义说"。该种观点认为,"德育价值就是德育活动(德育价
值客体)对于社会成员和受教育者(德育价值主体)的作用或具有
的意义。"①作用意义说是把价值理解为作用和意义。二是"关系
说"。持这种观点的人认为,"德育价值的内涵是德育价值客体能
满足德育价值主体特定需要(本性、目的、兴趣、需求、愿望等经过
意识的形态转换,表现为需要)的关系。"②"德育价值是作为客体
的德育活动及其功能对作为德育价值主体的社会、个人的德性需
要的满足与否、促进与否的关系。"③三是"需要满足"说。如有学
者认为,"德育价值是指德育这一事物的功能属性对个人和社会
需要的满足。……应把德育能否满足社会和个人的需要作为衡量
德育价值的标准和根据,德育能满足社会和个体的需要,是指德育
能培养教育出具有社会所需要的思想、政治、品德素质即社会所需
要的德性的人。"④也有学者指出,德育价值"是指德育的属性、功
能对德育价值主体的需要之满足所产生的效应"⑤。四是"积极属
性"说。如有学者认为,"德育价值是指德育满足作为主体的社会
和个体需要的积极属性。"⑥等等。

---

①　赵剑民:《试析德育价值与德育实效 》,《教育探索》2001 年第 7 期。

②　张志祥:《德育价值与高职院校德育的价值取向 》,《当代教育论坛》2006
　　年第 3 期。

③　李太平:《德育功能·德育价值·德育目的》,《湖北大学学报》(哲学社
　　会科学版)1999 年第 6 期。

④　王立仁:《论德育的价值》,《思想理论教育导刊》2002 年第 2 期。

⑤　徐贵权:《德育功能与德育价值之关系》,《教育评论》1995 年第 6 期。

⑥　赵飞:《德育价值观和谐性缺失与德育有效性弱化》,《黑龙江高教研究》
　　2006 年第 11 期。

　　以上这几种角度都在某种意义上揭示了德育价值的含义，但似乎又都不太完整。那么究竟应该怎样来给德育价值进行定义呢？首先需要弄清价值的含义。价值，是一个具有广泛意义的范畴。现在，价值概念被广泛运用于哲学、政治学、经济学、伦理学、教育学、社会学等各个领域。可以说，价值概念渗透在人们全部认识活动和实践活动的始终，人们时时刻刻都在同周围事物和现象发生着价值关系。一般而言，价值是一种产生于人与外物的关系范畴。在价值哲学中，通常把外物称为价值客体，把人称为价值主体，而价值正是在主体与客体发生关系时，因客体满足了主体的某种需要而产生的。马克思在论述商品的价值时指出："商品首先是一个外界的对象，一个靠自己的属性来满足人的某种需要的物。"①这段话虽然是从商品价值的角度来论述的，但它告诉了我们一个普遍的原理，即外物的价值是通过外物所具有的属性来实现的。价值的实质就是价值客体属性对价值主体需要的满足关系。在价值关系中，作为价值客体的外物，一般包括三种类型：其一是指客观事物或物体；其二是指人，确切地讲是指他人或由人构成的社会。当他人或社会作为价值主体认识和改造的对象时，他人或社会相对于价值主体而言，就成了一种价值客体；其三是指某种思想、观念、理论、思潮等精神存在物。根据本章前面的分析，显然，德育价值属于第三种类型的价值。

　　德育是培养学生思想政治品德的社会实践活动，它的功能在于满足学生对思想政治品德的需要和社会对德育的需要，促进学生和社会的全面发展。而且，任何德育的目标都是对真善美的一种追求，因而德育价值在本质上反映的应是一种积极向上的，富有

---

① 《马克思恩格斯选集》第 2 卷，人民出版社 1995 年版，第 114 页。

肯定效用意义方面的含义。因而,所谓德育价值应该是指德育的存在及其属性满足学生发展和社会发展对思想政治品德需要的积极作用和意义。这一理解以价值客体与价值主体的关系为前提,以价值客体对价值主体的需要的满足为内容,以价值客体对价值主体的积极作用和意义为本质导向,比较全面地反映了德育价值的内涵。

二、德育与文化的内在关联

从文化视野审视德育,探讨文化的德育价值,首要的是要认识二者之间的内在关联。这主要表现在二者的辩证统一关系上,它们是一种相互蕴含、双向互动的关系。

1.文化蕴含着独特的德育功能

恩格斯说:"文化上的每一个进步,都是迈向自由的一步。"①这表明一切文化活动,都自觉不自觉地指向一定的道德价值。文化在"化"人的过程中,与德育的目标、内容、方法等是一致的,它隐性地执行着德育的功能。因而,文化的发展直接影响和制约着德育的基本活动。从我国现实的文化环境来看,我国德育主要受到如下三种文化成分的影响。

(1)社会主义文化的影响。

社会主义文化对德育的影响主要体现在对人的思想政治道德素质的塑造上。我国作为以马克思主义为指导的社会主义国家,社会主义文化对我国德育的影响必然是主导的方面。这种影响和制约作用表现在思想教育方面,就是要用马克思主义的辩证唯物主义和历史唯物主义的世界观、全心全意为人民服务的人生观和

---

① 《马克思恩格斯选集》第3卷,人民出版社1995年版,第456页。

以集体主义原则为核心的价值观塑造学生的思想素质。表现在政治教育方面，就是要坚持政治教育的社会主义方向。在道德教育方面主要表现在树立人的奉献精神，增强人的集体观念，培养人的责任意识，提高人的诚信品德等方面。

（2）中国传统文化的影响。

按照学术界的观点，中国传统文化主要指五四运动以前的中国文化，它涉及领域非常广泛，内容博大精深，源远流长。中国传统文化对中国德育的影响主要表现在四个方面：一是儒家文化。儒家文化是中国传统文化的主体，包括儒家和以儒家为主的各种典章制度、风俗习惯，对于凝聚中华民族，安定社会，培养人的品格等都起到了积极作用。如儒家的"君子喻于义，小人喻于利"、"君子爱财，取之有道"的义利观，对我们在今天的社会主义市场经济环境下如何处理好物质利益关系，具有重要启示；儒家的生死观有助于人们形成积极向上、豁达乐观的人生态度，等等。二是诸子百家之学。它是指除了儒家以外的各家学派，主要包括墨家、道家、法家等学派，也包括历代出现的批孔反孔的思想家的思想，其中的很多思想对育人都起到了积极的作用。如墨家非常明确地提出了"兼爱"的观点，反对爱的差等。三是中国人民在改造自然的生产活动中积累起来的生产经验和科学技术，以及在生产活动中形成的勤劳、勇敢、节俭、自强不息等优良品质。四是中国人民在反对剥削压迫和外来侵略的斗争中培养出来的不畏强暴、不怕牺牲、坚忍不拔的战斗精神和济困扶贫、大公无私的高贵品质。正是这些精神因素激励着中国人民奋勇拼搏，它对中国人民品质的塑造发挥着巨大的作用。

（3）外来文化的影响。

这里的外来文化影响主要指西方文化对我国德育的影响。从当前来看,西方文化对我国的影响主要表现为各种西方思潮的冲击。当代西方思潮是西方文化的体现和结晶,是西方文化在当代的重要思想形式和理论形式。思潮主要是指对社会生活有广泛影响和相当冲击力的思想趋势或倾向。充分吸收西方文化中的精华对于优化我国文化环境,推进我国德育建设具有重要意义。比如,弗洛伊德主义中的合理因素看到了人的精神领域的复杂性、矛盾性和冲突性,肯定了人的自然属性对人的行为的影响,看到了潜意识在人的认识活动中的作用,把人看作是"本能人",在一定程度上弥补了仅把人看作是"阶级人"的缺陷;又如,萨特存在主义肯定了人的自主性、能动性及对自由的追求和向往,这一点适应了我国社会主义市场经济发展的需要。但是,我们也要清醒地看到,西方文化中也存在大量糟粕,对我国的文化发展具有一定的消极作用。例如,西方鼓吹的"人权外交",宣扬人权高于主权以及"第三条道路"思潮的兴起等,这些都要求我们在吸取西方文化的同时,也应该注意批判和抵制其糟粕,这样才能真正从我国国情出发,为我国德育所用。

2. 德育具有内在的文化属性

由于人们认识文化的角度及对文化的感受不同,虽然人们对文化的定义众说纷纭、各执一端,但都不约而同地指向人的精神层面,其核心是"人的价值观念体系"。换言之,文化与人相互界定、互为前提。文化始终是人的文化,人是文化的主体。德育的对象也是人,而人都是文化的人,而且,从德育的内容来看,德育对学生进行的思想教育、政治教育、道德教育和心理健康教育,无一能离开对文化的继承、借鉴和创新,德育的目标实质上把一个人塑造成属于特定文化群体和文化环境的文化人。可见,德育具有内在的文化属性。只有把德育放到文化的视野中加以思考,才能实现文化先进性和德育实效性的双重建构。

德育不仅具有内在的文化属性,而且由于德育追求真善美的本质要求,必然对文化发展产生积极的促进作用。本文将在本章第三节重点论述高校德育的文化价值。

三、文化环境的德育价值

文化环境的德育价值与德育本身的价值相关,但又不同于德育本身的价值,而是指文化环境所具有的德育功能所体现的价值,它是文化环境的重要价值之一。主要包括以下几个方面:

1. 导向价值

一般来说,任何社会的文化环境都有主导方面和非主导方面。尽管文化环境是复杂多样的,但其主导方面是明确的,否则文化领域必然处于混乱状态。文化环境的主导方向始终引导着人们思想政治品德发展的方向。主要体现在三个方面:

(1)理想信念导向。

理想信念导向是利用文化环境来帮助人们形成正确的理想信念,并通过理想信念来凝聚社会,激发动力,指导行为。理想信念具有指向性、确信性和稳定性等特点。人们总是根据自己的理想信念来分析问题、评价事物,选择态度和行为。理想信念对于人们的认识活动和实践活动具有明显的指向性和导向性。同时,理想信念作为人们深信不疑的思想,对人们行为的驱动更坚定和持久。理想信念教育对于学生来说至关重要,因此,高校德育必须承担起此种重任,充分利用文化环境中的社会主义文化因素,加强学生的理想信念教育,帮助学生树立社会主义、共产主义理想信念,并结合实际制定个人理想,培养学生为了理想而顽强拼搏、不怕困难的信念。

（2）道德观念导向。

道德观念导向是利用文化环境中的传统文化来帮助人们树立正确的道德观念，加强人格修养，追求至善至美的人生境界。《大学》中说：修身、齐家、治国、平天下，把修身放在首位。中国古代思想家司马迁说过："才者，德之姿也；德者，才之帅也。"道德是一个人的根基和形象所在，一个人只有具备良好的道德素质，才能在事业上有所成功。大学生作为社会未来的栋梁，必须继承和弘扬中华民族的优良传统，继承和发扬中国革命和建设的优良传统，把自己塑造成有德之人。高校必须充分利用文化环境中的有利于道德观念树立的因素，全方位培养大学生，使大学生成为真正德才兼备的有用之人。

（3）生活方式导向。

生活方式导向是文化环境中的合理因素对于人们正确生活方式建立的导向，尤其是高校中的校园文化对于大学生建立健康生活方式的导向。由于社会人群的文化素质和水准不同，多元文化的发展以及市场经济不可避免地存在的负面影响等，都会对人们的社会文化生活产生巨大影响。特别是随着我国对外开放水平的不断提高和东西文化交流的不断深入，西方腐朽的生活方式也逐渐传入我国，影响了年轻一代。在多元文化背景下，大学生对于外来文化越来越多地采取了包容和接受的态度，这极易造成西方腐朽生活方式对他们的腐蚀。所以高校德育必须充分发挥好校园文化建设的优势，建立以知识和审美为取向的高雅和优秀文化，通过各种积极健康向上的文化活动满足学生不同层次的精神文化需要，从而使他们选择、建立健康文明的生活方式。

2. 规范价值

所谓规范价值，就是良好的文化环境对人们的心理和行为所具有的潜在的激发和规范作用,它的约束力主要是通过道德规范和法纪规范来实现的。

(1)道德规范。

道德规范主要是指通过道德原则、道德规范的教育,道德习惯的养成,以社会舆论、自教自律的方式对人们的行为进行约束。这种规范体现在人们社会生活的各个方面,具有经常性和广泛性的特点。

道德教育在儒家教育实践中处于"为先"的地位,起着统帅的作用。孔子是历史上第一个充分肯定并系统阐述道德作用和地位的教育家。子以四教:文、行、忠、信,充分把道德教育列在第一位。高校是育人的场所,如果仅靠法纪是根本达不到育人的效果的,所以必须充分利用道德规范和学生自律来实现育人的目的,弥补高校制度规范不足的缺陷。所以在道德规范的过程中,高校应该注重学生对于儒家优秀传统文化的学习,尤其是对于儒家"以德为先"、"持守气节"、"诚实守信"、"勤劳节俭"、"克己自省"等精神的培养,使这些道德规范渗透到学校的各项教育教学活动中,通过潜移默化的约束作用于学校全体师生,使得他们能自觉规范言行。

(2)法纪规范。

法纪规范主要是通过法律制度、具体法规、章程、条例的教育和执行,以监督检查、强化管理的方式对人们的行为进行约束。这种规范重在培养人们的法制意识,增强依法治国、依法办事的自觉性,预防、抑制违法违纪行为。

为了提高德育成效,崇尚民主和法制,就必须不断推进我国高校的法制化进程,加强对学生进行法纪规范教育。中国正处于政治经济体制改革的关键时期,东西文化价值观交锋碰撞激烈,国际国内各种思想问题和矛盾交错,人们的交往方式、价值观念、道德意识都发生着急剧变化,德育建设面临着许多新情况、新问题和新特点,中国现代德育的任务和责任加重,加速推进德育的法制化建设,在高校中加强学生法纪规范就显得更加重要。这就要求我们必须树立"德育为先导、法制为保障、德法一体"的现代德育理念,以法规形式确立德育的价值标准和行为指向,使高校德育能真正与改革开放的时代特征相适应,与现代文明相协调,从而实现德育的真正目的。

　　道德规范和法纪约束正体现了我国"依法治国"与"以德治国"的完美结合,这也是现代德育在高校中发展的趋势。当然这两者的结合在实际操作中还存在许多问题,有待进一步的协调和完善,相信随着我国法制化水平的不断提高和道德教育的不断深入,二者的完美结合将会推动中国高校德育的创新与良性发展。

　　3. 熏陶价值

　　熏陶价值是指文化环境通过潜移默化的方式作用于人的感官,达到感染人、陶冶人的效果。具体来说,文化环境的熏陶就是通过暗示、模仿、从众、集群、舆论、渲染等方式来间接影响人们,从而约束和规范人们的思想和行为,帮助人们陶冶情操,塑造人格。

　　文化环境的熏陶价值体现了隐形德育的功能。隐形德育主要是将德育内容渗透到各项活动、环境或各种意境之中,让受教育者去自我感受、自我把握、自我领悟、自我提升,进而培养人的高尚情操、优良品质和远大理想。在高校德育实践中,无论是传统的品格教育,还是现代的价值澄清理论,都无法避免空洞的说教和填鸭式的灌输,造成学生对于德育不感兴趣,存在很强的逆反心理。于是,隐形教育的出现,为德育工作创造了有利条件,让学生们在优良的文化氛围中体验生活,锤炼思想和陶冶情操。实践证明,这样的德育远比说教和填鸭式教育效果明显,学生们也都乐于接受。

充分发挥隐形教育的前提是要有良好的文化环境作为保障，这就要求高校和全社会积极构建优良的文化环境。对于高校来说，必须要重视对学生进行社会文化环境的正确引导和校园文化的构建。

第三节　高校德育的文化价值

高校德育作为文化建设的范畴，其价值与文化密切相关。高校德育不仅具有自身独特的文化属性，而且作为高等文化教育的重要组成部分，对文化传承和发展具有积极的促进作用，是发展我国先进文化的重要保证。在多元文化背景下，研究和开发高校德育的文化价值显得愈加重要。

一、文化价值的含义

"文化价值"的含义，应从"文化"和"价值"两个概念的内在联系中来把握。文化和价值的内在联系主要体现在两个方面：一是价值具有文化性。因为价值是属人的价值，而人又是文化的人，那么，文化的人必然具有文化的因素，这些文化因素也就势必进入主体的需要之中，所以价值必然有文化性。二是文化具有价值性。文化是人创造的，为什么人要创造文化，说明文化能满足人的某种需要，那么文化自然便有了价值。由于人的需要一般有物质的需要和精神的需要两种类型，所以，根据主体需要的不同性质，可以大致将人们的文化需要划分为物质类型的文化需要和精神类型的文化需要两大类。所谓文化价值，就是指那些凝结在人们通过实践活动所创造的物质文化产品和精神文化产品中并能够满足人们的物质文化需要和精神文化需要的价值。本文所指的文化价值主要是一种精神文化价值。

二、高校德育的文化价值

高校德育的文化价值,是指我国高校德育实践活动对于满足我国高校学生这个特定社会主体在文化传承和发展需要层面上所具有的积极作用和意义。具体表现在以下两个层面:

1. 高校德育在文化运行过程中的价值

(1)文化传承和维系价值。

文化传承和维系,是对优秀文化的继承和保持,并随着时代变迁予以不断地创新和发展。我国高校德育所传承的文化不仅包括各种知识形态的文化,如科学文化知识,也包括意识形态的文化,如马克思主义的世界观、人生观和价值观。不但传承各种理性形态的文化,还传承各种非理性形态的文化,如爱国主义的情感等。不但传承各种意识层面的文化,而且传承潜意识层面的文化,如健康向上的文化心态与社会风尚等。

文化传承和维系是高校德育的重要使命。德国文化教育学家斯普朗格曾经说过,教育乃是一种文化活动,这种文化活动的开始是使正在成长的个人心灵与优良的"客观文化"适当接触,把客观文化安置在个人心灵之中,使其成为"主观文化"。① 这里所说的客观文化是指人类世世代代存在的文化,而主观文化则是人类文化在每个时代人们心中的存在形式。在这个从客观文化不断向主观文化的转变过程中,高校德育发挥着举足轻重的作用。当前,随着我国改革开放的深入发展和东西方文化交流的增多,西方文化

---

① 沈根华:《试论思想政治教育的文化价值》,《南京政治学院学报》2002 年第 5 期。

大量传入我国，其中也伴随着一些腐朽的文化，这就给我国优秀传统文化的传承和维系带来挑战。如何用中国优秀传统文化教育学生，让他们自觉抵制各种西方腐朽思想文化，促进当代大学生健康成长，就成了摆在高校德育面前的重要任务。我国高校德育既要看到当代世界文化相互传播对于促进我国文化进步所起到的积极作用，又要看到一些旧的文化价值观被新的文化价值观所取代的趋势，更要看到当前传承中华民族优秀传统文化的必要性。一方面，要正确引导学生接受外来文化，教会学生从我国国情出发取其精华去其糟粕，正确对待文化差异；另一方面，要引导学生传承民族优秀文化，弘扬民族精神，同时依据时代变迁，发展中国先进文化。

（2）文化选择和主导价值。

文化选择，是对某种或某部分文化的吸收或排斥。文化主导，是发挥主流文化对多样文化发展的引领作用。文化选择和主导贯穿于高校德育的全过程，高校德育的每一项活动，其过程的每一方面都包含着选择和主导的意义。这是由高校德育明确的价值导向所决定的。一定的社会思潮、风俗习惯、价值观念等文化因素，如果与德育的目的取向相一致，德育就会以积极的姿态，对其吸纳和整合。反之，就会对其加以排斥和摒弃。

高校德育在本质上是一种文化价值的引导工作。它吸收文化的精髓作为德育的内容，提供适应社会发展需要的观念、态度、知识和技能，并通过一整套价值标准和评价手段进一步保证和强化这种选择和主导的方向性。一方面，随着文化全球化的影响，各种外来的文化大量涌入校园，各种思潮和价值观等在大学校园里产生冲突和碰撞，影响着大学生的世界观、人生观、价值观；另一方面，随着高等教育日益国际化，世界各国各民族文化也进入高校视野。高校在参与国际交流的过程中如何对待各种外国文化观念,如何选取促进德育发展的文化,成为摆在高校德育面前的新课题。

那么,高校德育如何实现文化选择和主导的价值呢? 一是要树立正确的文化选择观,积极主动地对世界各种文化进行科学分析、筛选和利用,对各种文化合理地扬弃和吸收,克服盲目性。二是要加强对多元文化的主导,始终坚持主流文化的主导地位,同时加强对多样社会思潮的引导,促进社会思潮在高校朝着健康方向发展。三是要引领学生的多样化、个性化精神文化需求,扶正个体多元精神文化需求中的误区和偏向,促进多样化精神文化需求的健康发展。

(3)文化传播和变迁价值。

文化传播,"是指某一社会文化共同体的文化向另一社会文化共同体的传输过程。"①文化变迁,是指文化在传播过程中改变其内容和结构,发生变迁而不断发展。高校德育培养出来的具有先进价值观与开拓创新品格的一代代大学生,是文化传播的重要生力军和文化变迁的无尽动力源泉。

全球文化的碰撞和冲突使得高校德育面临很大冲击:一是前所未闻的新事物迫使德育不能再用原有思维评价和选择事物;二是西方文化的冲击,使得大量西方文化对青年大学生的思想发展产生了巨大影响。文化传播一般遵循着由"高"到"低"的方向:一是发展较早的文化流向发展较晚的文化;二是经济、科技发达地区文化流向欠发达地区文化。因此,作为发展中的中国,面临着发达国家文化传播的双刃剑问题,这无疑对高校德育的文化传播价值

---

① 　戴钢书:《德育环境研究》,人民出版社 2002 年版,第 217 页。

提出更高的要求。同时，高校德育作为促进精神文化改变的重要因素，在促进文化变迁过程中也发挥着重要的作用。

高校德育发挥文化传播与变迁价值，主要应做到如下几点：一是高校德育要树立世界眼光和开放思维，广泛吸收借鉴当代世界文明成果和现代文明，吸收不同文明中科学、进步、合理的成分，把世界最新的科学思想、科技素材、发展理念等作为高校德育的新内容，使之成为发展中华文化的新鲜营养；二是高校德育要面向世界，积极传播中国优秀文化，扩大中国文化的影响，丰富世界文化宝库；三是高校德育要积极促进和加强同世界各国的文化交流，为全球化的文化格局做出应有的贡献。

（4）文化渗透和创造价值。

德育的文化渗透价值是指德育通过大力倡导社会主流文化，使之渗透到各种社会亚文化之中的作用。在当代中国，德育的主旋律就是大力弘扬社会主义、爱国主义和集体主义思想。德育的文化创造价值是指德育通过对文化的积累、传播，促进文化的更新、发明、创造的作用。

之所以要发挥德育的文化渗透价值，是因为当今社会除了主流文化以外，还有各种非主流的文化形态，如企业文化、社区文化、村镇文化、家庭文化、校园文化、军营文化等。德育是一个开放的系统，应该积极吸取各种亚文化中的合理部分以促进主流文化的发展和德育的建设。但是，亚文化现象具有一定的自发性，也存在许多不合理和不健康的因素。这就需要德育发挥自己的文化渗透价值，将社会主流文化渗透到各种亚文化中去，引导其正确发展，调节社会文化冲突和碰撞，使各种文化相互借鉴和融合，创造良好、和谐的文化氛围，从而为促进社会文化的发展服务。

"各个历史时期的德育，都要扬弃历史上遗留下来的文化，创造适应现代需要的文化。"①高校德育发挥文化创造价值,有如下几点要求:一是解放思想,实事求是,更新德育的文化观念。解放思想、更新观念是文化改革和创新的前提,只有教育和引导人们敢于和善于冲破旧思想、旧观念的束缚,不断地解放思想,实事求是,与时俱进,才能激发师生的创新精神,推动文化创新。二是培养具有创造力的人才。人才是一个民族文化发展的保证,而衡量现代德育的一个根本指标也是德育能否培养出具有创造力的人。三是吸收和融合世界先进文化。这不仅是文化发展的动力,也是高校德育发展的重要源泉。

2. 高校德育在文化内容要素中的价值

(1)经济文化价值。

"所谓经济文化,是指渗透到社会再生产的生产、分配、流通、消费等一切经济环境、领域及过程中的价值观、信仰、精神、传统、审美道德以及知识、才能等之总和。"②高校德育的经济文化价值主要体现在高校德育对于经济文化建设的积极作用。尤其是高校通过加强经济伦理教育,对于规范市场主体的经济行为,保证市场经济健康有序运行具有正确的价值导向作用。目前高校经济伦理教育的内容主要有:一是培养学生树立集体主义价值观,反对个人主义价值观,反对"一切向钱看"的拜金主义和享乐主义。二是诚信教育。由于我国市场经济运行机制还不完善,法律法规还不健全,使得市场经济在运行过程中出现信用缺失的局面,这就使得诚信教育异常重要。三是培养学生服务奉献精神、敬业精神、人与自然和谐相处的生态平衡意识等。

---

① 　王仕民主编:《德育功能论》,中山大学出版社2005年版,第223页。
② 　蒲实:《要大力倡导经济文化研究》,《理论前沿》1998年第9期。

（2）政治文化价值。

"所谓政治文化,就是一个国家中的阶级、团体和个人,在长期的社会历史文化的影响下形成的某种特定政治价值观念、政治心理和政治行为模式。"①政治文化既包括人们对政治生活非理性的情感认识因素,也包括人们对政治生活的理性认识因素;既包括在政治生活中对人们政治行为起着规范和支配作用的政治思想,也包括在政治生活中起着潜在作用的社会政治心理因素。在多元文化背景下,从政治文化的基本格局来看,当代中国的政治文化成分相当复杂,主要由马克思主义指导下的新型政治文化、传统政治文化以及西方政治文化三部分组成。由于政治文化的多元化,有可能使得政治亚文化过分强大,从而势必会对社会政治稳定带来一定的威胁。因此,高校德育通过提高大学生的政治文化素养,可以有利于加强对政治文化的规范和引导,促进政治文化的健康发展,实现社会政治文化的整合。具体来说,高校德育的政治文化价值主要体现在两个方面:一是高校德育有利于规范和引导非主导政治文化的发展。高校德育通过进行主导政治文化教育,可以帮助学生正确认识支流文化中积极和消极因素,并自觉抵制消极因素的影响,并按照主导政治文化建设的要求对非主导政治文化进行积极地改造。二是高校德育有利于反对和抵制敌对性政治文化的侵害。高校德育主要通过对主导政治文化的正面宣传,同时借助法律手段对那些对社会具有破坏性、威胁国家稳定的敌对性政治文化进行遏制,以构建健康的政治文化环境。

（3）制度文化价值。

制度文化,是人类为了自身生存、社会发展的需要而主动创制

---

① 王惠岩:《政治学原理》,高等教育出版社1999年版,第231页。

出来的有组织的规范体系。主要包括国家的行政管理体制、人才培养选拔制度、法律制度和民间的礼仪俗规等内容。社会的法律制度、政治制度、经济制度以及人与人之间的各种关系准则等,都是制度文化的反映。制度文化在协调个人与群体、群体与社会的关系,以及保证社会的凝聚力方面起着不可或缺的显著作用,深刻地影响着人们的物质生活和精神生活。邓小平同志曾经指出:"制度好可以使坏人无法任意横行,制度不好可以使好人无法充分做好事,甚至会走向反面。"①学校制度文化是指在学校日常工作学习和生活中具体体现出来的学校管理的独特风格,是学校全体师生员工共同认可并自觉遵守的行为准则。制度文化是一种管理文化,建立和健全学校规章制度,塑造良好的学校制度文化,是学校文化建设的一项重要内容。学校制度文化主要表现为学校规章制度。高校德育在高校制度文化建设方面的价值主要体现在两个方面:一是高校德育通过加强对学生的法律、制度和规范教育,不断提高学生的法制观念和纪律观念,促进了制度文化建设的进一步有序化、规范化和合理化。二是高校德育可以提升制度文化的人文价值取向。制度建设体现人文价值取向正是制度文化发展的必然趋势。高校德育的人文关怀理念与制度文化相结合,有利于增强学生对制度文化建设的积极性和自觉性。

(4)生态文化价值。

所谓生态文化,是指以生态价值观念、生态理论方法为指导形成的生态物质文化、生态精神文化、生态行为文化的总称。生态文化是一种人、自然、社会和谐一致、动态平衡的文化,是自然科学与社会科学的融合统一。高校德育的生态文化价值主要在于,以生

---

① 《邓小平文选》第2卷,人民出版社1994年版,第333页。

态世界观和价值观观照德育，把学校德育作为整个生态系统的组成部分，促进学校德育生态系统的和谐与稳定。德育生态化把师生都当作独立的生态因子，尊重师生生命个体的主体性或参与性，这是德育生态化的主导理念。

三、高校德育文化价值的实现路径

1. 增强高校德育内容的文化底蕴

传统的高校德育大多忽视了德育内容的文化底蕴，没有深刻地领会德育和文化之间的内在关联，而是把德育和文化各自独立，这样就使得德育内容单一，使德育方法比较刻板。只有真正弄清二者的关系，才能丰富德育内容，从而让充满文化底蕴的德育发挥出巨大的育人价值。

首先，要发挥主流文化对高校德育的主导作用。主流文化通过对大学生成长的校园文化环境的主导和引领，从而形成良好的校园文化环境，陶冶大学生的道德情操，塑造大学生美好的心灵，激励大学生开拓进取和积极向上。因此，我们必须要坚持用马列主义、毛泽东思想和中国特色社会主义理论体系来统领高校德育建设，将社会主义、爱国主义和集体主义渗透到德育过程之中，从而促进清新校园、良好校风、和谐人际关系的建立，使学生在温暖和友爱的文化氛围中茁壮成长。

其次，要继承和弘扬优秀传统文化。传统文化是社会文化的重要组成部分，也是社会主流文化的源头，这就决定了优秀传统文化在高校德育中的重要地位。中华民族在长期的历史实践过程中，形成了独特的价值取向系统，并且影响到人们生活、生产的各个方面和各个领域。因此，高校德育要继承中华民族的优秀传统文化，发扬五四运动以来形成的革命文化传统，同时还要不断进行文化创新,这是德育发展创新的内在要求。因此,我们要继承和弘扬优秀传统文化,激发当代大学生自强不息、顽强拼搏、锐意进取的精神,使他们在祖国的未来发展中真正发挥出自己的应有作用。

第三,要包容和扬弃世界多样性文化。世界上各具特色的多样性文化都有自己产生和发展的理由,它们都是平等的,不存在高低贵贱之分。每一种文化都是整个世界文化中的一颗璀璨的星星,都为人类文化的发展做出了不可磨灭的贡献。跨国界的文化交流是文化全球化对高校德育提出的新课题,是德育顺应时代发展要求的重要体现。因而,高校德育不能固步自封,仅用本国的文化教育学生。高校德育必须树立"包容"和"扬弃"的观念,理解、尊重和鉴赏世界上的各种文化,充分吸收多样性文化中的有益成分,并将其运用到德育的实践过程中,同时也要将我国优秀的文化发扬光大,传播于全世界,为促进人类文化发展做出积极贡献。

2. 提高高校德育主体的文化素养

高校德育的主体既指高校教师和德育工作者,也包括广大学生。发挥和开发高校德育的文化价值,不仅要依靠高校教师和德育工作者,也要依靠广大学生。这里重点谈一下大学生这一德育主体的文化素养。

求知是所有人的本性。列宁曾经指出:"只有了解人类创造的一切财富以丰富自己的头脑,才能成为共产主义者。"①从这里可以看出,人创造了文化,而文化一旦形成便成为培养人的土壤,对人产生深远影响。离开了文化素养作为基础,德育便失去了根基。所以,必须要提高学生的文化素养。从高校德育的角度讲,主要是进行思想观念和行为层面的文化素养教育。

---

① 《列宁选集》第4卷,人民出版社1995年版,第285页。

首先,要加强以优秀传统文化和中国特色社会主义文化为主要内容的观念文化教育。在优秀传统文化方面,要特别加强民族传统美德和民族精神教育。"民族精神是一个民族在创生中不断发生的精神'世界',在这个'世界'中,政治文化思想、民族品格、民族传统和价值观念的升华为它的主要内容,民族精神是心理意识和思想观念的集中体现,是民族文化中的优秀部分,精华部分,是民族文化中最有生命力的部分,代表着民族文化的发展方向,同时它也是一个民族区别于其他民族的重要标志。"①关于中华民族精神的内涵,江泽民同志作了精辟的概括:"在五千多年的发展中,中华民族形成了以爱国主义为核心的团结统一、爱好和平、勤劳勇敢、自强不息的伟大民族精神。"②在中国特色社会主义文化方面,要突出抓好马克思主义理想信仰教育。理想信念作为一种观念形态,是人类特有的精神现象。就其本质而言,理想信念是人们对未来的向往和追求,是一个人的世界观和立场在奋斗目标上的集中体现,是确立人生价值取向的最高标准。随着我国改革开放的深化及市场经济体制的建立和完善,各种经济成分、利益主体和社会生活方式日趋多样化,这些都给在校大学生的思想观念带来了影响。特别是西方的一些腐朽的价值观影响了青年学生,使得学生们对马克思主义的信仰产生危机,对共产主义理想信念淡化。因而,对当代大学生加强马克思主义理想信仰教育更加重要。

其次,要加强以不懈追求和挑战自我为核心的行为文化教育。培养学生的文化素养不仅要进行观念文化素养的培养,更要进行

---

① 王克千、吴宗英:《价值观与中华民族凝聚力》,上海人民出版社2001年版,第72页。
② 《江泽民文选》第3卷,人民出版社2006年版,第559页。

行为文化素养的培养,因为观念的培养最终是为了付诸实践,只有两者完美结合,才能达到文化素养培养的目标。当代大学生生活在物质文明和精神文明比较发达的和平年代,他们从出生到现在很少受过重大的挫折和灾难。这使得他们缺乏对挫折的承受力和对事业追求的毅力。他们往往在失败面前选择逃避,在未知面前选择保守,缺乏自我挑战的精神。高校德育不仅要培养和提升学生在道德修养等观念上的素养,更要通过开展各种实践活动提高行为文化素养,例如开展劳动教育培养学生不怕吃苦的精神,开展素质拓展运动培养学生的团队合作意识,开展模拟挫折发生的实境提高学生应对挫折和困难的解决问题的能力,通过设置任务计划培养学生为了完成目标不懈追求的决心等等,从而在行为上真正地有所改善。

3. 优化高校德育的文化环境

人是环境的产物,一个人长期置身于一个群体,耳濡目染,日久天长就会熏陶形成共同的风尚和气质。我国古代教育家墨子曾经说过:"染于苍则苍,染于黄则黄,所入者变,其色也变。"他以染丝为例,来比喻人的品性是在教育和环境中形成的。而"孟母三迁"的故事,更体现了选择优良环境对人的思想品德形成和发展的重要性。美国教育家杜威也认为,教育必须利用环境的作用,"青少年在连续的和进步的社会生活中所必需具有的态度和倾向的发展,不能通过信念、情感和知识的直接传授发生,它要通过环境的中介发生。"①对于当代大学生,校园是他们生活学习的主要场所,校园有无文化的介入和渗透,有什么样的文化介入和渗透,

---

① [美]约翰·杜威:《民主主义与教育》,王承绪译,人民教育出版社1990年版,第24页。

其结果都是不一样的。只有创造良好的校园文化环境，提供与大学生成长内在要求相一致的德育内容，才能真正促进他们的成长和成才。

优化校园文化环境主要应从如下几个方面入手：一是建构先进的校园精神文化。精神文化主要体现在大学精神及管理理念等方面，它往往是对历史上优秀的教育思想、教育理念的继承和发扬，同时又是对当今先进教育思想的兼容。二是加强校园物质文化建设。通过建设校园物质文化环境来潜移默化地影响师生们的言行，激发学生的爱校情怀，增强学校的凝聚力，从而规范学生的行为。三是加强行为文化建设，培养师生的文明素养。行为文化建设需要外界不断地规范和约束才能形成规范。例如通过制定教师和学生的日常行为规范，课堂礼仪等来达到培养师生文明素养的目的。在行为文化建设上要加强教师引导，以学生为主体，师生共同配合。四是加强活动文化建设，提升学生综合素质。通过开展各种目标性强、有针对性的、内容和形式丰富多彩的文化活动来发挥学生的主体地位，培养学生的创新精神、自主意识和责任意识，促进学生全面发展。

第三章　多元文化背景的
成因及发展趋势

　　文化作为社会意识的范畴,是社会存在的反映,由于当今世界政治、经济多样化发展的原因,文化也必然呈现出多元化样态。分析多元文化背景的成因、文化多元化与先进文化主导的关系以及文化多元化的发展趋势,是新形势下正确认识和把握新高校德育主导性的现实基础和必要前提。

第一节　多元文化背景的成因

　　社会存在决定社会意识,文化无时无刻不是社会存在的反映,社会成分的多元化决定了文化的多元化。在人类整个历史长河中,人类的文化交流和发明创造一直未停止过,文化的多元性一直是人类历史的一部分。某一群体或民族在长期的历史发展中,因地理位置的不同,有其独特的生产和生活过程,从而逐渐确立起自己的文化,不同民族或群体的文化各具特点,表现出具有差异的文化形式,从而体现了文化多元的特性。不同的文化之所以能共存于一个共同体内,其重要原因就在于各种文化不仅承认了彼此的差异性,更重要的是它们也发现了彼此间的共性和各种文化间相互借鉴的可能。从这个意义上说,多元文化的实质就是提供处理两种以上文化间相互关系的态度,维护多元文化赖以存在的同一体的手段和方法。

虽然多元文化的现象自古以来就一直存在,但它作为一个术语是出现于 20 世纪 20 年代,而作为一种社会思潮,则是在 50—60 年代以后才受到世人的关注。多元文化提出后,不同学者和机构从不同的角度提出了对多元文化的理解。比如,英国著名多元文化教育学家詹姆斯·林奇认为,多元文化指特定地域如行政区、村庄、市镇、国家、同宗教区或全球范围内多种文化共同存在并相互作用的现象。也有学者认为,多元文化是指这样一种状态,在人类社会越来越复杂化,信息流通越来越发达的情况下,文化的更新转型也日益加快,各种文化的发展均面临着不同的机遇和挑战,新的文化也将层出不穷。坚持文化多元的学者认为,一个国家如果由不同肤色、不同语言、不同行为习惯、不同信念理想的民族所组成,其彼此存在差异的文化之间的关系应该是平等的,且相互支持的。我们在现代复杂的社会结构下,必然需求各种不同的文化服务于社会的发展,这些文化服务于社会的发展,就造就了文化的多元化,也就是复杂社会背景下的多元文化。多元文化应包括两个方面的内涵:首先,它是指由多种不同文化共同构成的文化样态;其次,它是在坚持主流文化的前提下出现的多种文化并存、发展,并相互影响的态势,多元文化不应是混乱无序的文化样态。

不论从历史上还是从国外来看,多元文化的形成都有其一定的特殊成因,就我国当前的多元文化背景而言,其成因主要有以下几个方面因素:

一、经济全球化

经济全球化是当今世界最引人注目的发展趋势之一。经济全球化就是指各国经济相互依赖性增大而使经济联合在某一时点的结合程度、各国的资源、资本、劳动力、商品等以极快的速度和规模在全球范围内流动,以求达到资源的最佳配置和利润的最大化。[①]经济活动作为人类社会的主体,其制度架构、运行规则及思想理念给人类其他活动领域以极大影响。在经济全球化背景下,随着资本、技术、信息和人员的国际流动,知识、意识形态和文化、价值观念也超越国界,在世界范围流动,引起各种文化间的冲撞、震荡、渗透、整合和交融。经济贸易、科技发展打破了以往地域、民族、宗教和文化的壁垒,使任何一种文化都不可能在孤立的状态下单独发展。

经济全球化对于文化的影响非常深刻,概括地说,它形成了两股平行而相反的文化趋向:第一种趋向是造成了一种世界通行的工业文化和大众文化,并且使若干西方价值观获得了一定程度的接受。在以往时代中,精英文化主导着一国的文化进程,在精英文化与大众文化之间保持着特定的张力。但是工业化、现代化带来了大规模群众消费,精英文化与大众文化之间的原有张力完全被摧毁,大众文化前所未有地汹涌澎湃,在数量上几乎淹没了精英文化。大众文化具有通俗性、商业性、机械性、满足感官刺激等特征,而且乘着经济全球化的劲风,已在全国流行开来。经济全球化对文化的影响还有另一种趋向,它首先促使文化的民族化和地区化增强,重视和保护每一种文化的独特意义。其次,人类共同文化价值观的形成需要各种文化,尤其是非西方民族的文化贡献出优秀的价值观。最后,文化的多样化才能保证人类在未来的挑战面前不致因"文化基因"的单一而灭亡。随同经济全球化而来的是思

---

① 朱旭东:《全球化历史进程与中国社会主义文化》,贵州人民出版社2002年版,第36页。

维方式和文化价值观的全球流布，是各种不同文化间的冲突、碰撞和融合。因此，大胆吸收借鉴人类一切优秀文明成果，是多元文化的必然要求。

二、社会多样化

马克思主义认为，从人类总体历史来看，社会形态更替具有统一性；从不同民族的历史来看，社会形态更替具有多样性。社会发展的决定性和主体行为选择性使社会形态的更替呈现出统一性和多样性。社会形态的更替的统一性就在于，人类总体历史过程表现为原始社会——奴隶社会——封建社会——资本主义社会——共产主义社会（社会主义社会是其第一阶段）这五种社会形态的依次更替。社会形态的多样性表现为，不同的民族在特定条件下可以超越某一种甚至几种社会形态而跳跃式地向前发展。社会形态更替的多样性并不能否定人类总体历史进程。

世界文明发展的历史事实告诉我们，其总体内容和价值，正是不同文明普遍性和多样性的统一，它既是由各种文明中的共同价值组成的，又是由不同文明色彩纷呈的多样性予以丰富、融汇、促进和发展的。因此，普遍性寓于多样性之中，多样性也离不开普遍性，在多样性中形成和融会普遍性，这可以说是人类文明发展的一个基本规律和基本特质。众所周知，从古到今的人类社会，从来就没有出现过一个大一统的文明类型。相反，不同区域、不同时期、不同传统的人类社会共同体，总是在社会生产方式、生活方式和思想方式以及相应的语言、哲学、科学、文学艺术、伦理、宗教、公共机构、国家、政治、法律、技术等文化体系方面，表现出不同程度的独特性。可见，世界文明的多样性不仅是一个客观存在的事实，而且也是促进世界文明进步发展的一个积极而重要的因素。每种文明都有其独特的历史发展过程,而且可以是平行不悖的。人类文明,正是在这种多样性的交流、融汇、统一中不断前进的。经过长期的交流,共同的成分越来越多,它们就构成人类文明的共同和基本的财富。

就中国而言,随着改革的深化、社会转型和社会主义市场经济的发展,社会经济成分、组织形式、利益分配、就业方式日益多样化日益明显。社会生活的多样化必然给人们的思想观念、价值取向、文化生活带来多样性,使人们思想活动的独立性、选择性、多变性、差异性明显增加。人们思想活动的独立性,主要表现在如今人们发展个性,追求个人利益的愿望更加强烈,独立自主的意识不断加强。人们思想活动的选择性,主要表现在如今社会文化生活丰富多彩,无论是劳动就业、学习深造,还是购物消费、娱乐休闲,都有许多选择的可能。人们思想活动的多变性,主要表现在如今人们的思想活动越来越活跃,各种观念的冲突和思想变动越来越频繁,思想认识中的热点难点越来越多,而思想认识的稳定性则相对越来越低。人们思想活动的差异性,主要表现在不同社会阶层和利益群体的人们在思想认识、道德观念、价值标准等方面具有相当大的差别,其处事的态度、为人的准则、交友的层次、娱乐的方式和看问题的立场、做事情的动机都迥然有别。社会多样化的产物——多元文化的发展有利于发挥人的主观能动性和创造精神,树立健全的人格,更有利于增强整个社会的活力,推动整个社会的进步。

三、信息网络化

现代社会的形成,一个重要标志是生产力的大步提高,信息技术高速发展,形成信息网络化,这也是造成文化多元的一个重要原因。

信息(information,港台译作"资讯"),是信息科学的基本概念。信息是再现的差异,是事物(包括客观事物和主观思维)的运动状态和过程以及关于这种状态和过程的知识;信息是用来消除不确定的东西,它是生物、人以及具有自动控制系统的机器,通过感觉器官和相应的设备与外界进行交换的一切内容;信息可以以消息、信号、符号、数据等形式被表达、存储、传递、处理、感知和使用。① 文化的产生和发展离不开信息传播,而文化传播又必须通过一定的信息媒体进行。信息媒体是文化在时间和空间上得以传播的必要手段。在人类文化发展早期,信息技术不发达,信息媒体落后,人类的文化成果难以保存下来、传递开去,文化的发展十分缓慢;而信息技术的进步使得人类的文化成果可以长期保存,并迅速扩散开来,文化的发展呈现加速的态势。

信息技术的高速发展把人类社会带进了信息化时代。因特网从1982年正式诞生起到现在,不过二十多年时间,但其发展势头令人惊叹。人们之间的交流日益频繁,信息量迅速增加,知识更新不断加快,引起人们生活习惯、工作方式、思维方式和价值观念等方面的深刻变化,同时也对社会生活各个方面产生了广泛而深刻的影响。首先,网络具有全球性、虚拟性、互动性、自由性、快捷性和开放性等特点,是将各自独立的电脑处理节点,通过通讯线路连接而成的计算机通讯系统,通过网络,可以联结分散于各处的信息系统,使各种资源(包括计算机和信息等)实现全社会共享,人们也可以克服地理位置的局限实现协同工作。其次,网络是一种新的全方位的、功能完备的信息生产、传递、获取、使用机制,由于网

---

① 董焱:《信息文化论——数字化生存状态冷思考》,北京图书馆出版社2003年版,第14页。

络所具有的处理信息快递、人机交互性强、以统一的数字化符号处理多媒体信息的特征等,使人类社会进入数字化、网络化时代。再次,网络是人类社会文化的同构系统,它将人类置于数字化的赛博空间(或称电脑空间、网络空间)。以因特网为代表的各种计算机网络为人类提供了更为开放、更广泛的新型服务项目和功能。围绕着因特网及各类网络构成了人类新的信息文化的物质环境。

　　网络信息文化是一种由信息技术和网络技术以及依靠这些新技术形成的全新的社会基础结构带来的人类生产方式、生活方式、通讯方式、工作方式、决策方式、管理方式等各方面的变革,进而引起思维方式和观念变革,引起社会文化发生结构性变革的新文化,是一种融意识文化、行为文化与物质文化为一体的新文化。可见,网络信息文化的出现是促进多元文化的形成与发展的又一个重要因素。

四、开放性环境

　　当今世界是一个开放性的大整体。人类生活一体化的趋势正在日益发展,各种民族文化体系更加频繁接触、碰撞、交流、吸纳、整合,民族文化正逐步向全球文化缓慢过渡。东、西方文明在冲突中互相交流、沟通,在对话中互相扬弃、补充,进而互相融合、吸收,是21世纪世界文化发展的一种基本走势。任何一种文明都不能自我封闭,自我封闭必然导致自身的衰落。事实上,只要有社会生活的联系和交往,不同群体的人类之间就会有文化上的交流和相互影响。在开放环境下,随着人类活动区域的扩大,交通和通讯工具的改进,人类在经济、文化、社会活动方面的联系日益增多,不同类型文明之间交流、影响、吸收、融合过程也会越来越广泛,越来越普遍,越来越深入。开放的环境促使人们在思想、行为等各方面打破以往的封闭状态,多元文化也随之产生。

在我国,改革开放以前,我国社会从总体上处于一种封闭与半封闭的状态,社会主义文化对各种非社会主义文化具有排斥性,文化领域具有鲜明的一元化特点。自从实行改革开放政策以来,我国的对外开放规模不断扩大,已形成了全方位、多层次、宽领域的开放格局。开放环境的形成和发展,不可避免地带来文化领域的多元化,主要表现为一元主导与多元并存的发展局面。除了占主导地位的社会主义文化之外,还存在着许多非主流文化,比如资本主义文化的涌入、封建主义文化的沉渣泛起、宗教文化的扩张等。特别是在我国加入 WTO 之后,西方意识形态对我国的渗透性日益加强,影响也在不断扩大,从而加剧了我国文化领域的多元化趋势。可见,开放的环境也是促进多元文化形成与发展的因素之一。

五、意识形态支持

如果说前面四个因素是我国多元文化形成的外因,那么,从一定意义上讲,意识形态支持则是我国多元文化生成的内因。意识形态的取向往往决定了文化的格局。所以,文化格局的形成和发展离不开意识形态的支持和推动。比如我国历史上就出现过"罢黜百家、独尊儒术",其结果使儒家文化成为主流。同样,今天的多元文化格局的形成也必然与意识形态的支持密切相关。

早在 20 世纪 50 年代,毛泽东就明确地把"百花齐放,百家争鸣"作为繁荣社会主义科学文化的方针提出来,他说:"艺术问题上的百花齐放,学术问题上的百家争鸣,我看应该成为我们的方针。"①表明其对文化多元在意识形态领域的认同。但是,后来由

---

① 《毛泽东文集》第 7 卷,人民出版社 1999 年版,第 54 页。

于阶级斗争在意识形态领域的扩大化,不仅没有使这一方针很好地贯彻落实,反而形成了僵化的一元文化体制,严重影响了文化的繁荣和发展。改革开放以后,我国进入社会主义现代化建设的新时期,真正实现"百花齐放,百家争鸣"方针的条件日益成熟,在新的背景下,邓小平同志指出:"我国古代的和外国的文艺作品、表演艺术中一切进步的和优秀的东西,都应当借鉴和学习"①,"大胆吸收和借鉴人类社会创造的一切文明成果"②,这为文化多元发展提供了宽松的思想环境。随着改革开放的深入发展,市场经济体制的初步确立,整个社会的经济成分、就业方式、利益关系及主体等都开始呈现出明显的多元化趋向,江泽民同志在此基础上提出了"弘扬主旋律、提倡多样化"的方针。既确立由社会主义性质所决定的"主流文化"的主导地位,又提倡文化的多样发展。应当注意的是,多样化不等同于多元化,但它也决不是指要各种文化都同质,可以说,异质文化只要坚持马克思主义的主导地位,接受其引导与规范,那么它就有一定的合法地位。在新世纪新阶段,我国又提出了"和谐社会"、"和谐文化"等理念。一方面,进一步承认了文化的多样存在,并积极维护其发展,完全褪去了过去那种生硬的斗争意味,更展示了我国包容开放的品格,极具亲和力。这有利于吸引各种文化的合理因素,创新发展我国的社会主义先进文化。另一方面,也体现了一种新的思维方式,用更温和的眼光看待异质文化,从两者相互关联的视角,审视不同文化之间的关系。当然,更为重要的,从中也可以看出,意识形态并非是时代文化发展的阻碍,相反,它可以成为规范引导文化发展的重要力量。

---

①　《邓小平文选》第 2 卷,人民出版社 1994 年版,第 210 页。
②　《邓小平文选》第 3 卷,人民出版社 1993 年版,第 373 页。

第二节　主流文化与多元文化的关系

任何社会和国家都存在不同的文化主导格局，一般呈现为"一主多元"式文化发展格局。主导文化作为社会主流意识形态与其他多元文化之间的关系直接对一个国家文化发展的协调性起重要作用。所以，必须处理好主导文化与多元文化的关系。在多元文化背景下，坚持高校德育主导性，要正确把握文化多元化与先进文化主导的关系。

一、"一主多元"的文化格局

在多元文化背景下，我国的文化发展格局主要由传统文化、主流文化、外来文化等要素构成，其中，主流文化居于主导地位。

1. 中国传统文化

中国传统文化，有多种不同层面和历史阶段上的界定，本文主要是指中国自殷周至五四新文化运动这三千多年历史进程中形成并发展起来的思想主脉。儒、道、墨、法及佛教组成了中国传统文化的主体内容。

儒家思想是中国传统文化中的主流思想，一直占据统治地位。代表人物有孔子、孟子、董仲舒、朱熹等。代表作是四书五经，四书即《大学》、《中庸》、《论语》、《孟子》，五经即《易经》、《尚书》、《诗经》、《礼记》、《春秋左传》。其核心是仁、义、礼、智、信、恕、忠、孝、悌。"仁"是孔子思想体系的理论核心，是孔子社会政治、伦理道德的最高理想和标准。恭、宽、信、敏、惠五种品德是实现仁的具体要求。此外，儒家坚持"亲亲"、"尊尊"的立法原则，维护"礼制"，提倡"德治"。其理想人格是圣贤，而重点在贤而不在圣。在主张君君、臣臣、父父、子子的儒家心目中,只有圣人才能实现天下统一的大任,而君子"不在其位,不谋其政"。君子是有德之人,根据儒家"人皆可以为尧舜"的理论推导,君子人格是人人可以具备的。倡导"齐家、治国、平天下",希望通过道德修养来实现"内圣外王"的政治抱负。内圣,指主体的内在修养,对善的领悟,对仁义道德的把握,用孟子的话说是养至大至刚的"浩然之气",用理学家的话说是"存天理,去人欲"。外王,是指把主体内在的修养推广于社会,使天下治平。在个人与社会的态度方面则要求"穷则独善其身,达则兼济天下",反映了儒家从容进退的心态。总的来说,儒家思想倡导"入世",强调礼乐文化。

道家思想以老子和庄子为代表。其中心思想是:"道常无为"、"无为而无不为"。"无为",即是无意于为,它要求不执著一定的道德规范,无意于求得"善"的美名。道家反对世俗的道德规范和善恶观念,提倡一种"无知无欲"的"素朴"的境界。在道家看来,仁义道德规范是社会关系混乱的产物。"大道废,有仁义;智慧出,有大伪;六亲不和,有孝慈;国家昏乱,有忠臣。"(《老子》,第十八章)道家视仁义为桎梏人生的锁链。因此,主张"绝仁弃义"、"绝圣弃智"。道家坚持否定进取的人生观,强调"知足常乐",主张"谦下、柔弱、不争"的处事态度。

此外,墨家思想以"兼相爱,交相利"为标志,以贵义、尚利的功利主义为特点,反映了平民、小私有劳动者的利益。法家主张"以法治国",倡导"法"、"术"、"势"结合的治国方略,反对礼制。佛教主张"弃世",劝人向善、参禅悟道、脱离苦海、普度众生、到达极乐。

作为中国传统文化主体的儒、道、墨、法各家及佛教的上述各种观点共同构成了传统中国社会普遍存在的理想人格、价值取向和民族精神。

中国传统文化倡导的理想人格,主要是一种理想道德人格。"所谓塑造理想人格,就是有意识地创造人们共同景仰的人格范型,引导人们攀登崇高的道德目标。"①我国古代所倡导的理想道德人格,都是具有高尚道德的典范。如君子、大丈夫、圣人、圣王等都是用来表示理想人格的概念。其中尤以"君子"一语用得最广泛。据统计《周易》中"君子"有106处,《论语》中有107处,《孟子》中有82处。我国最早的哲学著作《周易》明确提出了"君子"、"圣人"、"大人"的理想道德人格概念,但基本上都是指上层统治阶级而言的。孔子继承了《周易》中"君子"、"圣人"的理想道德人格概念,并最早从普遍的意义上把"君子"、"圣人"作为"众趋人格"来解释。孟子继承和发扬了孔子的"君子"、"圣人"的理想道德人格模式,进而提出了"内圣外王"的主张和"大丈夫"的理想道德人格。道家也提出了自己的理想道德人格。老子虽然也把自己所追求的理想道德人格称之为"圣人",但他所说的"圣人",同儒、墨诸家所说的"圣人"在概念的内涵上有本质差异。儒、墨诸家所说的"圣人"都是"有为"的杰出人物,而老子所说的"圣人"却是"无为"的典范。他强调清静"无为"、"不争"、"知足"才是圣人的品格。墨家以"兼相爱"、"交相利"的社会理想为指导,以"利天下"、"利人"为原则,也提出了人所追求的道德人格理想:"厚乎德行,辩乎言谈,博乎道术"②。并把具有德行,善于言谈,艺术广博的人称为"贤士"、"兼士",实际上是墨家的理想道德人格模式。法家认为法制高于道德,最高的行为准则应当是法,而不是道。所

---

① 黄钊等著:《中国道德文化论》,湖北人民出版社2000年版,第82页。
② 《墨子·尚贤上》。

以,法家提出的理想道德人格的教育目标是"能法之士"。佛教则以慈悲为理想人格。

在传统价值取向方面,主要表现为崇尚古人、唯上是从、忠君爱国以及注重道义伦理。在古代典籍中称颂先王、祖先的文章比比皆是,而儒家的孝悌思想是维系家族及家与国之间关系的纽带;先王观念和祖先崇拜的思想所造成的影响直接导致后代因循前代、下层服从上层,唯上是从、犯上就是作乱,这种群体意识在政治上表现为忠君爱国;在传统价值取向中最为显著的莫过于对道义伦理的重视,从孔子"志士仁人,无求生以害仁,有杀身以成仁",到程颐的"饿死事小,失节事大",无不以道义为重,以物质追求为耻,造就了一代又一代不为一己之利的仁人志士,并且成为鼓舞人们为追求真理而不屈不挠斗争的一种民族精神。民族精神虽然是在过去积淀而成的,但它的作用却是现实的、世代相传的。而且,随着时代的变化发展还会不断被赋予新的内涵和生命力。

中国传统文化内容丰富,是我国文化发展的基础,对我国文化建设产生着广泛而深远的影响。其中的优秀传统文化与主流文化不断融合,日益成为当代中国社会主流文化的内在要求和重要组成部分。

2. 当代中国主流文化

所谓主流文化,就是一个社会、一个时代受到倡导的、起着主要影响的文化,它在多元的文化系统中居于主导地位。由于本文所指的文化主要是狭义的文化含义即"特指以社会意识形态为主要内容的观念体系",因而,主流文化也即主流意识形态。每个时期都有当时的主流文化,我国封建社会的主流文化是儒家文化,自汉武帝"罢黜百家,独尊儒学",直到清末,历代帝王都是崇尚儒学。当前我们正在建设中国特色社会主义,因而,社会主义意识形态必然是当代中国的主流文化或主流意识形态。其中,社会主义核心价值体系是社会主义意识形态的本质体现。其基本内容包括马克思主义指导思想、中国特色社会主义共同理想、以爱国主义为核心的民族精神和以改革创新为核心的时代精神、社会主义荣辱观。

社会主义意识形态的主导地位,是由我国的社会主义国家性质所决定的。社会存在决定社会意识,任何国家的意识形态必须符合本国的社会形态的本质规定性。我国是社会主义国家,社会主义的国家性质决定了社会主义意识形态在文化领域的主导地位。坚持以公有制为主体、多种所有制共同发展的社会主义基本经济制度和坚持共产党领导及人民民主专政的社会主义政治制度,决定了社会主义意识形态的根本性质。历史经验也表明,社会主义制度得以巩固,无产阶级政党的执政地位得以维护,必须有强有力的社会主义意识形态作为支撑。

面对多元文化冲击,我们必须旗帜鲜明地坚持社会主义意识形态的主导地位,坚持马克思主义指导思想,坚持社会主义方向。异质的意识形态之间是此消彼长的关系。马克思主义不去积极占领思想文化领域,各种非马克思主义的思想必然会去占领。这种相互排斥的关系注定了任何国家或执政党对于本国社会成员的思想领域,必须具有主导权,有明确的方向性。所以,我们在坚持社会主义意识形态这一立场上必须坚定不移,以此为中心引领社会思潮,共同应对经济全球化、多元文化的冲击。

社会主义核心价值体系是社会主义意识形态的主体内容。加强社会主义意识形态建设,关键是要建设社会主义核心价值体系。党的十七大报告中指出:"积极探索用社会主义核心价值体系引领社会思潮的有效途径,主动做好意识形态工作,既尊重差异、包容多样,又有力抵制各种错误和腐朽思想的影响。"社会主义核心价值体系的本质要求在于坚持和巩固社会主义意识形态的主导地位。意识形态关系国家的根本利益和发展战略,是不同阶级、不同国家、不同社会制度之间矛盾和斗争的焦点。当前,国际意识形态领域的斗争十分复杂,也出现了一些新情况和新动向,其中最突出的,就是以美国为首的西方国家推行所谓的意识形态新战略,在世界各国极力提倡美国式的"民主"、"自由"、"人权",并抽象地扩大其内涵、范围,借此干涉他国内政,颠覆他国政权,实质上是为了巩固其霸权地位。在国内,随着我国改革开放和社会主义市场经济的深入发展,多元文化价值取向的碰撞日益增多,既给人们价值观的发展带来了生机和活力,也难免会使人们在思想上产生疑惑、误解,甚至迷失方向。在新的形势下,提出建设社会主义核心价值体系,其本质要求就是要坚持和巩固社会主义意识形态在我国的主导地位。在当前日益复杂的国内外新形势下,只有在社会主义核心价值体系的引导和动员下,并且以其为主导价值,才能对当前的多元价值取向进行规范和引领,最大限度地形成思想共识。同时,只有尊重差异,包容多样,才能充分挖掘和鼓励不同阶层、不同群体所蕴含的积极向上的思想精神,凝聚力量,齐心协力建设中国特色社会主义。建设社会主义核心价值体系,就要坚持发挥社会主义核心价值体系的引领作用,要让社会主义核心价值观成为引领社会风尚的旗帜,确保社会主义核心价值体系在最大程度上进入群众生活,引领社会思潮。

3. 外来文化

外来文化是指正在进入一个民族内部,并与其社会发生作用,被其逐步接受的别族文化。外来文化对一个民族或国家的文化发展来说,既有一定借鉴和促进作用,也会产生一定冲突和消极作用。改革开放以来，在经济全球化、信息网络化的推动下，扩大了我们与世界各国的文化交流，各种外来文化与我国传统文化和主流文化相互碰撞、相互渗透，对我国文化发展产生深刻影响。一方面，外来文化的积极因素促进了我国文化的发展，但另一方面，一些西方的腐朽文化和思想观念也对我国的社会主义意识形态产生一定冲击和挑战。我国在 2001 年年底正式加入世贸组织，在2006 年年底完成了 5 年过渡期。这不仅意味着中国经济已经成为全球经济的重要的、密不可分的组成部分，而且意味着文化和思想、理论可以更加方便地进出国门。加入世贸组织，意味着国外大量消费品、营销模式和服务类型进入中国市场，而这些在一定程度上都可以看作西方价值观念、尤其是消费主义文化的媒介。与此同时，国外金融服务的进入，则意味着消费主义的催化剂——刺激消费的信用工具——会发生更有力的作用。这在某种程度上加剧了刺激消费的经济需要和避免消费主义的文化价值之间的矛盾。当然，外来文化的引进有非常积极的作用。即使是一些比较有争议的观念，如个人主义、功利主义等等，至少在改革开放的初期，甚至一定程度上在今天，对于冲破计划经济和命令经济时代形成的僵化的集体观念、封闭的生活态度，也有积极作用。只要这些价值观念的作用被限制在社会公德和法律规范的限度之内，我们就应该在多元的社会思想中承认它的一席之地。尤其值得肯定的是在20 世纪 60 年代以来在西方社会影响越来越大的所谓"后物质主义"的价值观念，如重视生活质量，重视生态平衡，重视个性化的生活方式和非功利的社会参与等等思想。这些思想无论在西方，还是在中国，都有一定积极意义。但是，思想文化的国际交流和国际贸易也带来一些明显的消极情况，而这些情况常常因为有了西方这样一个榜样或出处，因为有了"多元主义"或"后现代主义"等学理名称,就很容易被看作是穿上了一件"先进文化"的外衣,并因此而具有一些道德上的优越感,对此我们应有足够认识。①

二、多元文化与和谐文化的关系

所谓和谐文化,是指以和谐的内涵为理论基础的文化体系。在中国传统文化中,"和谐"的主要精神就是孔子讲的"和而不同",也就是多样的统一,而不是简单的"同一"。和谐的本质在于统一多种因素的差异与协调。② 和谐的内涵是和谐文化与其他文化相区别的本质属性。在多元文化背景下,建设和谐文化的意义更加凸显出来。建设社会主义和谐文化,就是既要充分发挥社会主义核心价值体系对社会思潮的引领作用,又要尊重差异,包容多样,促进多元文化的和谐、健康发展。在日益开放的当今世界,随着经济全球化、社会多样化、信息网络化等趋势的发展,各种文化、思想的相互融合与渗透不断加深。同时,各种文化的发展均面临着不同的机遇和挑战。正如俗语所说的"人上一百,形形色色",社会文化的多元是千姿百态客观存在的反映。只有多元,方能包容;只有包容,方能和谐。

文化的多元发展必然包含着差异性,文化的差异性是普遍存在的,必须承认差异。当然,对待文化差异要做具体分析,有些差异不是对抗性的,有些差异是大同之中的小异,有些则是大异小同。既然存在差异,必然会有差距。和谐文化应当是文化体系当中主导文化与其他文化相包容、相协调,求同存异、共同发展的

---

① 何锡蓉:《核心价值体系构建于价值观研究》,上海社会科学院出版社2008年版,第25—26页。
② 李君如:《社会主义和谐社会论》,人民出版社2005年版,第3页。

状态。

当然，多元文化之间的冲突、碰撞也是不可避免的。每一种文化都是在不断发展变化当中，当多元文化共处时，每一种文化都竭力去争取和巩固自己的更大的发展空间，在文化体系中占据更优势的地位，这时，摩擦和冲突便无可避免。对这种冲突要正确对待，小心处理，如果这种冲突程度加大，极易导致社会危机，甚至政治危机。在多元文化冲突和融合的过程中，有些文化获得了新的发展能量，有的文化与其他文化相互融合，有的文化则在历史发展中渐渐消失。多元文化友好相处，互相取长补短，相互促进，是和谐文化的内在要求。中国传统文化中十分注重"和"的思想。"君子和而不同，小人同而不和"。和谐文化旨在打造"和而不同"的一体化文化体系。你中有我，我中有你。多样与一体不再对抗，多样融于一体，一体包含多样。多样的蓬勃发展，才有一体的兴旺发达。

三、主流文化主导与多元文化发展的关系

在当今社会，我国思想文化领域除了占主导地位的中国特色社会主义文化以外，日益受到现代西方思潮、中国传统文化、大众文化、网络文化等多种文化的影响，从而呈现出多元文化激荡和文化多元化发展趋势。在多元文化背景下，坚持主流文化的主导地位，必须处理好主流文化主导与多元文化发展的关系。如同汇纳百川的长江黄河，蜿蜒万里奔向东海。一个国家或民族的主流文化代表着社会的核心价值和前进方向，以强大的主导力和吸引力，凝聚多元文化携手前行。多元文化能丰富社会生活，促使思想文化领域百花齐放；主流文化则引领各个阶层、多方因素一起推动社会以及思想文化的健康发展。

　　主流文化与多元文化应是求同存异的并存关系,既保持各自的特色,又有明确的共同目标。但多元文化的发展必须围绕并服务于主流文化,必须顺应主流文化的导向。在一个主流文化模糊与缺乏的国度里,人们的价值观会失去方向,民族也会日渐丧失凝聚力,种种恶劣现象便会乘虚而入。因此,要构建美好安定的和谐社会,必须坚持主流文化的主导地位,随时清理有害的多元文化,并积极发展为主流文化服务的多元文化。其基本要求包括两个方面:

　　1. 坚持主流文化主导地位

　　我国是个多民族国家,各民族大都保有自己的风俗习惯,有着自己的传统文化。政府也鼓励各民族用自己的语言进行交流、教学,这对于保护民族文化、促进文化多元发展而言无疑是有益的。事实上,多元文化对整个社会的积极作用是显而易见的,但各种文化不可能在文化领域占据同样的地位,往往有一种文化会凸显出来,成为主流文化,发挥主导作用。

　　我国当前的主流文化是中国特色社会主义文化,它在本质上是一种先进文化。就狭义文化来理解,先进文化是指人类在社会实践中所取得的先进的精神成果。"在马克思主义看来,判断一种文化是否先进,要坚持历史的尺度、科学的尺度和价值的尺度。"①从历史的尺度而言,先进文化必须是站在时代前列、符合历史潮流的文化。从科学的尺度讲,先进文化必须能够科学地反映自然界和人类社会的发展规律和发展趋势,是对客观世界的真理性认识的成果。从价值的尺度讲,先进文化必须反映和维护先进的经济、政治关系,是为人民大众服务的文化。根据上述标准,中

---

① 沈壮海:《思想政治教育的文化视野》,人民出版社 2005 年版,第 17 页。

国今天的先进文化就是中国特色社会主义的文化,其核心内容是社会主义的意识形态。中国特色社会主义先进文化坚持以马克思主义为指导,立足于世界科学文化发展的前沿,坚持为人民服务、为社会主义服务的方向,充分体现了它的先进性。正因为中国特色社会主义文化的先进性,所以它在多元文化发展中具有更强的主导性。面对文化多元化的冲击和挑战,我们必须旗帜鲜明地坚持中国特色社会主义文化和社会主义意识形态的主导地位。首先,在方向上,要加强社会主义核心价值体系建设,充分发挥社会主义核心价值体系对社会思潮的引领作用;其次,在进程上;要强调主流文化与多元文化的步调一致,使各种文化互相协调、取长补短、共同发展。

2. 促进多元文化健康发展

多元文化的存在是整个文化体系蓬勃发展充满生命力的前提。在文化冲突与融合的过程中,一些文化特别是弱势文化极易受到压制。在这种情况下,在处理主流文化与多元文化的关系中,应注意给予多元文化适当的保护和尊重,为多元文化的发展提供必要的发展空间和基本的条件。同时,也要防止强势文化对弱势文化的入侵和压制,注意要为多元文化中的弱势文化提供相对安全的人文环境。

贯彻以上两点要求,必须坚持主流文化主导与多元文化发展的辩证统一关系,既不能过多地保护多元文化,也不能过多地强调主导文化。在多元文化背景下,任何一种片面的做法都有可能造成不好的结果。过多地保护多元文化,可能会引起文化间的冲突,造成民族间的矛盾,同时影响主导文化的发展,更甚者冲击主流文化的主导地位。而过多地强调主导文化的地位,又可能造成主流文化与多元文化之间的矛盾升级,影响到主流文化与多元文化之

间的正常交流与发展,多元文化可能因此停滞不前,继而影响到整
个文化体系的发展壮大。

第三节　多元文化形态的发展趋势

改革开放以来,我国思想文化领域日益呈现出多元化的趋势。
当前,我国多元文化形态的基本特征就是一主多元的格局,而且,随
着中国特色社会主义建设的不断发展,出现了一些新的发展趋势。

一、特色化趋势

在世界多极化、经济全球化背景下,中国共产党领导中国人民
走出一条有中国特色的社会主义道路。这是一条以改革开放和社
会主义现代化建设为实践基础的、以中国特色社会主义为奋斗目
标的、以中国特色社会主义理论体系为指导思想的新型现代化道
路。中国特色社会主义道路,包含两层基本含义:第一,它在本质
上是社会主义道路,而不是什么别的道路,必须始终坚持科学社会
主义的基本原则和发展方向。所谓科学社会主义的基本原则,就
是马克思主义科学社会主义理论中所揭示的那些带有普遍性的、
最基本的、可以作为其他规律的基础的、可以作为认识和实践社会
主义所依据的法则或标准,大致应当包括解放和发展生产力,坚持
生产资料公有制,坚持按劳分配和实现共同富裕,实现无产阶级专
政或人民民主专政,坚持共产党的领导,坚持马克思主义指导思
想,推进人的全面发展等内容。科学社会主义的社会理想是人类
最进步、最崇高的社会理想。中国特色社会主义道路始终坚持了
科学社会主义的基本原则和发展方向。第二,它又是具有中国特
色的社会主义道路。中国特色的实质,是把马克思主义的基本原

理与中国具体实际相结合。正如胡锦涛同志在十七大报告中所指出的："中国特色社会主义道路之所以完全正确、之所以能够引领中国发展进步，关键在于我们既坚持了科学社会主义的基本原则，又根据我国实际和时代特征赋予其鲜明的中国特色。在当代中国，坚持中国特色社会主义道路，就是真正坚持社会主义。"①中国特色社会主义的经济建设、政治建设、文化建设、社会建设等各个方面，都体现了鲜明的中国特色。同样，一主多元的文化格局在中国的发展也必然带有中国特色。

首先，主流文化的性质和方向是社会主义。当代中国的主流文化是中国特色社会主义文化，这是以马克思主义为指导，坚持社会主义方向的文化。江泽民同志在党的十五大报告中明确指出："建设有中国特色社会主义的文化，就是以马克思主义为指导，以培育有理想、有道德、有文化、有纪律的公民为目标，发展面向现代化、面向世界、面向未来的，民族的科学的大众的社会主义文化"，"坚持为人民服务、为社会主义服务的方向"②。

其次，一主多元格局具有鲜明的中国特色。一方面，中国的社会主义国家性质决定了一主多元文化格局必须以中国特色社会主义文化为主流文化的中国特色。另一方面，一主多元格局能在中国这块土地上发展壮大，具有一定的中国传统文化基础。早在春秋战国时期，中国就有"百家争鸣"的文化现象。当时，中国已经有许多派别，除了儒家文化、墨家文化、名家文化、法家文化、阴阳

---

① 胡锦涛：《高举中国特色社会主义伟大旗帜，为夺取全面建设小康社会新胜利而奋斗——在中国共产党第十七次全国代表大会上的报告》，人民出版社 2007 年版，第 11 页。

② 《江泽民文选》第 2 卷，人民出版社 2006 年版，第 17—18 页。

家文化和道家文化等六个大派系,还有农家文化、纵横家文化、杂家文化和小说家文化等,真可谓"百花齐放,百家争鸣"。这些文化在古代分属于不同的社会职业阶层,来自不同地域,具有浓厚的社会和职业分工的特点,如儒家强调"入世",道家强调"出世",名家强调"辩世"等。到了汉朝董仲舒倡导"罢黜百家,独尊儒术"运动,儒家文化成为当时文化格局的"一主",对后世影响巨大。现在,党中央提出建设"和谐文化",也是源自中国传统文化中的"和"文化,强调"和而不同",强调一主多元文化格局的和谐发展。中国深厚的文化底蕴为当代一主多元文化格局的产生、发展奠定了文化基础,也为其将来的发展提供了条件。在新的历史条件下,遵循改革发展的路径,中国的文化会更以中国特色的面貌,融入世界,融入时代。①

二、层次化趋势

社会主义市场经济体制的建立和发展对我国的社会结构以及人们的思想观念、思维习惯、行为方式、生活方式等带来深刻变化。其主要表现是:在社会层面,社会生活日益呈现出多样化样态;在个体层面,主要是个人主体性不断增强。市场经济条件下社会和个人发展的新特点,使当代中国文化体系的内容、格局都与计划经济时代具有明显不同,因而,一主多元文化格局的多样性、层次性发展成为必然趋势。

1999 年 9 月 29 日,《中共中央关于加强和改进思想政治工作的若干意见》中把现代社会的多样化特征表述为:"经济成分和经济利益多样化、社会生活方式多样化、社会组织形式多样化、就业

---

① 牟岱:《论中国多元文化》,《社会科学辑刊》1997 年第 6 期。

岗位和就业方式多样化"等"四个多样化"。社会多样化内在地要求一主多元格局的层次性发展和整合。任何社会的文化体系，其内容都不应是单一的，既有主流文化和主导文化，又有非主流文化和亚文化等。但是，在计划经济时期，我国社会把文化领域的内容单一地定格为社会主义意识形态，片面强调文化领域的统一性与主导性，而忽视了层次性和针对性，结果使得文化领域单一、枯燥，文化市场没有生命力，无法更好地满足人们的精神文化需求。单一的文化内容成了对大多数人来说的教条和形式，实际上没有真正起到主导作用。我们过去强调文化领域的统一性是传统的计划经济使然。在高度集权的计划经济体制下，统一的指令性计划的执行要求全社会统一的意志和统一的行动，利益分配上的平均主义既不利于也不需要人的个性自由、多样化发展，因而，必须强化统一文化领域来约束和统一人们的意志和行动。这种结果是时代的产物，在一定时期内也是非常有效的。但是随着经济体制的转轨和社会多样化的发展，这样的局面已不适应人们的精神文化需要。在市场经济体制下，随着"四个多样化"的出现和发展，客观上造成了利益主体的分化和人的素质、文化水平的多样化，产生精英文化和大众文化，高雅文化和通俗文化的层次差异。不同的利益主体和素质层次必然具有多样性、层次性的精神文化追求。因此，坚持主导性和层次性相结合成为现代精神文化建设、一主多元文化格局的新特点。只有体现文化领域的层次性，才能使不同利益主体、不同思想层次的人们都能找到适合自己的文化定位，从而真正实现文化领域的多样化、层次化发展。①

---

① 石书臣：《现代思想政治教育主导性研究》，上海学林出版社 2004 年版，第 117 页。

随着社会多样化发展,不同的个体对主导文化内容的选择也各不相同,具有差异性、层次性。因此,对中国特色社会主义文化目标和内容的确立提出了坚持主导性与多样性辩证统一的要求。不同的对象,其思想、政治、道德素质的水准有很大差异,所以对象的主体性必然是个性、多样性的发展。社会主义初级阶段经济的主体性与多样性并存的特点,造成了经济主体的分化发展,群众的思想素质也存在先进、中间、滞后的差别。所以中国特色社会主义文化的传播必须彻底改变过去内容单一、要求过高的不切实际的做法,要努力实现其内容主导性与多样性相结合,其要求先进性和广泛性的结合。正如江泽民同志所指出的:"这就向我们的宣传教育工作提出两个重要问题:一是必须努力把马克思主义理论、建设有中国特色社会主义思想道德的宣传教育的一致性,与社会不同群体的特点和要求的多样性统一起来;二是必须努力把理想信念和思想道德的宣传教育的理论性,与人民群众日常工作生活的实践性统一起来。"[1]

三、规范化趋势

现代社会是一个民主与法制并存发展的社会。民主与法制的发展既是现代社会发展的保证,也是现代社会发展的标志。社会在由传统向现代转型的发展过程中,各种文化为了开拓自己的发展空间,必然会产生许多矛盾。在这个过程中,有些文化发展壮大,有些文化与其他文化合并,有些文化也可能消失。在改革开放和多元文化背景下,文化领域的宽松开放,使文化群体在自由竞争的同时,也会带来一些不和谐的现象,比如文化市场上大量的"三

---

[1]　《江泽民文选》第3卷,人民出版社2006年版,第199页。

俗"现象,文化群体间的不规范竞争,违纪违法行为的存在,如盗版光碟、色情文化等等。这些社会问题一方面阻碍民主与法制的建设,冲击和谐文化体系的构建;另一方面,也从反面提出了强化文化领域规范管制的要求。我国社会已经出现民主性增强、自主性增强、规范性增强的趋势,社会主义民主法制的权威将逐步在社会生活中得到确认,依法治国、依法规范文化领域成为多元文化发展的新要求。在制定规范的同时,还应加强文化市场的执法力度,打击文化群体在各自发展中的违法竞争行为,使得整个文化市场运行通畅、有序。总的来说,一主多元文化格局的规范化发展,就是要让整个文化体系在发展运行当中有章可循,有制可循,保证多元文化的健康有序发展。

第四章 多元文化背景对坚持高校德育主导性的深刻影响

多元文化交融的复杂背景,一方面凸显了发挥高校德育主导性的价值,但同时也对如何有效地坚持高校德育的主导性带来了严峻挑战。不管是以新自由主义、民主社会主义、消费主义、历史虚无主义和普世价值等为代表的现代西方思潮,还是日益发展和壮大的大众文化和网络文化,都从各自不同的角度,以不同的传播方式,影响着当代大学生的思想观念,对坚持高校德育主导性带来了深刻影响。只有客观而全面地认识到这些影响,才能因势利导,真正发挥出高校德育的主导效果。这里重点分析西方文化、大众文化、网络文化三种影响最大的非主流文化对高校德育主导性的深刻影响。

第一节 现代西方思潮对高校德育主导性的影响

社会思潮,"一般是指在一定时期内、反映某一阶级或阶层利益和要求的、得到广泛传播并对社会生活产生某种影响的思想趋势或思想潮流。"①根据唯物史观,社会思潮属于社会意识的范畴,

---

① 赵耀:《当代中国社会思潮透视》,《中国特色社会主义研究》2002 年第 1 期。

是社会存在在人们头脑中的综合反映,对社会发展和人们的精神信念产生不同性质、不同程度的影响。社会思潮就其本质来说,是物质的经济关系、人们生存的社会条件以思想观点和情绪等形式在社会一部分人的意识中的反映。马克思恩格斯指出:"意识一开始就是社会的产物,而且只要人们存在着,它就仍然是这种产物。"①现代西方思潮主要指 20 世纪 70、80 年代以来西方发达国家所流行的一些主要政治思想派别及理论观点。这些思潮自产生后就不断地在全球传播,并伴随着全球化进程的迅猛发展以及我国改革开放的不断深入,在我国的传播速度大为加快,传播途径日益多样化。这些社会思潮的鲜明特征在于其理论性、影响力和价值倾向性都在一定程度上反映了时代的思想热点,拥有相当数量的受众,对社会发展的进程起到了或推进或干扰的作用。特别是对于文化层次较高、思想比较活跃的当代大学生而言,西方社会思潮对他们的影响日益加深,因而,研究西方思潮,评价西方思潮中的得与失,吸收西方文化中的精华,批判和抵制其糟粕,对于坚持我国高校德育主导性具有重要意义。

一、对高校德育主导性影响较大的几种现代西方思潮

1. 新自由主义

新自由主义是十九世纪以来西方意识形态的主流,也是现代资本主义的主流意识形态。它产生于 20 世纪 20 年代初,盛行于 70—80 年代并一度成为西方发达资本主义国家占统治地位的一种社会思潮。"新自由主义是在继承古典自由主义经济理论的基础上,以反对和抵制凯恩斯主义为主要特征,适应国家垄断资本主

---

① 《马克思恩格斯选集》第 1 卷,人民出版社 1995 年版,第 81 页。

义向国际垄断资本主义转变的理论思潮、思想体系和政策主张。"①新自由主义是在西方面临"滞胀"危机而凯恩斯主义陷入理论困境束手无策之际应时而起的。"华盛顿共识"的形成与推行,是新自由主义从学术理论嬗变为国际垄断资本主义的经济范式和政治性纲领的主要标志。中国社会科学院"新自由主义研究"课题组认为,狭义的新自由主义主要是指以哈耶克为代表的新自由主义。广义的新自由主义,除了以哈耶克为代表的伦敦学派外,还包括以弗里德曼为代表的货币学派、以卢卡斯为代表的理性预期学派、以布坎南为代表的公共选择学派和以拉弗、费尔德斯坦为代表的供给学派等等,其中影响最大的是伦敦学派、现代货币学派和理性预期学派。新自由主义虽然理论派系很多,但是他们的主要基本理论观点相同。就当前美英新自由主义主流学派而言,其主要观点体现如下:在经济理论方面,新自由主义极力宣扬"三化",即主张自由化、私有化和市场化;在政治理论方面,新自由主义强调并坚持三个"否定",即否定公有制、否定社会主义、否定国家干预;在战略和政策方面,新自由主义大肆鼓吹以超级大国为主导的全球经济、政治、文化一体化,即全球资本主义化。新自由主义强调把个人放置到最高价值的地位上,形成以个人权利为核心的自由主义价值观。个人主义成为新自由主义的哲学基础和价值观前提。此外,新自由主义认为观察、分析、判断一切社会历史事件、政治经济制度的动因在于个人权利。在此基础上,新自由主义视自由地实现个人价值为获得社会价值和公共利益的足够保证。

---

① 中国社会科学院"新自由主义"课题组:《新自由主义研究》,《马克思主义研究》2003 年第 6 期。

2. 民主社会主义

民主社会主义是 20 世纪以来西方社会盛行的一种资本主义的改良主义思潮,是社会民主党、社会党、工党的思想体系。从其思想体系来说,民主社会主义主要是由第二国际的修正主义发展演变而来的,伯恩施坦是"民主社会主义"基本思想的奠基者。从意识形态来看,民主社会主义是一股反马克思主义的资产阶级思潮。从社会制度来看,民主社会主义不是社会主义的一种模式,而是做若干改良的资本主义制度。其主要理论观点有:一是在指导思想上主张多元化。民主社会主义否定马克思主义在意识形态的指导地位,把马克思主义与基督教学说、法国大革命的人权宣言、康德的伦理学与启蒙思想、黑格尔的辩证法的历史哲学、伯恩斯坦的修正主义等各种观点熔为一炉,都作为民主社会主义的思想基础。二是在经济建设上主张多元化,主张建立以私有制为主体的混合经济制度,主张维护和加强资本主义雇佣劳动制度,用对经济的民主监督取代消灭私有制的要求,用社会保障来缓和阶级矛盾。从本质上说,建立混合的经济制度,实质上是抛弃和否定社会主义公有制及其主体地位,这与其在指导思想上的主张是一致的。在政治建设方面,民主社会主义主张多元化,反对共产党的领导,甚至主张把马克思主义从党纲中完全排除出去,倡导并实行西方的多党制、议会民主、三权分立的资本主义政治制度。其实质不过是要否定无产阶级专政。三是在文化建设上主张意识形态多元化,听任资产阶级思想泛滥,把冒充"全人类共同价值"的资产阶级核心价值体系作为自己的指导思想。在社会建设方面,民主社会主义主张保留阶级压迫和阶级剥削制度,维持阶级对立状态,在此前提下采取一些具体措施维护社会稳定。很明显,从根本上说,民主社会主义是与中国特色社会主义相对立的一种思想体系和社会制度。在社会主义国家里实行民主社会主义,并没有像某些学者鼓吹的那样,形成了"更加完善的社会主义模式",恰恰相反,迅速导致了社会主义制度的瓦解和资本主义制度的复辟。戈尔巴乔夫在担任苏共中央总书记以后,提出并大力推行"人道的民主社会主义"思想和路线,最终导致了苏东国家无产阶级政权被颠覆,社会主义制度被推翻,资本主义的全面复辟。

3. 后现代主义

后现代主义最早出现于 1934 年出版的奥尼斯的《1882—1923年西班牙拉美诗选》中,用来描述现代主义发生的逆动。此后,这一术语在西方学者的著书中得到运用。特别是伴随着西方社会运动在 20 世纪 60 年代中期的风起云涌,后现代主义作为一种新文化思潮登上了历史舞台,并于 20 世纪 80 年代成为在文学、艺术、哲学、社会学、文化理论等领域得到广泛运用的一种新的社会思潮。后现代主义思潮是作为对西方现代社会的批判与反思,也是对现代化和现代性的批判与否定而兴起的。从内容上看,后现代主义大体可分为三类:文学艺术与建筑上的后现代主义;哲学上的后现代主义;文化和社会政治批判意义上的后现代主义。后现代主义政治思潮就是指文化和社会政治批判意义上的后现代主义。后现代主义主要由法国的解构主义、西方马克思主义、新实用主义、生态主义、绿色主义、女权主义、新左派主义和未来主义等不同的理论派别组成。其基本理论主张有:反权威,反制度,倡导差异性、多元性政治;强调从文化角度对政治微观方面进行分析;对资本主义统治的微观制度进行解构;把对话作为政治社会的基础;认为微型权力构成国家权力的基础;消解社会责任。有学者认为,"西方传统文化的特点是提倡理性、重视中心、维系结构、尊重历史等等。而后现代主义则反其道而行之,以逆向思维分析方法极力推崇边缘、平俗、解构、非理性、历史断裂等等"①。尽管后现代主义的主张具有矫枉过正、反向极端的片面性，其反基础主义、反本质主义、反理性主义在人文精神价值取向上所导致的无理想、无正义、无道德、无责任等倾向是消极有害的，但却唤起了我们对社会生活和文化生活中非主流一面的注意，促使我们辩证地看待中心与边缘、理性与非理性、主导性与多样性等关系。

4. 消费主义

消费主义思潮是在工业文明时代形成的一种消费观念和消费文化现象，产生于 19 世纪末期，第二次世界大战后逐步成为西方欧美社会的主要意识形态和重要价值取向。消费主义主要是指以美国为代表的西方国家大肆鼓噪并向广大发展中国家极力推销的，以追求时尚和炫耀，过度消费甚至挥霍为主要特征，以追求享乐主义为目的的价值观念、生活方式和意识形态。消费主义把无限占有物质财富、消费作为人生的根本目的和体现人生价值的尺度，把占有更多的社会财富和消费更多的物质作为人生成功的标志，不仅造成了严重的资源危机、生态危机和国际消费不公，而且在世界上造成了包括穷人与富人之间、穷国与富国之间的消费不公，与人类共同发展和和谐世界的理念背道而驰，导致人与自然关系、人与人以及人与社会的危机，背离了人的自由本性。消费主义的特点为消费的超前性、无度性以及炫耀性。其本质是一种极端的拜金主义、个人主义和享乐主义。借助经济全球化迅猛加快的步伐，20 世纪 80 年代以来，以美国为首的西方发达国家在将其消费品推向世界各地的同时，将消费主义的意识形态也推向了包括中国在内的世界各国。随着中国经济的崛起，消费主义思潮伴随

---

① 赵光武主编：《后现代主义哲学述评》，西苑出版社 2000 年版，第 4 页。

着西方物质产品和消费方式涌进中国,不断冲击着人们已有的消费观念和价值观,尤其是对我国广大青少年特别是大学生造成极大冲击,并对社会主义意识形态的建设构成严峻挑战,在一定程度上消解甚至已危及着我国社会主义主流意识形态的健康发展。

5.历史虚无主义

在近代中国,历史虚无主义是作为同"全盘西化"论相呼应而出现的一种错误思潮。历史虚无主义者大多厚今薄古,以"重新评价"为名歪曲整个中华民族历史。历史虚无主义思潮的泛起,在一定程度上引起了人们思想的混乱,在社会上也产生了非常恶劣的后果。近年来,在我国思想界重新泛起的历史虚无主义思潮的突出表现,主要集中在如下四个方面:一是否定中国革命。历史虚无主义者竭力贬损和否定革命,诋毁和嘲弄中国人民为争取民族独立和人民解放而进行的反帝反封建斗争,诋毁和否定我国社会发展的社会主义取向及其伟大成就。二是否定"五四"运动。历史虚无主义者认为,"五四"运动以来,中国没有以"英美为师",而是走上了"以俄为师的歧路"。因而他们以此为依据,宣称中国选择了社会主义发展方向,耽误了60年的发展。三是否定社会主义改造。历史虚无主义者宣称中国没有资格搞资本主义,中国搞的社会主义不过是小资产阶级的空想社会主义。由此断定中国的社会主义改造搞早了,搞错了,阻碍了中国社会主义建设事业的发展。四是否定中国共产党的领导。历史虚无主义认为,中国共产党的领导是一系列错误的延续,严重影响了中国现代化的进程。历史虚无主义者声称,只有搞改良主义才是近代中国的唯一出路,近代中国应该走资本主义的道路。其基本主张是:在经济上根本否定社会主义公有制,要求全面彻底地实行私有化;在政治上鼓吹多元化,要求实行多党制、议会制;在意识形态上要求取消马克思主义指导地位。很显然，这种改革观的实质，就是资本主义化，就是与国际反共势力的"和平演变"战略相互呼应，并按照西方的模式和价值观，把中国纳入西方资本主义体系。这些理论特征显示出历史虚无主义思潮根源于唯心主义历史观和主观臆测，适应了西方国家对我国实行和平演变战略的政治需要和国内反社会主义势力的策略变化。

二、现代西方思潮对高校德育主导性发展的有益影响

研究现代西方思潮的背景和价值问题，必须坚持辩证唯物主义和历史唯物主义的立场、观点和方法，任何简单、武断、片面的态度和做法无疑都是有害的。站在马克思主义的立场上看，现代西方思潮也有一定的价值，对当前高校德育主导性的发展产生了一定的有益影响。主要表现在以下几个方面：

1. 现代西方思潮为高校德育主导性的发展提供了契机

现代西方思潮复杂多样、内容广博，涉及经济、政治、社会、宗教、哲学、文学、艺术、生态、道德等方面，其内容的丰富性，关注问题种类和视角的多样性，解决问题方案的创新性、超越性、前瞻性等，不仅促进大学生开阔思想视野，激发他们的创新意识，促使他们对现实问题进行多角度的思考，而且也对坚持高校德育主导性提出新的要求，以适应当代大学生思想发展的实际需要。另外，社会思潮往往是与社会热点联系在一起的，通过它能及时了解社会热点和人们较为关注的事情，这对大学生获取信息和发展自己具有重要作用。因而，现代西方思潮的影响，为高校德育提供了重要的教育时机。现代西方思潮对学生的影响越大，强调和坚持高校德育主导性就越重要。

2.现代西方思潮给高校德育提供了多样性的选择内容

德育内容不是一成不变的,需要依据社会发展和学生思想发展的要求不断地变化、调整和更新,以增强教育的针对性、时代性和实效性。在多种不同思潮的相互碰撞与激荡过程中,那些共性的、普遍性的思想、文化必然会积淀而成一种新的内容,成为高校德育内容的有益补充。西方文化是人类历史文化的一个重要组成部分,借鉴西方国家的优秀文化成果,有利于丰富和充实我国高校德育的内容体系。现代西方主要社会思潮中关于全球观念、可持续发展、普世伦理、低碳生活等现代理念,日益成为现代德育的新内容,给高校德育提供了多样性的选择内容。

3.现代西方思潮为大学生提供了新的比较平台

随着我国改革开放的深入发展,各种西方社会思潮大量涌入,这使当代大学生目不暇接。这些社会思潮常常是泥沙俱下,马克思主义与非马克思主义甚至反马克思主义的东西,有时也界限不清,难以分辨。有些现代西方思潮虽然其出发点、目的、观点和价值取向等可能不一定正确,但是却能给我们提供一个新的视角,带给大学生与通常所受教育不一样的思想观念,需要大学生自己对此进行鉴别和比较。在这个过程中,既提高了大学生认识社会的能力,又提高了大学生适应社会的能力,从而在客观上达到了高校德育教育的一定目的。

三、现代西方思潮对坚持高校德育主导性的消极影响

1.新自由主义思潮对高校德育主导性的消极影响

新自由主义思潮在中国是作为马克思主义的对立面存在和发展的。新自由主义把自己装扮成为自由、民主和平等的代表者,打着"追求自由"的旗号,以抽象的自由、民主和平等的谎言欺骗中

国民众，不断谋求在中国社会的主导思想的地位，企图把中国的现行政策引导到走资本主义道路上去，它对高校德育主导性产生了很深的消极影响。

（1）新自由主义大肆鼓吹"马克思主义的理论不是过了时，而是从未对过"错误言论动摇了部分大学生对社会主义的理想信念。

新自由主义从一开始就极力主张马克思主义"失败论"、"过时论"、"无用论"和"终结论"，把社会主义和马克思主义作为其主要批判对象。部分大学生由于不能正确认识和把握社会主义和共产主义发展的长期性和艰巨性，对西方发达资本主义物质生活方式盲目地推崇，导致对社会主义和改革开放产生悲观和厌恶的情绪，误认为资本主义优于社会主义，认为苏东剧变意味着整个社会主义的失败，导致我国人民，特别是部分青年大学生的社会主义理想信念的迷失。

（2）新自由主义鼓吹、宣扬私有制，甚至否定公有制理念，使部分大学生对公有制为主体观念产生消极影响。

新自由主义极力宣扬"使经济尽可能的最大程度地自由化"、"尽可能最快地私有化"，在大肆推崇自由化和私有化的同时，极力贬低和攻击公有制。新自由主义倡导私有化，反对公有制的论调，对我国公有制为主体观念产生了极为消极的腐蚀影响。大学生对此不能正确加以判断，因而主观地视资本主义自由化、私有化和市场化为当下社会自由和公正的基础，认为社会主义要建立市场经济体制就要建立私有制，甚至认为公有制是我国发展的最大障碍。

（3）新自由主义推崇的个人至上观点扭曲了部分大学生的集体主义价值观。

　　新自由主义思潮的主要表现之一就是个人本位。新自由主义主张"把自我放在生活之上,用自我价值超越社会价值,进而达到宣扬个人为中心、个人至上的目的。"①在这种极端个人主义思潮冲击下,处于社会转型今天的一些大学生,只关注个人利益、个人价值的实现,把个人利益凌驾于集体、国家和他人利益之上,以"人不为己,天诛地灭"为信条。因此,在这一思想理念的影响下,部分大学生"个人主义恶性发展,损人利己,损公为私,为实现私利不择手段。"②

　　(4)新自由主义崇尚的个人自由至上理念淡化了大学生的组织纪律观念。

　　自由是人的内在本性和精神追求,自由是现代社会发展的重要标志,但是从本质上讲,自由只有相对的自由,而没有绝对的自由。我国高校都颁布了管理规章制度,学生的思想和行为因此受到了一定制约,对一些不正确的思想和行为更是进行了严格限制。而新自由主义所主张的个人自由至上理念恰恰迎合了一部分自由散漫的大学生。这部分学生极力推崇新自由主义所主张的个人自由至上,表现在日常生活中就是把高校作为他们的自由市场,无视校纪校规,上课想来就来,想走就走,在课上也是随便进出和接听手机,使高校正常的教学秩序受到严重干扰。

　　2.民主社会主义思潮对我国高校德育主导性的消极影响

　　(1)民主社会主义主张思想多元化冲击我国高校马克思主义

---

① 　张骥:《"四个如何认识"与思想政治工作创新研究》,河北教育出版社2004年版,第60页。

② 　张骥:《中国文化安全与意识形态战略》,人民出版社2010年版,第72页。

指导地位。

马克思主义是我们立党立国的根本指导思想，为我们提供了正确的世界观和方法论，成为我们正确认识世界和改造世界的强大思想武器。如果动摇了马克思主义这个精神支柱，就会导致思想混乱、社会动乱，那将是党、国家和民族的灾难。只有坚持马克思主义的指导地位不动摇，坚持用发展着的马克思主义指导实践，才能更好地用马克思主义指导思想引领社会思潮。而民主社会主义主张取消马克思主义的指导地位实质上是对马克思主义的攻击，是对马克思主义的革命精神的歪曲，是对马克思主义的世界观的否定。由此使部分大学生对马克思主义产生怀疑和动摇，对马克思主义失去兴趣，以致认为"凡是有实用价值的思想理论都能作为指导思想"，"应该把多元化作为指导思想"，甚至还有学生认为"马克思主义理论已经过时，不能作为指导思想"，造成对马克思主义指导地位的极大冲击。

（2）民主社会主义主张政治多元化思想对我国公民政治认同带来消极影响。

我国是工人阶级领导的、以工农联盟为基础的人民民主专政的社会主义国家。发展社会主义民主政治，最根本的是要把坚持党的领导、人民当家作主和依法治国有机统一起来，必须坚持共产党领导的多党合作和政治协商制度，坚持人民代表大会制度，坚决反对民主社会主义所倡导的西方的多党制、议会民主、三权分立的资本主义政治制度。民主社会主义之所以主张政治多元化，其实质是维护现存的资本主义制度，反对无产阶级革命。民主社会主义主张政治多元化，从表面上看，似乎各种不同观点的政治力量都处于平等地位。其实，在资本主义制度下，根本不存在各党派的平等竞争，真正的无产阶级政党不可能靠这种竞争成为执政党。这给人以很大的欺骗性。这导致部分大学生分辨不清社会主义民主与资本主义民主的本质区别,对西方的三权分立、民主、自由和人权津津乐道,甚至认为一个执政党要有一个制衡力来劝止腐败,而多党竞选轮流执政就是一个制衡的方法。他们期望加快政治体制改革来解决严重腐败等各种问题,这种想法是积极的,但有些学生对"为防止贪污腐败,中国要建立三权分立的政体"表示赞同,又反映了民主社会主义思潮对他们的消极影响。

(3)民主社会主义主张放弃社会主义目标,弱化了社会主义理想信念教育。

理想体现了人们对美好生活的向往和追求,是一个国家和民族奋勇前进的精神动力。一个民族、一个国家,如果没有共同的理想和信念,就等于没有精神支柱,就会失去凝聚力。这个共同理想,紧紧地把国家的发展、民族的振兴和个人的幸福紧密地联系在一起,把各个阶层、各个群体的共同愿望有机地结合在一起。这个共同理想代表了我国最广大人民群众的共同愿望,成为最广大人民群众团结前进的强大精神动力。民主社会主义放弃社会主义制度代替资本主义制度的理想,毫无疑问,势必会减弱社会主义的感召力,这对于人们,尤其是在校大学生坚持社会主义理想信念,对于正确认识社会主义代替资本主义的历史必然性,带来消极的影响。有部分大学生正是受民主社会主义思潮的影响,对社会主义制度及四项基本原则产生怀疑,社会主义信念动摇,共产主义理想丧失。

3.后现代主义思潮对我国高校德育主导性的消极影响

20世纪末,随着信息技术的飞速发展,后现代主义思潮传播到我国。从它对坚持高校德育主导性的影响看,它一方面为我们坚持德育主导性提供了一种反向思维向度,引起我们对发展多样性的重视；另一方面，它对本质、中心、统一性的否定，又对坚持德育主导性造成冲击。我们应当辩证地认识后现代主义思潮的这种影响，取其之长，弃其不足。从它对大学生的直接影响看，后现代主义思潮所具有的消极因素，如认识论上的怀疑主义和相对主义，价值论上的多元主义，无政府主义和虚无主义无疑对大学生产生了极大的消极作用。

（1）后现代主义严重扭曲大学生的心理状态。

后现代主义强烈地渗透着怀疑主义、虚无主义和价值论上的多元主义，主张消解现成的理论和摧毁现代文明套在人身上的枷锁。后现代主义对大学生的直接影响体现为："他们作为后现代主义的行为者，被人们冠之以'新新人类'、'无厘头'。在观念上，主要表现为反传统、反权威、破坏规矩、反理性、反教育、公德差。在心理上，主要表现为追求舒适，寻找感觉，内心焦虑，好发泄。在行为上，主要表现为追赶时髦，玩世不恭，好表现，强调自由，不愿拘束，甚至触犯刑律。"① 所有这一切都对当前高校德育工作造成极大的冲击，导致部分青年大学生在信念、意识、伦理、品行等方面出现了严重的混乱。

（2）后现代主义消解大学生的社会责任感。

后现代主义认为"责任根本不是一个问题，只是人们一厢情愿地披在自己身上的枷锁，所以就根本没有必要去理会它"②。后现代主义以玩世不恭的态度对待一切事物，消解人们的社会责任，

---

① 朱子超：《后现代主义思潮对中国当代青年大学生的影响分析》，《广西青年干部学院学报》2005年第6期。

② 黄林：《后现代主义思潮下个人品德建设面临的挑战及其对策》，《教育探索》2009年第6期。

使部分大学生放弃对国家、对民族、对社会所应尽的责任,忽视人们所必须遵守的道德原则、真诚原则,把极端个人主义、实用利己主义作为自己的人生哲学。无疑,无论对个人还是对社会,这都是极其有害的。

(3)后现代主义弱化对大学生的政治价值观念的培育。

后现代主义沿用的思想方法是相对主义、怀疑主义和虚无主义。在这种思潮影响下,一些大学生对我国改革开放的社会价值持怀疑态度,全盘否定我国的历史和文化。在后现代主义宣扬反权威、反制度思想的影响下,部分大学生无视国家的法令和法规,甚至否定社会主义制度和党的领导。此外,后现代主义所追求的享乐主义,行为方式的随意化,严重地消解高校德育的功能,使在社会占主导地位的道德标准产生消解,直接影响大学生的健康成长。

4.消费主义思潮对我国高校德育主导性的消极影响

(1)消费主义造成大学生消费价值观和信仰追求危机。

消费主义对大学生的消极影响,是使大学生远离政治、放弃崇高,追求拜金主义、享乐主义、极端个人主义,崇尚及时行乐,这严重影响了大学生的身心健康。由于大学生的消费心理不成熟,消费价值观认知模糊,因而他们在吸收西方文明带来的消费观念的同时,难免受"消费主义"思潮的影响,从而使他们的消费价值观出现偏差,表现为大学生在消费模式和生活方式上的互相攀比。消费观念的误导,引发了大学生各种盲目消费行为,使得一些大学生过分注重现实生活的享受而失去理想、抱负和应有的拼搏精神,并导致大学生消费价值观评价出现了世俗化倾向。

(2)消费主义阻碍了大学生健康人格的形成。

强烈的消费意识和无节制的消费行为使大学生偏离生活的主

流,变得生活学习懒惰,贪图安逸,讲排场,爱慕虚荣,依赖性强以及独立性差,创造力匮乏,自主意识和个性丧失等,遇到问题倾向于用金钱去衡量或用金钱去解决,从而缺少锻炼自己独立解决问题能力的机会,缺乏艰苦奋斗精神。另一方面,消费主义在校园的蔓延,炫耀性消费、一次性消费、攀比性消费、超前消费等不合时宜的消费理念充斥校园,很容易挫伤来自低收入家庭的学生对学校和社会的认同意识,使他们产生自卑感、挫折感以及失落感,影响他们的心理健康。

(3)消费主义是引发青年大学生走向犯罪的重要原因之一。

强烈的消费欲望、嫉妒性的攀比意识引发一些青年大学生在物欲面前失去自制力,有些大学生对金钱和物质的过分看重,为了获取钱财而置道德、法律于不顾,不择手段,甚至采取欺骗、盗窃、抢劫违法犯罪等方式,结果断送了自己美好的大学时光。

5. 历史虚无主义思潮对我国高校德育主导性的消极影响

(1)历史虚无主义弱化部分大学生的社会主义和共产主义理想信念。

历史虚无主义否定中国近现代史的革命主线,特别是中国共产党领导的革命、建设和改革史,诋毁社会主义和共产主义。尤其在东欧剧变和苏联解体之后,历史虚无主义者极力宣扬"社会主义的尝试及其失败,是 20 世纪的两大遗产之一。"他们否定中国走上社会主义道路的历史必然性,散布"社会主义失败论"、"共产主义渺茫论"和"马克思主义过时论"等等,颠倒是非,混淆视听。如果任其发展下去,就会动摇中国人民的共同理想。一些大学生对事实本质缺乏充分的认识和了解,不能正确认识和把握人类社会发展的历史规律和实际情况,看问题往往凭直觉,从而对社会主义和共产主义产生悲观情绪。

（2）历史虚无主义消解主流意识形态,使大学生思想混乱。

历史虚无主义所散布的种种言论,不仅涉及史学领域的大是大非问题,而且还直接关系到做人立国的根本问题。"是维护历史本来面目,还是歪曲历史真相;是高扬民族精神,还是鼓吹妥协投降;是从历史主流中吸取精神力量,还是在历史支流中寻找负面影响;是坚持唯物史观,还是回到唯心史观。如果这些原则问题被颠倒、被消解,就会从根本上搞乱了人们思想,一个民族、一个国家就会失去立足和发展的思想基础。"①同样,如果这种思潮在高校传播,也会对大学生的思想造成了一定的混乱,对高校德育主导性产生一定冲击。

（3）历史虚无主义的理论主张使部分大学生丧失了民族自尊心和自豪感。

历史虚无主义者不但歪曲近现代中国历史,而且对我们以爱国主义为核心的民族精神和中华源远流长的灿烂文化也恣意抹煞,消解文化认同,瓦解理想信念。这不仅远离了历史的真实,而且造成了对大学生心灵的伤害,导致部分大学生丧失民族自尊心和自豪感,削弱了大学生群体自信心和凝聚力,消融了民族精神。因而,高校德育必须重视和加强对中国优秀传统文化和中国近现代史的教育,并结合当代中国发展的巨大成就,增强大学生的爱国主义精神和民族自信心。

第二节　大众文化对高校德育主导性的影响

大众文化作为一种相对独立的文化类型,是当代中国文化总

---

① 梁柱:《历史虚无主义思潮评析》,《红旗文稿》2009 年第 9 期。

体格局的重要组成部分。大众文化作为一种蕴含着内在合理性的新生事物，它具有历史的进步性，是历史发展的必然产物。但大众文化同样也是一把双刃剑，它不但对高校德育主导性的发展带来机遇，同时对高校德育主导性带来一定冲击和挑战。

一、大众文化的内涵

大众文化（mass culture、popular culture）一般也称之为平民文化、流行文化。它最早产生于19世纪末20世纪初的西方社会，兴盛于20世纪30年代的欧美发达国家，流行于整个20世纪，今天已成为一种世界性的文化思潮。它既是一种观念体系，也是一种生活方式，还是一种社会组织形式。大众文化是现代社会发展、也是文化发展的一个重要方面及演变趋势，是现代大众社会在文化上的必然产物。关于大众文化的定义，即使在产生"大众文化"这个术语的西方也还没有达成共识。

对于大众文化的界定，究竟是用"mass culture"还是用"popular culture"来表述众说纷纭，至今缺乏公认的、合理的见解。德国法兰克福批判学派理论家马克斯·霍克海默（Max Horkheimer）和西奥多·阿多诺（Theodor Adorno）以"mass culture"表述大众文化。在他们看来，"发达资本主义工业社会是由没有血缘地缘关系的、原子化的、情绪化的孤立大众所组成。这些大众每天从事着简单乏味的、没有任何技术含量的工作。工作之余，他们被大众传媒操纵。在追求感性'愉悦'的过程中，逐渐丧失了自身原有的主体性、批判性和革命性，沦落为负载着资本主义意识形态的大众文化、大众媒体的奴役对象。"①他们认为，资本主义条件

---

① 转引自徐海波：《意识形态与大众文化》，人民出版社2009年版，第163页。

下的大众文化已经形成对社会群体具有强大控制力的"文化工业"。大众文化工业正在把社会的个人塑造成毫无个性群体中的一分子："整个文化工业把人类塑造成能够在每个产品中都可以进行不断再生产的类型"。① 他们对大众文化给出这样的评价："大众文化是意识形态与社会物质基础的融合,是资本主义商品制度的组成部分;发达的工业社会正是通过'技术理性'和消费至上原则结合起来的'大众文化'来控制个人;同时由于它的商品化和标准化,排除或否定了文化艺术的独创性与个性。大众文化是被动的、无创造性的、浅薄的、消极的文化现象。"② 显然,这里的"大众"意味着人与人之间的关系的肤浅、局限而又短暂,表征着个人在"大众社会"中的寂寞、忧虑、无依无靠。③ 他们认为 mass 有"乌合之众"之义,所以,mass culture 是一种为平民准备的低等文化,这种表述在这里带有很强的贬义,反映出法兰克福学派对大众文化这一文化工业持敌视、忧虑、坚决批判的态度,将批判的矛头直接指向现代西方资本主义社会。

英国著名的文化理论家和马克思主义思想家雷蒙·威廉斯(Raymond Williams)不喜欢 mass 这个含有轻蔑意味的英语词语,而以"popular culture"表述"大众文化"。他把大众文化解释为"为普通民众所拥有;为普通民众所享有;为普通民众所钟爱的文化……从其词源上看,大众最初不是用于指'普通民众',而是指

---

① ［德］霍克海默、阿道尔诺:《启蒙辩证法》,渠敬东、曹卫东译,上海人民出版社 2003 年版,第 142 页。

② 庞元正、丁冬红主编:《当代西方社会发展理论新词典》,吉林人民出版社 2001 年版,第 49 页。

③ 陈国强:《简明文化人类词典》,浙江人民出版社 1990 年版,第 23 页。

多数民众,以与贵族阶级、富人阶级或知识阶级相区别。"①"大众文化是指民众为他们自己实际地制作的文化,这不同于所有那些含义"。② 与法兰克福学派不同之处在于,"以霍加特和霍尔为代表的英国文化研究学派致力于发掘大众文化的积极作用,更加关注受众对大众传媒、大众文化的意识能动作用,认为大众有一定的选择能力和批判能力。大众文化完全可能在观众的能动观赏中抵消可能的消极作用,而呈现出积极的社会效果。这样,英国文化研究学派站在平民的立场,极力为大众文化辩护,坚持把大众的日常生活与文化研究联系起来,接受、研究与提高大众文化,强调文化是一种总体的生活方式,它们存在于我们的所有社会实践中,并且认为大众文化代表着生生不息的、看得见摸得着的现实生活,它具有沟通、交流及促进多样化和差异性的积极功能。"③很显然,威廉斯重视平民及一般人的能力,是在肯定的甚至赞扬的意义上使用"大众文化"的,相信它是民众为自己创作的东西,带有积极的方面。英国伯明翰当代文化研究中心等极力推崇这种做法并延续下来。事实上,西方大众文化理论中的对于"大众文化"两种截然不同的评价各有其合理性,又由于它们之间在实际运用中还常常会相互交叉、渗透,缺乏明显的界限,要对其做出正确的结论不太容易。可以看出,大众文化现象历来交织着不同文化价值观以及争论,无论是否定性还是肯定性用法,都表明这一现象具有丰富性和复杂性。

大众文化作为大众社会理论的一个重要组成部分,其产生和

---

① ［美］约翰·费斯克:《关键概念》,新华出版社 2004 年版,第 212 页。

② ［英］Keywords:Avocabulary of Culture and Society/Raymond Williams. Fontana Press,1976,p. 29.

③ 惠敏:《西方大众文化研究述评》,《山东外语教学》2010 年第 4 期。

发展是与资本主义社会的工业化、城市化同步进行的。纵观工业社会的发展历程和大众文化在西方的产生、发展过程,大众文化是现代工业社会特有的一种文化现象,是市场经济发展到一定阶段的产物。概括地说,"大众文化是产生于现代工业社会,以大工业和现代科技为基础,以大众传播媒介为手段,以文化工业为赢利目的,以都市普通市民为主要受众,按照商品市场规律的运作进行批量生产,旨在使普通大众获得感性愉悦的日常文化形态。"①具体地说,大众文化是一个特定的范畴,它兴起于当代都市、以文化工业作为生产途径、以全球化的现代传媒为介质大批量生产的当代文化形态,是由消费意识形态来筹划引导大众,采取时尚化运作方式的当代消费形态。大众文化的种类与形式很多,其中网络文化、电视文化、广告文化、流行歌曲、卡拉OK是其核心内容。从功能性作用来看,大众文化具有意识形态导向功能、思想道德教育功能和休闲娱乐功能。从本身的特征来看,大众文化具有大众媒介性、商业盈利性、流行性、娱乐性和日常性等特点。从大众文化的运作方式角度来说,大众文化是按照市场经济规律来发展运作的。大众文化的生产是一种商业行为,其目的就是为了赚钱,它并不直接承载为政治作宣传的使命。

二、大众文化对高校德育主导性的影响

1. 大众文化对高校德育主导性的机遇

(1)大众传播信息技术使高校德育的信息量覆盖面扩大。

制约传统高校德育效果的重要因素就是教育信息量少以及知识面比较狭窄。改革开放以前,传统媒介如报刊、书籍等含载的信

---

① 惠敏:《西方大众文化研究述评》,《山东外语教学》2010年第4期。

息量相对较少，在一定程度上并不能满足传统德育各个方面的需求。同时，由于传统媒介需要花费大量时间进行编辑、出版、发行。因此，它的信息更新比较慢，从而阻碍了德育的顺利开展。大众文化是以大众传媒为主要的传播媒介，与传统媒介相比，大众传媒具有传播信息量巨大的特点。大众文化借助电影、电视、网络等大众传播媒介，通过制作和传输大量的信息进行德育，具体表现形式丰富多样并跨越时空阻隔，深入到社会生活的每个角落，人们可以借助和选择各类不同形式的大众传播媒介获得跨越所处群体之外的各种信息。同时，大众传播的受众面也十分广泛，即便是在偏远的乡村，在不同年龄、教育背景、职业、阶层受众之间也能形成共享的信息系统，能够提高德育与教育对象接触的频率。大众传播的触角也总是能够通过传播语言通俗易懂、形象直观、感染力强的广播或者电视等触及那里。通过大众传媒，教育对象能够明确目标方向、增长见识、开阔眼界、转变思想观念，这种作用是其他载体形式无法替代的。正是因为大众传媒这种信息量巨大的特点，所以，对大学生具有重要的德育功能，也受到大学生的广泛喜爱。

（2）大众文化传播媒介为高校德育提供了更具吸引力的工作方式。

学校是教育和培养人才的地方，是通过语言形式、文字形式灌输马克思主义的重要场所。课堂、谈话、报告等方式是传统德育的主要方法。但由于科学技术发展的限制，以往由于德育缺乏多样化的表达方式和丰富的信息资源，以及受教育者在接受信息时往往处于被动地位，使得传统高校德育的成效不太明显。大众文化的兴起为高校德育提供了更具吸引力的工作方式。大众文化以大众媒介为主要传播媒介，大众媒介包括网络文化、电视文化、广告文化、书刊杂志、流行歌曲和卡拉 OK 等，并具有图、文、声、动画、触觉等并存的特点。这些能够使大学生在学习过程中调动全部感官,使大学生在德育过程中感受到愉快、轻松的氛围,使教育更加形象、生动和直观,为学生提供真实的表现效果,具有很强的感染力,从而提高了高校德育的吸引力。

（3）大众传媒技术为高校德育提供广阔的社会渠道。

大众文化具有低成本、渗透性强和潜移默化等特点可以在一定程度上弥补高校德育的不足,使其成为一条极其有效地进行德育的社会途径。与传统的灌输性教育比较而言,大众文化通过网络在传递文字信息之时,通过图像和声音真实地展示表情、感觉和情绪等表象信息,而这些是过去需要亲临现场才能得到的。这种文字系统与表象系统的"共谋"具有即刻进行视觉和听觉报道的潜力,令个体产生"身临其境"的真实感和参与感。这种多样化的信息方式能够把德育内容蕴含在看似价值中立的信息之中,在向个体传递信息、提供娱乐之时进行教化和引导,增强德育内容的生动性和形象性。这方面,大众文化常常能够比抽象的说教更有说服力、更能从情感上打动人,影响大众去做什么或者不去做什么,形成他们一定的价值观。

2. 大众文化对坚持高校德育主导性带来一定冲击和挑战

（1）大众文化弱化高校德育教育者的权威地位。

在传统德育过程中,教育者因为拥有的信息量和掌握的技能都比学生要多,因而在学生的成长过程中起着主导作用,始终处于一种权威地位并易于得到尊重。教育者通过制定教育计划来确保教学的层次性和系统性,以实现教育的目的。大众文化的发展使得高校德育教育者的权威性受到了冲击,其打破了传统的封闭教育模式,使大学生通过网络也能获取大量信息。如果高校德育的教育者不及时更新知识体系,不跟上网络时代的发展步伐,德育活动将难以开展，导致教育者对大学生丧失传统德育过程中所具有的强大的信息控制和行为指导能力，从而使其在教育中的权威地位受到挑战。大众传媒信息技术的高速发展在一定程度上削弱了德育教师的权威。现代传媒的发展所产生的信息民主化打破了原有的由上至下一级一级传播信息的途径，对思想政治道德信息进行层层封锁和垄断的时代已经远去。任何大学生都可以通过大众传媒非常便利地了解到世界各地各方面最新、最深的资讯，这在某种程度上也弱化了德育的主导力。

（2）大众文化淡化高校德育内容。

过去的德育往往是单向灌输式教学。所谓"单向灌输式"的教育方式，主要指片面强调教育者的主体性而忽视教育对象的主体性的单向灌输的教育方式。这种教育方式主要体现为教育者掌握着教育信息控制的主动权，教育者可以自行决定教育内容。因此，教育者可以根据德育目的来传播内容健康的教育信息。随着大众传媒信息的飞速发展，大学生对教育信息的掌握从过去被动到现在主动。通过大众文化，可以自由地选择所需要的信息，而且，他们接受的是对他们具有吸引力的信息。这样一来，他们选择何种信息，必然导致受到何种教育。在大众文化发展的背景下，不同社会制度、意识形态的斗争已从武力斗争转变为信息交锋。西方敌对势力散布各种反华言论，进行意识形态的渗透，恶毒丑化中国，为西方国家的西化、分化战略服务。因此，高校德育教育者面临的一个重要课题就是改革单一的、不适合形势发展需要的陈旧的教育内容，要根据社会发展和学生思想发展的要求不断地变化、调整和更新。只有这样，才能增强德育内容的针对性、实效性，以适应大众文化影响下的大学生思想和行动发展的新要求，从而促使高校德育目标的顺利实现。

（3）大众文化使高校德育环境更加复杂。

大众文化是高校德育的一个重要文化环境。随着当代社会的发展，德育文化环境不仅获得了现代要素，使文化环境的各个子系统呈现出时代特质，还孕育了文化环境的新形态，如大众传媒环境和科技环境等。而随着大众文化传播媒介尤其是网络信息技术的迅速发展，大学生通过大众文化传媒渠道来了解社会的方方面面并受到各种传媒的影响，然而，大众文化所具有的巨大数量性和强烈渗透性往往良莠并存。一直以来，各高校都坚持着要建设集学术性、创新性、娱乐性于一体的校园文化，然而随着信息化时代的到来，计算机网络的虚拟世界更迎合青年学子的文化需求，这其中的低俗文化更是一味地迎合学生的低层次文化需求，其最大的特点就是文化品位低，启迪性内容少，缺乏严肃的学术态度，其广泛传播势必会影响和冲淡高校文化中高层次的学术氛围。高校"切不可迷恋于一时的世俗文化，如气功热、舞会热和畅销书热等，而要坚持把学术性、创造性和娱乐性合理地统一起来。学术性的精英文化应该占主导地位，世俗的大众文化绝不能喧宾夺主。"① 而大众文化制约着高校德育目标的实现。某些低俗、消极的大众文化势必会在一定程度上弱化主流意识形态所倡导的理想、信仰等。因此，大众文化条件下的高校德育应当引导大学生正确地选择和接受各种环境的影响，使大学生始终树立正确的人生观、世界观和价值观。

（4）大众文化消解高校德育的有效性。

大众文化传播的主要途径是大众传媒（尤其是互联网），尽

---

① 彭志越：《文化素质教育与校园文化建设》，《高等教育研究》1999 年第 1 期。

管它为高校德育提供了现代化的物质手段,但同时以互联网为代表的高新传媒技术高速发展,信息渠道大大拓宽。现代大众传媒不仅主体多元,且内容多样。特别是网络这一全球性的文化传播媒介,以其全球性、开放性、虚拟性、隐蔽性等独特特点,使信息交流完全打破了意识形态封锁与时空边界,媒介产品的传播与影响范围日益扩大且不受边界限制,特别是互联网的使用更是让全球的信息资讯无限地扩大,自由地流动,在某种程度上使得网络产品越来越多地"去意识形态化"①,导致信息量的急剧增加且信息良莠不齐。这些信息既有健康有益的,也有不少是消极有害的,所有这些信息交织在一起使大学生无法做出正确的价值判断,感到价值迷茫,无所适从,给德育带来了极大的干扰,影响德育的有效性。此外,大众传媒尤其是信息网络的发展,使外来文化与日俱增,特别是以美国为首的西方发达国家凭借其经济和科技优势,掌控着国际互联网的主导权,利用互联网平台向广大青年传播其意识形态和价值观念。为了宣传"自由的民主的价值观念",美国前总统尼克松曾扬言:"我们不应该害怕宣传战——不管是在苏联帝国内部,还是在欧洲其他地方。我们应当重新加强自由欧洲电台和自由电台的工作。"②同时,我们也要看到,大众传媒中包含有一些与德育所倡导的理想、信念等价值观相违背的内容,它不是肯定德育,而是直接否定或批判德育,使学生对德育产生抵触甚至对抗心理。所谓"课上十年

---

① 栾轶玫:《解析电视节目低俗化——定义、表象与动因》,《今传媒》2008第 6 期。

② [美]理查德·尼克松:《真正的战争》,长铮译,新华出版社 1980 年版,第 382 页。

功,不如课后一分钟",便是大众传媒消解德育实效性的生动写照。

（5）大众文化挑战高校德育的方式方法。

大众文化时代的高校德育面对的是现代技术包括现代化的影视技术、多媒体技术、互联网技术的挑战,大学生们受到大众文化极大魅力的诱导。反观我们的德育模式则显得十分陈旧而苍白无力。传统的德育往往停留在"一张嘴、一支笔、一本书"的手工作业层次上。改革开放30多年来,我国高等院校所开设的德育课,尽管在教学方法、教学手段上进行了卓有成效的改革,所取得的成就有目共睹,但仍是对大学生进行正面的教化、灌输。很明显,这种方法仍不能适应外部环境、条件和对象的变化,尤其是不能适应以信息量大、传播速度快、覆盖面广、形象直观、感染力强为特征的大众文化所带来的巨大冲击。

第三节　网络文化对高校德育主导性的影响

一、网络文化的内涵

网络文化是网络时代的产物。广义的网络文化是指以网络技术广泛应用为主要标志的信息时代的文化,可以分为物质文化、精神文化和制度文化三个要素。物质文化是指以计算机、网络、虚拟现实等构成的网络环境;精神文化主要包括网络内容及其影响下的人们的价值取向、思维方式等,其范围较为广泛;制度文化包括与网络有关的各种规章制度、组织方式等。狭义的网络文化指建立在信息网络技术与网络经济基础上的精神创造活动及其成果,其内涵包括人的心理状态、知识结构、思维方式、价值观念、道德修养、审美情趣和行为方式等。从本质上说,"网络文化是一种依附于现代科学技术特别是多媒体技术的现代层面的文化。"①与传统媒体相比,网络文化具有如下的特征和表现形式:(1)生存方式上的技术性、虚拟性、多媒体化、个性化。(2)运行方式上的互动性、开放性、无中心性和全球化。(3)管理方式上的难控性。(4)内容上的海量性、多元性。② 被称为"第四媒体"的互联网对传统媒体、传统的传播方式产生巨大的冲击。作为超越传统文化的网络文化,在现代社会中,网络为人类创造了新的文化载体;信息网络技术促进了文化网络系统的形成;网络又加强了全球的文化交流。这充分彰显出网络文化自身的特殊价值。作为现阶段反映文化发展新潮流的一种文化形态,网络文化也已成为中国特色社会主义文化建设的重要载体,成为中国特色社会主义文化覆盖和融合力最强、最活跃的重要组成部分。网络文化犹如一把"双刃剑",既给高校德育主导性创造了良好的机遇,又使高校德育主导性面临严峻的挑战。

二、网络文化对高校德育主导性的影响

1.网络文化对高校德育主导性带来的发展机遇

(1)网络文化为高校德育发挥主导性作用开辟了新的阵地。

胡锦涛同志在中共中央政治局第三十八次集体学习时指出:"加强网络文化建设和管理,充分发挥互联网在我国社会主义文化建设中的重要作用,有利于提高全民族的思想道德素质和科学

---

① 杨立英、曾盛聪:《全球化网络化境遇与社会主义意识形态建设研究》,人民出版社2007年版,第219页。

② 田贵平:《中国特色社会主义的网络文化研究》,博士论文2006年,第22—26页。

文化素质,有利于扩大宣传思想工作的阵地,有利于扩大社会主义精神文明的辐射力和感染力,有利于增强我国的软实力。我们必须以积极的态度、创新的精神,大力发展和传播健康向上的网络文化,切实把互联网建设好、利用好、管理好。"并强调"能否积极利用和有效管理互联网,能否真正使互联网成为传播社会主义先进文化的新途径、公共文化服务的新平台、人们健康精神文化生活的新空间,关系到社会主义文化事业和文化产业的健康发展,关系到国家文化信息安全和国家长治久安,关系到中国特色社会主义事业的全局。"①高校德育的对象是大学生,学生的活动延伸到哪里,高校德育的主导作用就应当延伸到哪里。随着互联网和校园网的发展,大学生上网已经成为一种普遍现象。因而,网络领域的主导性问题必然成为高校德育主导性的迫切课题。早在 2008 年年底,在 2.98 亿中国互联网用户中显示,有 9894 万学生网民,占网民总数的 33.2%。据 2011 年 1 月 19 日中国互联网络信息中心(CNNIC)在北京发布的《第 27 次中国互联网络发展状况统计报告》显示,截至 2010 年 12 月,我国网民规模达到 4.57 亿,我国互联网普及率达到 34.3%,国内宽带网民规模为 4.5 亿,有线(固网)用户中的宽带普及率达到 98.3%,网民平均每周上网时长为18.3 个小时。此外,我国手机网民规模达 3.03 亿人。由上观之,网络已成为德育发挥主导作用不可忽视的重要阵地。与此同时,信息网络化的发展也为高校德育主导性提供了新的发展空间。

（2）网络文化丰富了高校德育主导性与多样性相结合的内容体系。

---

① 《以创新的精神加强网络文化建设和管理》,《人民日报》2007 年 1 月 25日。

主要表现在：其一，网络文化极大增加了高校德育的信息量，有利于克服传统德育内容单调和信息的不足。况且，在多元信息的相互渗透和碰撞过程中积淀下来的共性的、普遍性的道德信息和价值观念，如全球观念、普世伦理、可持续发展理念等日益成为德育的新内容。其二，网络道德教育成为高校德育的新课题。所谓网络道德是指与国际互联网有关的文化观念和道德内容，包括上网者及其在网上的思想流露、文化修养、道德规范等。由于网络的虚拟性、自由性和开放性，网络社会成为"无边界"、"超国家"的社会。一方面，网络传播的低廉成本，较为隐蔽的传播手段，为一些道德败坏的人肆意散布垃圾信息创造机会。另一方面，大多数在校大学生都是未成熟的网民，无论在生理上和心理上，他们都处在成长期，其价值观念还处于不断调整和变化中，对多元信息具有强烈的好奇心和求知欲，再加上自控能力较差，难以抵挡低俗网站上的图片与色情视频的诱惑，侵染上网络毒素，由此丧失对现实环境的感受力和积极参与意识，甚至走上犯罪的道路。因此，网络道德教育成为高校德育的一个突出问题。

（3）信息网络化使高校德育教育者的主导作用发生了新的变化。

在互联网的交互式交往环境中，教育者与教育对象的地位、身份、年龄均被屏蔽，使交流双方缩短了心理距离，各种情感、各种观点更具有直接性、真实性。利用互联网进行德育，打破了传统的德育的地域和时间限制和不可逆的接受关系，德育主体可以在任何地方、任何时间，运用多种方式开展德育，德育的客体也能从单纯的对象、被动接受者变为主动参与者。这种教育者与教育对象之间的新型主导关系，有利于德育对象在平等的交流中自然而然地接受教育者的引导，从而提高教育者的主导效果。

（4）信息网络化提高了高校德育主导性的时效性。

教育贵在及时,而互联网具有高速的信息搜索、处理和传递速度,这是它区别于以往媒介的一个极为显著的特征。由于网络的普及性、技术的超越时空性、内容的广泛性以及传播信息手段的便捷性,将德育转变为一种不受时空限制的即时性行为。教育者不管在什么地方,都可以利用一台计算机上网,对学生的思想状况进行跟踪分析,开展有针对性的、及时有效的德育,使正确的人生观、价值观和世界观渗透其中,把网络变成创新和加强高校德育工作的先进工具。如开通"经典文库"、"绿色网络"、"公民道德建设"、"文明在线"等红色网站,为大学生进行德育提供一个良好的校园环境,既增强了感染力和影响力,又大大提高了德育的时效性。

2.网络文化给高校德育主导性带来的挑战

（1）网络文化淡化主流意识形态和主导价值取向的主导地位。

信息网络的多元性使正确的信息、中性的信息甚至错误的信息交织在一起,有真实的信息,也有虚假的信息。这种信息多元化的特点,在人的主体性、选择性的社会,极易导致主流意识形态和主导价值取向的主导地位的淡化。同时,信息网络的超越时空性特点,打破了国家、地域之间社会制度、意识形态的约束,从而淡化国家意识和民族意识,对爱国主义教育提出严峻的挑战。特别是以美国为首的西方发达国家凭借其经济和科技优势掌控着国际互联网的主导权,利用互联网平台对网络弱势国家大搞文化扩张和文化霸权主义,并借助文化霸权在全球范围内进行文化渗透和扩张,传播和推行其所谓民主、自由、平等、博爱、人权等价值观,将自己的文化价值观普世化,以占据全球精神生产的制高点,并拥有对世界主流话语的最终解释权，使其文化霸权主义暴露无遗。这无疑对社会主义意识形态和集体主义价值取向的主导地位带来严重冲击。

（2）网络文化弱化教育者的权威性和主导作用。

网络文化的发展及其信息获取的平等性、共享性特点，改变了德育原有的权威信源的传统地位，并日益缩减教育者与学生之间的信息级差，促成双方在信息获取方面的平等关系的形成，并促使学生平等观念、民主观念的形成。传统的德育多采用"灌输式"的教育方法，教育者本人由于社会赋予其较高的地位，以及其在知识上、阅历上的优势，使得教育者具有某种优越感，在教育活动中具有绝对的权威性，教育的方式完全由德育者决定，教育只是单向式的灌输，学生则是被动地接纳教育者的教育信息。而信息网络所具有的交互式特点，则促成了德育教育者与学生之间的新型关系，教育者的主导作用由过去的权威性的"灌"变为平等性的"导"，学生则由原来教育活动中被动地接受客体变为主动接受的主体，接受信息的自主能动性越来越强，其信息获取行为也愈益个体化、隐蔽化，从而对德育教育者的权威性和教育者的主导作用产生冲击，导致教育者主导作用在网络文化领域中的弱化。

（3）网络文化消解大学生的主体性。

在信息网络化时代，网络文化及其虚拟性、超时空性特点，使大学生的主体性出现部分丧失，成为德育主导性所面临的新问题。从德育主导性的角度来讲，学生的主体性，也是一种主导性，是自我主导性，主要表现在遵纪守法和积极的人生态度等方面。在现实生活中，学生的言行举止都要受到学校规章制度的约束。但在网络世界里，在网络上"个人"成为真正自我的主体，其所有行为完全听从于自我意识的支配。网络在自我管理基础上呈现的"自治性"使得网络成为真正展现个性的精神空间,因而出现网上虚拟世界的交流而导致的人机对话,一些大学生因此而常常沉浸在虚无缥缈的空间中不能自拔。在网络文化领域,处在不良信息包围中的一些大学生,出现了纵欲主义抬头、个人主义膨胀、颓废主义弥散、理想主义崩溃等不良现象,人格、意志、志向、追求趋向失落。这不仅严重影响着大学生身心健康和社会交往的正常发展,也将会导致人与人之间情感的冷漠和疏远。如果缺乏道德自律,大学生还有可能摆脱现实关系的束缚,放纵自己的行为,比如随意公布他人隐私,传播淫秽色情、网络暴力,制作传播网络病毒,不负责任地制造虚假网络信息等不道德行为,使既有的理想、道德和信仰发生动摇,从而陷入怀疑和迷惘之中,导致道德意识弱化,价值取向迷乱,道德评价失范,道德认识和道德行为分离,社会责任感和道德感丧失,甚至引发网络犯罪。

综上所述,随着科学技术的日新月异,网络日益成为进行高校德育的重要媒介之一,但也日渐成为传播不健康文化的温床,消解着社会主义核心价值体系对当代大学生的正面引导,阻碍着健康和谐文化体系的构建。我们必须在全社会的范围内积极宣传马克思主义,积极探索用社会主义核心价值体系引领校园网络文化建设的有效途径,引导大学生网民树立正确观念,使互联网成为传播社会主义先进文化的新途径、公共文化服务的新平台、健康精神文化生活的新空间。

第五章 多元文化背景下高校德育主导性发展的理论依据

在多元文化背景下坚持和发展高校德育主导性,相对于传统的高校德育来说,无疑是一个新的课题。这不仅需要我们在实践中积极探索,也有一定的理论依据,可以从指导理论、现代教育理念、借鉴理论等三个层面来加以分析。理论依据既反映了高校德育主导性发展的内在要求,也可以为其提供理论指导或理论借鉴。

第一节 高校德育主导性发展的指导理论

我国高校德育主导性发展的指导理论是马克思主义。高校德育主导性发展以马克思主义为指导,包含两方面的含义:一方面,要始终坚持用完整准确的马克思主义科学体系作指导;另一方面,要始终坚持用马克思主义中国化的理论,特别是用中国特色社会主义理论体系作指导。之所以坚持以马克思主义为指导,一方面是因为马克思主义理论可以为多元文化背景下我国高校德育主导性的发展提供世界观和方法论指南;另一方面也是因为马克思主义理论是高校德育的核心内容和主导内容。只有以马克思主义为指导,才能保证我国高校德育主导性的正确发展方向。

一、坚持以马克思主义科学体系为指导

马克思主义理论包括马克思主义哲学、政治经济学、科学社会主义三大组成部分。马克思主义哲学即辩证唯物主义和历史唯物主义,是马克思主义全部学说的基础,是一切学科研究和发展的根本指导思想,也为我国高校德育主导性的发展提供世界观和方法论的正确指导。特别是马克思主义哲学中关于世界统一性与多样性、主要矛盾与次要矛盾、社会存在与社会意识、经济基础与上层建筑等辩证关系的原理,以及关于统治阶级思想的地位和作用、关于人的本质和人的全面发展、社会主义意识形态等理论,对坚持和发展高校德育主导性具有重要指导意义。马克思主义政治经济学揭示了资本主义的基本矛盾,阐明了经济关系和物质利益的原理,科学地解释了人们从事政治斗争等社会实践活动的物质动因,为高校德育主导性坚持与物质利益相结合的原则,提供了理论依据。科学社会主义理论深刻揭示了资本主义产生、发展和灭亡的规律,科学地论证了社会主义代替资本主义的历史必然性,为引导人们认清社会历史发展的总趋势,牢固树立中国特色社会主义的共同理想和实现共产主义的坚定信念,正确把握高校德育主导性的本质和发展趋势,指明了正确方向。由于本书重点研究多元文化背景下高校德育主导性发展的问题,所以,对本书研究具有直接指导意义的理论是马克思主义关于社会存在与社会意识、主要矛盾和次要矛盾、世界物质性与多样性的辩证统一关系原理。

1. 社会存在与社会意识的辩证统一关系原理

社会存在和社会意识是社会生活的两个基本方面,其中,社会存在是社会生活的物质方面,也称社会物质生活条件,主要是指物质生活资料的生产及生产方式,也包括地理环境和人口因素。社会意识是社会生活的精神方面,是指全部社会精神现象的总和,包

括社会的政治法律意识、哲学、道德、艺术、科学、宗教等意识形式，以及风俗、习惯等社会心理现象。社会存在与社会意识的关系问题，是社会历史观的基本问题，人们对这一关系所持的两种根本对立的观点，构成了历史观中的两个基本派别——唯物史观与唯心史观。马克思主义的唯物史观认为，社会存在与社会意识是辩证统一的关系。首先，社会存在对社会意识具有决定作用。所谓社会存在决定社会意识，是指社会意识是社会存在的反映，社会意识依赖于社会存在。主要表现在三个方面：一是社会意识的内容来源于社会存在；二是社会意识随着社会存在的发展变化而发展变化；三是社会意识受反映者（意识主体）的立场、观点、方法的影响和制约，而反映者的立场、观点、方法是由人们在社会存在中的地位决定的。总之，社会存在是本源的，第一性的，社会意识则是派生的，第二性的。社会意识归根结底来源于社会存在，有什么样的社会存在，就有什么样的社会意识。社会意识的任何重大变化，归根结底都是由社会存在的变化所引起的。其次，社会意识对社会存在具有反作用。也就是说，社会意识这种精神力量在一定条件下可以反作用于社会存在，转化为物质力量，影响社会发展的进程。社会意识对社会存在的反作用表现为两种情况：先进的或正确的社会意识对社会存在的发展会起积极的推动作用，促进社会向前发展；落后的或错误的社会意识则会对社会存在的发展起消极的阻碍作用，延缓社会的发展进程。最后，社会意识具有相对独立性。社会意识在反映社会存在、被社会存在所决定的同时，还具有自身的能动性和独特的发展规律，它的发展与社会存在的发展并不总是保持着一致和平衡。

　　根据马克思主义关于社会存在与社会意识的辩证关系原理，多元文化背景的形成和发展，必然给高校德育主导性提出新的要求。高校德育主导性不仅要适应社会条件的新变化,而且要不断创新、发展和提升,切实发挥好对大学生的主导作用。

2. **主要矛盾与次要矛盾的辩证统一关系原理**

唯物辩证法认为,任何一个具体事物的内部都存在着既互相区别、互相对立,又互相联系、互相依存的两个方面。唯物辩证法把事物这两个方面既对立又统一的关系叫做矛盾。矛盾的普遍性与特殊性的辩证关系原理是事物矛盾问题的精髓。矛盾的普遍性是指矛盾存在于一切事物的发展过程中,并贯穿于一切事物发展过程的始终。可以说矛盾无所不在,无时不有。矛盾的普遍性反映了矛盾的共性、统一性问题。矛盾的特殊性,是说不同事物的矛盾及其每个侧面各有其不同特点。它反映了矛盾的个性、差别性和多样性问题。任何事物不但包含了矛盾的普遍性、共性,而且包含了矛盾的特殊性、个性。矛盾的普遍性存在于特殊性之中,共性存在于个性之中。而矛盾的特殊性、个性中则包含了普遍性、共性。而且,矛盾的普遍性和特殊性在一定条件下可以互相转化。

事物作为由多种矛盾构成的矛盾体系,有主要矛盾和非主要矛盾的区别,其中主要矛盾是决定事物性质的矛盾。在矛盾双方中又有主要矛盾方面和非主要矛盾方面的区别,其中主要矛盾方面是处于支配地位、起着主导作用的方面,体现了事物的主导性;而非主要矛盾方面则是处于被支配地位、不起主导作用的方面,体现了事物的多样性。主要矛盾方面与非主要矛盾方面的关系是辩证的。主要矛盾方面不能离开非主要矛盾方面而孤立存在,否则不能构成事物;非主要矛盾方面也不能脱离主要矛盾方面的主导,否则就会陷于混乱。唯物辩证法关于主要矛盾和非主要矛盾、主要矛盾方面和非主要矛盾方面的原理要求我们坚持"两点论"与"重点论"的统一,也就是要善于在实际工作中抓中心环节,用重点推动全局。

前文讲过,所谓主导,就是引导、选择的主要方向、方面及重点。在多元文化背景下,主流文化与亚文化、中国传统文化与外来文化、先进文化与落后文化、社会主义文化与资本主义文化和封建主义文化,另外还有大众文化、网络文化、宗教文化等各种文化相互激荡,这势必对高校德育坚持马克思主义的指导地位和社会主义核心价值体系的引领作用带来冲击和挑战,因此,正确认识和把握马克思主义关于主要矛盾与次要矛盾的辩证统一原理,对于我们坚持和发挥高校德育主导性具有重要指导意义。

3.世界统一性与多样性的辩证统一关系原理

世界的统一性问题,是回答世界上的万事万物有没有统一性,即有没有共同的本质或本源的问题。马克思主义认为,世界的本源是物质,世界的真正统一性在于它的物质性。世界的多样性,就是世界各种物质表现形态的差别性。世界既是统一的,又是多样的,二者有不可分割的内在联系。统一性存在于多样性之中,即统一的物质存在和表现于各种物质形态中,没有多样性,也就没有统一性。反之,没有统一性,也就没有多样性,统一性(即物质)是多样性(即物质的表现形态)的依据。统一性与多样性的统一构成了不依人们意识而转移的千差万别的客观物质世界。① 统一性和多样性是事物存在的两种基本样态。它要求我们在认识和改造世界的过程中,既要从事物的多样性中看到统一性,坚持基本原则上的集中统一,又不要忽视事物的多样性,注意在方式方法上灵活多样。那种离开物质世界多样性统一的原理,一讲统一就搞"一刀切"的做法,是不符合辩证唯物主义的要求的。

---

① 参见《哲学辞典》,吉林人民出版社 1983 年版,第 159—160 页。

在多元文化背景下,坚持高校德育主导性所面临的基本矛盾就是主导性与多样性的矛盾。主导性的要求往往带有一定的统一性,特别是德育的主导性内容、主导性目标体现了对学生的统一性要求。从这种意义上说,高校德育主导性与多样性的关系,也是一种统一性与多样性的关系。因此,马克思主义关于世界物质统一性与多样性的辩证关系原理,是高校德育主导性发展的又一指导理论。

二、坚持以中国特色社会主义理论体系为指导

中国共产党和中国人民坚持马克思主义的一条最基本的经验,就是要把马克思主义基本原理与中国具体实践相结合,在坚持马克思主义的基础上不断推进理论创新,并形成了马克思主义中国化的理论成果,即毛泽东思想和中国特色社会主义理论体系。毛泽东思想第一次明确提出了马克思主义同中国实际相结合,即实现马克思主义中国化的任务,开辟了马克思主义在中国发展的道路,创造性地继承和发展了马克思主义,是马克思主义中国化的第一个理论形态。中国特色社会主义理论体系,是包括邓小平理论、"三个代表"重要思想以及科学发展观等重大战略思想在内的科学理论体系。邓小平理论把马克思列宁主义、毛泽东思想与当代中国的实际相结合,形成了新的科学体系,是马克思主义在中国发展的新阶段,是当代中国的马克思主义。"三个代表"重要思想是马克思列宁主义、毛泽东思想、邓小平理论的继承和发展,反映了当代世界和中国发展变化对党和国家工作的新要求,具有更强的时代感,是面向 21 世纪的中国化的马克思主义。科学发展观是同马克思列宁主义、毛泽东思想、邓小平理论和"三个代表"重要思想既一脉相承又与时俱进的科学理论,是马克思主义关于发展的世界观和方法论的集中体现，是我国经济社会发展的重要指导方针和发展中国特色社会主义必须坚持和贯彻的重大战略思想，是马克思主义中国化的最新理论成果。由此可见，马克思列宁主义、毛泽东思想和包括邓小平理论、"三个代表"重要思想以及科学发展观等重大战略思想在内的中国特色社会主义理想体系是一脉相承的，它们共同成为中国特色社会主义的指导思想体系。

特别是这一指导思想体系中的中国特色社会主义理论体系，它是在改革开放和多元文化背景下形成和发展的，它的一个重要方法论特点就是坚持主导性与多样性的辩证统一①，因而，中国特色社会主义理论体系对于我国高校德育主导性的发展具有更加直接的理论指导意义。由于德育属于文化建设的范畴，所以本章这里重点指中国特色社会主义文化建设方面的思想和理论。

1. 发挥马克思主义主导作用的思想

任何社会都有自己的指导思想，指导思想是一个社会存在发展的思想基础。是社会系统和社会秩序正常运转维持的基本精神力量。在长期的人类社会实践中，一个国家、一个民族、一个社会必然会产生一定的思想文化和价值观念体系，指导思想就是在这个体系中居于核心地位、起主导作用的思想或理论。马克思主义是指引人们实现社会主义并为共产主义远大理想而奋斗的唯一科学的指导思想。中国共产党从诞生之日起就一直把马克思主义作为党的指导思想，特别是在改革开放和文化多元化背景下，更要发挥好马克思主义的主导作用。早在1983年10月12日，邓小平同志在谈到党在组织战线和思想战线上的迫切任务时就指出："思

---

① 石书臣：《主导性与多样性的辩证统一：中国特色社会主义理论体系的方法论思考》，《江西社会科学》2008年第3期。

想战线不能搞精神污染","精神污染的实质是散布形形色色的资产阶级和其他剥削阶级腐朽没落的思想,散布对于社会主义、共产主义事业和对于共产党领导的不信任情绪","一定要彻底扭转这种不正常的局面,使马克思主义的和社会主义、共产主义的宣传,特别是在一切重大理论性、原则性问题上的正确观点,在思想界真正发挥主导作用。"①改革开放30多年来,正因为我们党始终坚持马克思主义在意识形态领域的指导地位,充分发挥马克思主义在思想理论界的主导作用,才使我们在多元文化的激荡中始终保持了社会主义的正确发展方向,并取得了举世瞩目的发展成就。高校作为中国特色社会主义先进文化建设的重要阵地,更要坚持马克思主义在德育领域的主导地位,切实发挥马克思主义在高校校园文化发展中的主导作用。

2.先进性要求与广泛性要求相结合的思想

随着改革开放带来的社会多样化和人们思想道德的多样性、层次性发展,那种传统的过分强调统一性和先进性的要求,已不适应人们思想道德发展的实际,必然会给新时期的思想道德教育提出层次性的要求。早在1986年党的十二届六中全会通过的《中共中央关于社会主义精神文明建设指导方针的决议》中就明确指出了"在道德建设上,一定要从实际出发,鼓励先进,照顾多数,把先进性的要求同广泛性的要求结合起来"的思想,此后,这一思想在2001年中共中央印发的《公民道德建设实施纲要》、党的十六大报告等文件中反复强调了这一思想,"把先进性要求与广泛性要求结合起来"已成为我国改革开放和社会主义市场经济条件思想道德建设的一个基本原则。首先,把先进性要求和广泛性要求结合

---

① 《邓小平文选》第3卷,人民出版社1993年版,第39—46页。

起来，是历史唯物主义关于人民群众是历史的创造者的观点和党的群众路线在思想政治工作中的具体体现。其次，把先进性要求和广泛性要求结合起来，是党的思想路线在思想政治工作中的具体体现，反映了社会主义现代化建设和全面建设小康社会的客观要求，体现了社会主义精神文明建设的内在规律。最后，把先进性要求同广泛性要求结合起来，体现了人的差异性和思想政治工作的层次性。高校德育是我国社会主义思想道德建设的重要组成部分，先进性要求与广泛性要求相结合的思想，同样也适用于高校德育。

3."弘扬主旋律，提倡多样化"的思想

在社会多样化和文化多元化背景下，在思想文化战线还有一个重要问题，就是如何处理好主旋律与多样化的关系，既要弘扬主旋律，又要发展多样性。早在 20 世纪 50 年代，毛泽东在《关于正确处理人民内部矛盾问题》中就提出必须贯彻"百花齐放，百家争鸣"的"双百"方针，只有这样，才能更好地繁荣和发展我国的文化事业，但同时他又进一步提出了在政治生活中判断言论和行动的"六条是非标准"。这"六条是非标准"和"双百"方针实际反映了主旋律和多样性的关系。20 世纪 70 年代末，邓小平同志提出了在思想政治建设上必须坚持"四项基本原则"，这"四项基本原则"是对毛泽东"六条是非标准"的继承和发展。20 世纪 90 年代以后，江泽民同志又提出了"主旋律"的概念，他认为："唱响社会主义文化的主旋律，坚持为人民服务、为社会主义服务，实行百花齐放、百家争鸣，是发展先进文化必须贯彻的重要方针。"[1]在党的十六大报告中，江泽民同志进一步强调指出："必须坚持马克思列宁主义、毛泽东思想和邓小平理论在意识形态领域的指导地位，用

---

① 《江泽民文选》第 3 卷，人民出版社 2006 年版，第 277 页。

‘三个代表’重要思想统领社会主义文化建设。坚持为人民服务、为社会主义服务的方向和百花齐放、百家争鸣的方针,弘扬主旋律,提倡多样化。"①这一重要思想对多元文化背景下高校德育主导性的发展无疑具有重要指导意义。

"弘扬主旋律,提倡多样化"思想包括两个方面要求:(1)要积极适应改革开放和社会多样化的发展要求,提倡文化多样化。精神生活的多样化,是人们的正常需求,文化建设的多样性本身就是文化实践的内在规律和要求。在多元文化背景下,强调多样化的文化形式和内容,更有其客观必然性。一方面,社会经济生活的多样化,决定了个人价值取向的多样化。在我国社会经济生活出现"四个多样化"的情况下,必然会带来不同的价值取向,其中有许多是合理的变化,也有一时难以辨清的倾向。另一方面,人们的思想道德觉悟也是不平衡的,这些情况反映在思想文化上,也会产生不同内容和形式的文化形态。当然,提倡多样化不能与主旋律要求相冲突,而要提倡与主旋律要求相适应、相协调的、健康的多样化需求。既要积极发展各项文化事业和文化产业,积极繁荣大众文化生活,又要坚决反对和禁止那些带有崇洋、"三俗"、迷信、色情、暴力和邪教等内容的不良文化。(2)在提倡思想文化多样化的同时,必须旗帜鲜明地弘扬主旋律。思想文化上的多样化,决不意味着在全社会的指导思想上可以搞多元化。所谓多元化,是指在意识形态和文化领域中具有多个服务于不同阶级、阶层的政治、法律和道德规范,它们平行地影响着人们的精神生活,决定着社会的精神面貌。我们提倡的多样化,则是指在一种意识形态和主流文化的指导下,多种价值取向、思想观念、文化形式百花齐放,同时

---

① 《江泽民文选》第3卷,人民出版社2006年版,第559页。

存在。多样化不能离开一元化，不能缺少主旋律，如果在多样文化中缺少一个主心骨，那就只能是无序的、混乱的多样化，最终必将导致文化建设的变质甚至转向。在多元文化背景下，更需要我们毫不动摇地坚持马克思主义的指导地位，只有这样，才能既保持思想文化建设的蓬勃生机，又始终保持正确的发展方向。

4.建设社会主义核心价值体系的思想

随着社会转型和改革开放的深入发展，我国思想文化领域日益呈现出多元化发展的特点。在多元文化背景下，我们党明确提出了建设社会主义核心价值体系的战略任务和目标，强调要发挥社会主义核心价值体系的引领作用。胡锦涛同志在党的十七大报告中指出："社会主义核心价值体系是社会主义意识形态的本质体现。……积极探索用社会主义核心价值体系引领社会思潮的有效途径，主动做好意识形态工作，既尊重差异、包容多样，又有力抵制各种错误和腐朽思想的影响。"[①]建设社会主义核心价值体系是我们党在思想文化建设上的又一个重大的理论创新，是在我国经济体制深刻变革、社会结构深刻变动、利益格局深刻调整、思想观念深刻变化的新形势下，凝聚和统一社会各阶层、各利益群体思想的有力武器。

高校作为建设社会主义核心价值体系的重要阵地，对建设、坚持、传承和发展社会主义核心价值体系具有重要的作用，尤其是担负着对大学生进行社会主义核心价值体系教育的重要任务。当前，在我国社会客观存在着社会主义文化、资本主义文化、封建主

---

① 胡锦涛:《高举中国特色社会主义伟大旗帜，为夺取全面建设小康社会新胜利而奋斗——在中国共产党第十七次全国代表大会上的报告》，人民出版社 2007 年版，第 34 页。

义文化、宗教文化等多元文化影响的背景下,如何坚持以社会主义核心价值体系为主导,引领多元文化的健康发展,帮助大学生在思想理论方面牢固确立社会主义核心价值体系的主导地位,是高校的一项重大战略任务。因而,建设社会主义核心价值体系,不仅对高校德育的内容体系提出新的要求,也为高校德育主导性的发展指明了方向。

第二节 多元文化背景下高校德育主导性发展的现代德育理念

高校德育作为高等教育的重要组成部分,必然受到当代教育发展中一些新的德育理念的影响。同样,这些现代德育理念,对高校德育主导性的发展也产生了深刻影响。特别是在改革开放和多元文化背景下,各种德育思想和理论中的德育理念互相交流与渗透,更有利于吸收和借鉴新的德育理念,使其成为高校德育主导性发展的又一层面的理论依据。主要包括人本德育、学习型德育、主体性德育、开放性德育等德育理念。另外,还包括生活德育、生命德育、生态德育、关怀德育等现代德育理念,都对多元文化背景下高校德育主导性的发展具有一定的促进作用。

一、人本德育

1.人本德育的实质

所谓人本德育,简言之,就是以"人"为出发点,以"人"的方式对待人,以"成人"为目的的德育。① 人本德育,是现代社会强调

---

① 杨超:《现代德育人本论》,广东人民出版社 2005 年版,第 95 页。

"以人为本"的必然要求。现代德育的人本思想源自于西方的人本主义思潮。人本主义凸显人的主体地位,使人们从各种束缚中摆脱出来,培养人的主体意识,弘扬人的主体性。西方传统人本主义与我国科学发展观中的"以人为本"思想同为人类文明的伟大理论成果,它们在反对"物本"、"神本",在肯定人的力量、弘扬人的价值上有相同性。因而,西方人本思想的一些合理内容是可以为我国德育吸收和借鉴的。但人本主义的缺陷在于它把对人的理解抽象化了。有学者说,西方现代学者对"以人为本"的探讨,主要局限在思想领域,而且是以抽象的人性为对象的。当然,这种探讨有一定的价值,因为通过这种探讨,可以推动"以人为本"的实现。但要从根本上解决问题,还必须探讨具体的人性。只有把抽象的人性和具体的人性结合起来,并以具体的人性为基础和核心,才能抓住"以人为本"的真谛,才能使"以人为本"走向现实。①

人本德育理念反映了一种新的德育价值观。在历史上,曾有"社会本位论"和"个体本位论"两种不同观点的德育价值观。社会本位论主要强调德育的社会价值,认为德育主要是使学生成为社会需要的、维护社会稳定和促进社会进步的人。而个体本位论更注重德育的个体价值,注重个人需要和人的身心的和谐发展。这两种观点虽然都认识到了德育的重要作用,但又都有一定的局限性。前者虽然体现了德育的本质要求,但片面强调社会利益和统一要求,忽视个人的正当需要和个性化发展,不尊重个人,不关心个人,把个人当作实现社会目的的工具,因而不能从根本上调动人们的积极性、主动性和创造性。后者在历史上对于使人摆脱封

---

① 毛建儒:《对西方"以人为本"思想的历史考察》,《理论探索》2008 年第 5 期。

建主义和宗教神学的压迫、束缚,解放人的个性,的确起到过相当的进步作用,但由于片面强调个人需要,以至于把个人与社会隔离开来,出现某种反社会性,使德育偏离社会方向。

　　从总体上看,改革开放以前,我国德育的价值观具有比较明显的"社会本位论"色彩,特别是在"文革"期间,德育曾一度成了阶级斗争的工具,使德育价值观出现严重扭曲,也严重影响了德育的形象和实效。改革开放之后,为了克服"社会本位论"的弊端,一些学者纷纷提出了坚持"以人为本"理念的主张。以人为本理念既不同于社会本位论,也不同于个体本位论的观点。"社会本位论"和"个体本位论"的局限性都在于割裂了人的目的意义与手段意义的内在联系。社会本位论者认为,人是手段,社会是目的,人是因为社会而存在的,片面强调社会要求,忽视个人需要,容易导致德育的意识形态化倾向。个体本位论者则认为,人是作为目的而存在的,人就是人自身,片面强调个人需要,容易导致德育的迎合化、中性化、边缘化等倾向,甚至会淡化、偏离德育的本质要求。与过去相比,以人为本理念不仅强调了人的手段意义和目的意义的高度统一,而且更重要的是彰显了人的目的意义,社会发展的根本目的是为了人的发展,"人既是推动社会进步的最终力量,也是社会发展的根本归宿,因此,人是目的与手段的高度统一体。"[①]

　　在新世纪新阶段,胡锦涛同志在 2003 年全国宣传思想工作会议上发表的重要讲话中,从思想政治工作角度明确提出了坚持以人为本的要求:"思想政治工作说到底是做人的工作,必须坚持以人为本。既要坚持教育人、引导人、鼓舞人、鞭策人,又要做到尊重人、理解人、关心人、帮助人。"这一思想同样适用于高校德育。德

----

　　①　袁本新、王丽荣等:《人本德育论》,人民出版社 2007 年版,第 257 页。

育坚持以人为本,首先要尊重人、理解人、关心人。所谓尊重人,就是要树立平等、民主的观念,尊重教育对象,平等地对待教育对象,采取民主的教育方法。所谓理解人,就是要善于换位思考,设身处地从教育对象的立场来认识问题、分析问题和解决问题,做教育对象的知心人。所谓关心人,就是心中始终装着教育对象,关注教育对象的思想和生活实际,关心他们的思想和生活状况。只有尊重人、理解人、关心人,才能拉近教育者与教育对象的感情距离,真正沟通思想,收到好的教育效果。同时,要尽力帮助人,就是要发展人、开发人,促进人的全面发展,这也是德育的根本目标。所谓发展人,就是通过德育教育促进人的素质和能力的全面发展,特别是实现教育对象思想政治道德素质的转化和提升。所谓开发人,主要是开发人的非智力资源尤其是人的精神动力,不断激发人的积极性、主动性、创造性,而非智力资源的开发又会促进智力资源的开发。党的十六届三中全会进一步提出以"以人为本"为核心的科学发展观。科学发展观作为中国特色社会主义建设的新的指导理论,同样也是高校德育创新与发展的理论指导。高校德育必须由过去忽视个人目标的社本德育向人本德育转型。

人本德育的实质就在于强调了人的手段意义和目的意义的高度统一、社会目标与个人目标的辩证统一。贯彻人本德育,就是在德育的目标、内容、方式、方法、管理、评价等各个环节都要贯彻以人为本的理念。同时,我们也必须强调,虽然德育的目标是社会目标与个人目标统一,但是我们必须正确把握二者之间的关系。正如上一章所说,个体目标是高校德育中具有个别性、特殊性、具体性的目标,它是社会目标的来源和实现基础。社会目标是高校德育中带有全局性、普遍性、根本性的目标,是比个体目标更高层次的目标,它对个体目标起着主导、支配作用,影响并引导着个体目标的发展方向。

人本德育理念,不仅促进高校德育主导性进一步"贴近学生",增强实效,而且进一步深化了高校德育主导性的目标指向。

2.人本德育的基本要求

(1)以学生为中心,为学生的学习和发展创造条件。学校所有从事教育工作的人都必须树立以学生为中心的理念,具有明确的育人意识。德育工作者要针对大学生的思想状况有的放矢地开展工作,关心和解决学生的思想问题、心理问题和生活困难;管理者应将学生视为高校教育改革的重要参与者,在决策过程中重视他们的意见,考虑他们的需要,保护他们的利益,为他们的学习和发展提供良好的条件;教师应根据学生思想发展的需要调整自己的教学观和学生观,树立平等意识,加强师生对话与合作,提供高水平的教学。总之,全体教职工应通力合作,形成适合人才健康成长的环境氛围。

(2)树立尊重、平等的观念,注重德育的人性化。现代教育技术的本性不再是管理、控制、约束,而是对人性的唤醒和对人性的尊重,使学生自发投入到自我教育、自我管理、自我服务中。要在认识上理解学生、信任学生、赏识学生;在情感上尊重学生、关心学生;在行动上鼓励学生、帮助学生,使教育方法富有人情味,通过教育者的情感、人格、威信等影响学生,更好地促进学生的健康成长。教育充满了爱、充满了情、充满了关怀,就容易使人得到满足和尊重,就会唤起情感的共鸣,调动人的积极性,收到真正的教育效果。

(3)促进学生的全面发展。马克思主义认为,人既是"个人的存在",同时又是"社会存在物",①所以,人的发展应当是社会化

---

① 《马克思恩格斯全集》第42卷,人民出版社1979年版,第119页。

发展与个性化发展的有机统一。德育的社会化目标,就是把教育对象培养成符合时代和社会发展所要求的人。德育的个性化目标,就是促进学生的个性和主体性的发展。所谓人的个性,是指属于人的特殊品质的思想、感情和意志、品格、思维方式、心理特点等等。人的主体性主要指人的自主性、能动性、创造性等,是人的个性的充分体现。人本德育强调人的全面发展,实质上是要尊重和关注学生的个性化、多样化发展,是对过去突出社会化发展目标而忽视个性化目标的反思。尊重和关注学生的个性化、多样化发展,要善于开发人的优势个性和素质,这是基于人的发展的不平衡原理得出的结论。由于每个人所处的家庭、社会生活条件和个体素质的差异,人与人之间的个性发展必然存在一定的差异。同样,人的思想政治道德的素质和要求也有差异,也各有优势,比如有的政治性强,有的道德修养好,有的思想境界高,等等。德育的一个重要目标就是要在进行全面和整体教育的基础上,善于发现、开发和发挥好人的优势个性和潜能,让每个人的合理的特别是优势的思想政治道德诉求都能得到尊重和发展。

二、主体性德育

1.主体性德育的基本内涵

主体性德育的理念是以人的主体性理论为哲学依据的。人的主体性是相对于过去的依赖性、被动性、模仿性而言的,它表现了在现代社会条件下教育对象鲜明的自主、自立、自我负责的独立意识和能动、创新精神。在主体性德育中,教育者和学生均是德育过程中的主体,其相互之间是"主体间性"关系。主体间性是作为人与人之间的相互作用、相互沟通、相互影响、相互交流中所体现出的内在属性,是不同主体后天交往的结果,是不同主体在互相交往过程中共同建构起来的。随着现代社会人的主体性的增强,德育必须由过去忽视教育对象主体性的单向灌输式德育向尊重教育对象主体性的双向互动式德育方式转型。

所谓主体性德育,就是充分发挥教育者和受教育者的主体性,特别是发掘受教育者的主体性,并使两者的主体性有机整合,从而使德育成为主体性的活动。[1] 主体性德育是相对于传统的灌输性德育而言的,是对传统德育之弊端的反思。教育对象与教育者一样都是具有主体性的人,这一特性决定了德育对象在接受教育时,不是完全被动的,而是具有主体性。但是,在过去灌输式模式中,教育对象处于被动的接受地位,其接受的主体性受到限制。而在现代高校德育中,随着对教育对象主体性的尊重和重视,使教育对象在接受教育过程中表现出一种能动接受的主体性,主要包括自觉性、选择性和主动性等。主体性德育理念的实质,就是要尊重教育对象的主体性,发挥教育对象的能动性,强调教育者与教育对象的互动性,从而保证和提高德育的实效性。

2. 主体性德育的基本要求

(1)教育者引导。

强调教育者引导,既体现了教育者的主导性,也体现了教育者的主体性。教育者的主体性,要求重视教育者对学生的积极启发、指引和疏导。教育者作为教育活动中的主导者,通过各种有效的方法,引导学生在德育活动中形成良好的心理接受状态,使学生与教育者产生基本一致的心理动机和需要,为共同完成德育任务打下坚实的基础。尤其是要通过激发学生求学的内因,让学生做到乐学、善学、优学,从而提高德育效果。

---

① 　郑永廷、张彦:《德育发展研究》,人民出版社 2006 年版,第 216 页。

（2）教育对象主动参与。

主体性德育强调要调动和发挥学生在德育过程中的积极性、主动性和创造性。从教育者角度讲，就是要引导学生积极参与德育过程，使德育的单向实施活动转变为教育者与教育对象双向互动的教育活动。从教育对象即学生角度讲，就是要主动地配合教育者实施教育计划，完成教育任务，主要表现为接受教育时的积极性、自愿性和求知欲。列宁说过："不愿意明白的人是不可能明白的。"①另外，也可以以自身所认可的方式对教育者施加的影响进行相应的改造，并反馈给教育者，从而对教育者产生影响，促进教育者改进教育内容和方法。

（3）教育者与教育对象平等共进。

在主体性德育中，教育者和教育对象都是主体，是一种"主体间性"关系。主体性德育过程，是教育者主体与教育对象主体之间平等交往、教学相长、品德共进的过程。教育者与教育对象在德育过程中的地位是平等的，要相互尊重、互相理解，特别是作为教育者要增强教育对象主体的意识，把教育对象视为实现教育目标的主体，充分尊重其主体地位，调动教育对象自我教育的积极性。当然，强调教育者与教育对象平等互进，并非让教育对象任意自发发展，而要大胆引导，促进学生思想政治品德的健康发展，确保德育目标的实现。

三、学习型德育

在党的十六大报告中，我们党明确地把"形成全民学习、终身学习的学习型社会"作为我国全面建设小康社会的目标之一。这

---

① 《列宁全集》第46卷，人民出版社1990年版，第185页。

一目标提出的主要理论依据就是学习型社会理论,也称学习化社会理论。

学习型社会的教育理念最早是由美国著名的永恒主义教育家罗伯特·哈钦斯于 1968 年出版的《学习型社会》一书中提出的。1972 年联合国教科文组织编著的、被誉为当代教育思想发展里程碑的著名报告《学会生存》中,也特别强调终身教育和学习型社会两个概念,把学习型社会作为未来社会形态的构想和追求目标,使"学习型社会"这个概念得以广泛传播。所谓学习型社会,就是以知识经济为基础,以人的全面发展为目标,有相应的机制和手段促进和保障全民学习和终身学习的社会。其基本特征包括学习和受教的平等性、教育的全社会性、学习的终身性、学习的主体性等。其核心内涵是全民学习、终身学习。学习型社会是时代发展和社会进步的产物,它对学习的要求比以往任何时候都更强烈、更持久、更全面,全社会的人只有不断地学习,才能应对新的挑战。学习型社会、终身教育的现代教育理念,从德育角度讲,就是学习型德育理念。学习型德育理念,促进了现代高校德育主导关系的转型和发展。

1. 学习型德育的理论主张

(1)学习者是学习型德育过程的主导者。在学习型社会,传统意义上的以教育者为主导的德育过程转变为以学习者为主导的学习型德育模式。学习者作为自己终生学习的主导者固然要首先接受一定的教育,掌握终身学习和学会学习的能力,树立正确的世界观、人生观、价值观、政治观,但从整个学习过程来看,因为学习是终身性的和以自学为主的,所以学习者不再是作为被动者来接受教育和进行学习,而成为自我学习和自我教育的主导者,教育必然是从学习者本人出发的。正如《学会生存》一书中所强调的:

"我们今天把重点放在教育与学习过程的'自学'原则上，而不是放在传统教育学的教学原则上。"①

（2）教育者成为学习型德育过程的促学者。肯定和强调学习者在学习过程中的主导者地位，并不否认教育者的主导作用，只不过随着向学习型社会的迈进，教育者的主导作用已不再具有传统教育中的权威地位，而定位在基础性的主导作用而不是整个教育过程或学习过程的主导作用，教育者的作用发挥越来越表现为一种促学作用，这种作用的发挥是以学习者为中心的。教育者要当"促进者"，是当代美国人本主义德育观代表罗杰斯的一个重要观点。罗杰斯认为，教师这个名称并没有反映出现代对这一职业的要求，也体现不出它本来的性质，他建议改为"促进者"，尤其道德教育更为必要，用以指示教人主要是引导、促进的意义，而不是把某些知识、规则赐给某人，喂给学生。②"促进者"的概念既是对传统灌输教育、权威主义教育中关于教育者地位的否定，也体现了对教育者主导作用的更高要求和教育者的责任。其实，马克思主义经典作家早就强调了教育者具有促进性的这一思想。马克思指出："如果你想感化别人，那你就必须是一个实际上能鼓舞和推动别人前进的人。"③

（3）促学者和学习者的角色成为一种相对角色。在学习型德育中，教育者和教育对象的主导关系实质上转变为促学者与学习

---

① 联合国教科文组织国际教育发展委员会编著:《学会生存——教育世界的今天和明天》，华东师范大学比较教育研究所译，教育科学出版社1996年版，第201页。

② 参见冯增俊:《当代西方学校道德教育》，广东教育出版社1993年版，第71页。

③ 《马克思恩格斯全集》第3卷，人民出版社2002年版，第364页。

者的主导关系。二者之间犹如内因与外因的辩证关系,作为内因的学习者主学在学习过程中居于主导地位,而作为外因的教育者促学则对学习者的学习过程具有一定的影响和制约作用。二者缺一不可,共同构成一个完整有效的学习过程。而且,在学习型德育过程中,促学者和学习者的角色正在成为一种相对角色,教育者与学习者互相影响、互相作用。每个学习者既是他自己学习的主导者,又是他人学习的促学者;而每个教育者既是他人学习的促学者,又是自己学习的主导者。也就是说每个人都具有了学习者和促学者双重角色,"使每一个人既成为一个老师又成为一个学生"①。

2. 学习型德育的基本要求

(1)尊重学习者。学习型德育的主体是学习者,因而,尊重学习者是学习型德育的出发点。尊重学习者,从德育过程来说,主要是强调要尊重学生。一是要树立民主、平等的观念,构建一种德育教育者与学生之间的平等互动关系;二是要遵循学生的年龄、心理特点和思想发展规律,根据学生实际来设计活动的内容或形式;三是要尊重学生的选择权,让学习者结合自身情况的特殊性进行自我选择,并让他们学会为自己的行为选择负责。四是要注重培养学生的个性及个人兴趣,以学生喜闻乐见的形式对其进行德育教育活动,充分调动学生学习的积极性、主动性和自觉性。

(2)自我教育。学习型德育的落脚点是自我教育。自我教育是人类自身发展的必要条件,也是大学生主体性人格完善的重要保证。我国教育家叶圣陶说过:"教育的目的是为了达到不教

---

① [美]珍妮特·沃斯、[新西兰]戈登·德莱顿:《学习的革命》,顾瑞荣等译,上海三联书店1998年版,第447页。

育"。马克思主义关于内因与外因的关系告诉我们，任何外在教化只有化为内在需要才能起作用。每个主体德行的发展，从根本上说都是主体积极自为的过程，是不断进行自我教育的结果，"使学生的德性从受教走向自教、从教化转成自化、从他律变成自律"。① 在学习型德育中，学生成了自己学习的主导者，必然对自我教育提出更高的要求。从学校角度讲，要为学生自励、自立、自主、自理、自律、自育、自治提供更多实践平台和发展条件。

（3）终身学习。学习型德育要求受教育者的学习时间应是持续不断的、终身性的，并且德育学习的地点也不能拘泥于课堂。仅靠课堂德育并不能满足高校大学生对德育的需要，学习型德育的目标是创立一种德育模式，让学生自己掌握德育学习的方法，并在以后的学习过程中，运用这种德育学习的方法来进行自我道德教育，这一过程应该持续受教育者的一生，活到老，学到老，做到终身学习。

四、开放性德育

1. 开放性德育的形成

开放性德育是相对于改革开放以前的封闭与半封闭的传统德育而言的，所谓开放德育，"是社会发展、环境变化在德育中的映射，是德育对社会发展、环境变化应对的举措，是人们在开放→适应→创作→发展的循环中开展德育活动的描述。"②

改革开放以前，由于我国意识形态领域比较单一，而且对非社

---

① 邱伟光：《坚持与时俱进地创新德育理论》，《思想理论教育》2002 年第7—8 期。

② 刘卓红、钟明华等：《开放德育论》，人民出版社 2008 年版，第 23 页。

会主义意识形态具有强烈的排斥性,所以德育领域是相对封闭和单一的,几乎没有受国外文化和意识形态的影响。封闭性的德育的好处在于有利于坚持社会主义的正确方向,弊端在于缺乏对其他国家德育有益经验的吸收和借鉴,在抵制国外不良文化的同时,也把他们好的东西拒之在门外,不利于德育的创新和发展。

当今世界是一个开放的世界,改革开放是我国新时期最鲜明的特点。在现代社会,随着经济全球化趋势的不断加强和国际间交流与合作的日益频繁,任何国家、任何文明都不能在封闭自守、与世隔绝的状态下生存和发展,都要与其他国家、其他文明进行交流与学习。当前,随着改革开放和经济全球化的深入发展,既给我国思想文化领域的发展带来新的挑战,同时更重要的是也带来发展机遇。在改革开放和经济全球化的客观背景下,挑战不可避免,关键是要抓住机遇,加快发展。同样,德育也要开放,在开放中实现创新与发展,在开放中学习借鉴他人有益经验,提高德育实效。

2. 开放性德育的基本要求

(1)向世界领域开放。

"开放德育必须确立开放的视野,从根本上改变传统德育封闭、单一的价值取向,把我国德育的改革和发展纳入世界改革和发展的潮流中去,吸收一切合理的、被实践证明是有效的、对我国学校德育改革和发展有益的东西。"①现代德育要面向世界,要有世界眼光和全球视野,不仅要善于吸收借鉴当代世界各国德育的有益经验和先进理念,而且应关注当代的全球性问题,加强全球性问题教育,培养具有全球化时代所需要的思想道德素质的人才。首

---

① 刘卓红、钟明华等:《开放德育论》,人民出版社 2008 年版,第 24 页。

先,要树立国际意识,向世界学习。邓小平同志早就提出教育要"面向现代化,面向世界,面向未来"的战略方针,江泽民同志多次强调要有"世界眼光",胡锦涛同志也强调要树立"全球视野",这为现代德育的发展指明了方向。现代德育必须打破过去那种带有封闭性、排他性的教育观念,克服意识形态差异的障碍,大胆走向国际大舞台,主动扩大同资本主义国家特别是同西方发达资本主义国家的德育交流,在相互比较和国际竞争中发展自己。当然,在意识形态问题上必须正确处理好为我性与排他性的关系。为我性不是自我封闭,而是在坚持社会主义意识形态主导地位的前提下吸收、借鉴别人的有益东西来发展自己。排他性也不是排斥、拒绝一切,而是排斥危害、攻击社会主义意识形态的立场、观点。其次,要增强全球化观念。随着经济全球化、世界一体化的发展,"地球村"正在形成,人类的生存环境越来越具有"公共"的性质,人类的相互依赖和共同利益也在增多。人口增长、粮食不足、资源短缺、能源危机、生态失衡、环境恶化、恐怖主义等是威胁整个人类的全球性问题,都需要全人类的共同努力和相互配合才能应付和解决。因此,站在全人类的高度来考虑问题,在行为规范和价值准则上达到某种共识,就显得十分重要。再次,要确立国际目标,也就是面向世界培养人才。当今世界范围经济竞争、科技竞争,实际上是人才的竞争。德育面向世界,必须培养人们适应国际社会发展的能力,面对来自国际范围的各种思想文化的影响,必须加强分析辨别能力、选择吸收能力、批判抵制能力的培养,防止和抵制国际化进程中的消极负面影响;面对竞争激烈的国际环境,要培养学生的竞争意识以及适应生存能力和自主发展能力;面对人类共同面临的全球问题,要培养学生参与国际竞争与合作的思想和与"地球村居民"和平共处、平等竞赛的心理包容性。

（2）向不同学科开放。

开放德育的构建要求各学科之间的开放。现代社会的一个显著特点是社会要素之间的高度分化和高度综合并存，学科之间也是如此，高校各个学科的教师都有育人职责。因此，高校德育不仅是高校德育教师和德育工作者的职责，其他各个学科教师都要站在教书育人和学科育人的高度积极开展德育教育。特别是哲学社会科学学科的教师更是如此。因为，高校哲学社会科学蕴藏着丰富的人文情怀、传统文化、民族精神等德育资源和独特的学科感染力，具有重要的德育功能。哲学社会科学中的绝大部分学科都具有鲜明的意识形态属性，中央 16 号文件曾明确指出：高等学校哲学社会科学课程负有思想政治教育的重要职责。学校要采取多种方式，为哲学社会科学专家讲授德育课创造条件。一是可以通过举办热点问题专家讲座、热点问题面对面等方式，拓展课堂教学，请哲学社会科学专家有针对性地、深入地回答学生关心的一些热点问题。二是可以吸收哲学社会科学专家直接参与讲授思想政治理论课。可由哲学社会科学专家教授组成思想政治理论课讲师团，积极参与思想政治理论课教学改革实践，直接讲授相关内容，由于哲学社会科学的教授都是所讲内容领域的专家，所以更能吸引学生，增强教育效果。德育向学科开放，"就要打破学科壁垒，克服自限一隅的弊端，既从各个学科中汲取丰富的营养，又把德育渗透到各学科的教学中，每一个教师都要担负起德育的职责，使学生在接受文化知识的同时感知为人处世的道理和社会的主流导向。"①

（3）向生活世界开放。

开放德育意味着向生活世界的回归。德育向生活开放，就是

---

① 刘卓红、钟明华等：《开放德育论》，人民出版社 2008 年版，第 24 页。

以生活为中心，强调德育要遵循理论性与生活化相统一的原则，是一种关注人的生活世界、提升人的生活质量、引导人确立良好生活方式的德育理念。传统的封闭型德育的一个明显弊端就是脱离了生活现实，这显然有违德育的内在本质特征。因为，无论是人的心性品质、道德情操，还是人的政治素养、价值取向，都离不开现实生活世界，一切教育都应该在生活中进行。正如杜威所说："教育即生活。"陶行知也说过："没有生活作中心的教育是死教育"。承担价值教育的德育更是不能离开生活，否则必定陷入抽象和空洞，影响德育的实效。党的十六大以来，党中央明确提出了思想政治教育要"贴近实际、贴近生活、贴近群众"的重要要求，从高校德育角度讲，就要关注学生生活，贴近学生生活，要以生活为载体，在生活中育人。尤其是当代社会生活具有现实性、多样性、层次性等特点，因而，这为高校德育发挥在学生生活领域的主导作用提出新的课题。

第三节　多元文化背景下高校德育主导性发展的理论借鉴

多元文化背景下高校德育主导性的核心问题是要解决好主导性与多样性相结合的问题。坚持统一性与多样性、主导性与多样性的辩证统一，不仅是马克思主义的一个基本原理，也是西方资产阶级思想家所不断追寻的社会目标。我国社会具有统一性和主导性的传统，在多样化社会条件下，坚持主导性与多样性的辩证统一就是要重视统一性基础上的多样性，发展主导性前提下的多样性，而美国具有多样化的社会传统，他们则在寻求多样性中的统一性，发展多样性中的主导性。其中，美国的政治社会化与政治文化理论、现代自由主义的正义原则和重叠公识理论、价值澄清理论对我国高校德育主导性的发展具有一定的借鉴意义。

一、美国政治社会化与政治文化理论

政治社会化是当代美国德育的一大特色。美国教育部国际研究学院院长曾说:"我们学校的任务就是教学生政治社会化技术,或者叫公民技术,中国叫德育或思想政治教育,我们叫公民教育,叫政治社会化。"①政治社会化,是自阶级社会产生以来的普遍现象,但政治社会化这一概念,却出现于第二次世界大战之后,而其专门性的研究则始于 20 世纪 50 年代末期,它最早由美国政治学家伊斯顿在 1958 年提出,由海曼在 1959 年出版的《政治社会化:政治行为心理的研究》一书中首次系统地加以论述。此后,政治社会化研究不断深入展开。何谓"政治社会化"? 美国学者阿尔蒙德的观点最有代表性,他认为:"政治社会化是政治文化形成、维持和改变的过程。每个政治体系都有某些执行社会化功能的结构,它们影响政治态度,灌输政治价值观念,把政治技能传授给公民和精英人物。"②"政治文化是一个民族在特定时期流行的一套政治态度、信仰和情感。"③

政治社会化理论的兴起,与美国当时的国际国内形势和政治思潮紧密相关。第二次世界大战以后,西方世界危机四起,资本主义制度内部矛盾加剧,在美国,反对侵略越南的战争、反对贫困和

---

① 转引自郑永廷:《美国学校的政治观及价值观》,《思想教育研究》1990 年第 5 期。
② [美]加布里埃尔·A. 阿尔蒙德、小 G. 宾厄姆·鲍威尔著:《比较政治学:体系、过程和政策》,曹沛霖等译,上海译文出版社 1987 年版,第 91 页。
③ 同上书,第 29 页。

反对种族歧视的斗争浪潮日益高涨,直接冲击了资本主义制度的稳定与发展。他们发现,社会的政治文化直接影响了青年的政治态度和政治行为,进而对于国家的政治生活产生了重大影响。在这里面,政治文化起着重要作用。由于政治文化的作用是以政治社会化为前提的,所以,他们深切感到对青年有意识地进行政治社会化的必要性。正是在这种情况下,他们开始重视政治社会化过程研究,强调"公民对国家的政治认同",实质上就是要用美国占统治地位的资产阶级思想体系即资产阶级意识形态去统一美国人民的思想,就是为了给资产阶级的思想政治道德教育提供各种依据,从而使资产阶级有效地实现社会控制,最终达到确保资本主义社会长治久安的目的。这其中所包含的德育主导性思想是显而易见的。也就是说,美国政治社会化和政治文化在本质上具有强烈的、鲜明的阶级性,它代表着资产阶级的利益。现代美国社会虽然在口头上极力宣扬"思想多元化",但事实上,重视政治社会化和政治文化的主导,是其思想政治道德教育的一贯主张,其意识形态和价值观念的出发点和理论依据:《独立宣言》(1776)、《美利坚合众国宪法》(1787)、《人权法案》(1791),这三个立国文件是神圣永恒的,不可侵犯的,也就是说其多元化是有主导性的多元化。

二、美国现代自由主义的正义原则与重叠共识理论

现代自由主义是 20 世纪以来的自由主义的统称。现代自由主义虽然仍以维护个人自由为核心,但其理论基础、政治主张,特别是对国家的态度与传统自由主义已迥然不同。"现代自由主义力求把个人自由与公共利益、个人自由与社会发展相统一,纠正以往过分强调个人主义的倾向;反对传统自由主义的'消极国家'、'警察国家'、'最好的政府是管理最少的政府'等原则,主张扩大

国家干预经济和社会生活的作用,倡导建设'积极的'福利性国家;主张扩大公民的权利范围,注重社会实际问题的解决。"①其中,以罗尔斯的政治自由主义理论为主要代表且影响最大。罗尔斯的政治自由主义思想主要体现在他的《正义论》和《政治自由主义》两部巨著之中。对本研究具有借鉴的方面主要有他的两个理论:

　　一个是他在《正义论》中提出的"正义原则"理论。罗尔斯所说的正义原则,指的是"一种指导社会基本结构设计的根本道德原则"②。他认为,社会制度的基础是正义,"正义是社会制度的首要价值"③。正义既是人们社会理想的组成部分,也是调节人们利益冲突的重要手段。人们在社会生活中,既有利益的同一性,也有利益的冲突和矛盾,这就需要靠正义原则来调节。他指出:"在目标互异的个人中间,一种共有的正义观建立起公民友谊的纽带,对正义的普遍欲望限制着对其它目标的追逐",于是正义观念"构成了一个组织良好的人类联合体的基本条件"④。正义在这里所发挥的"调节"、"限制"作用,实际上就是一种主导作用。通过正义原则的主导作用,调节人们利益的冲突,引导多样性目标的和谐发展,从而促进社会的统一与稳定。

　　另一个是他在《政治自由主义》中提出的"重叠共识"理论。

---

①　孙兰芝:《约翰·罗尔斯"政治自由主义"评介》,《国际政治研究》2003 年第 1 期。

②　俞可平主编:《西方政治学名著提要》,江西人民出版社 2001 年版,第 398 页。

③　[美]约翰·罗尔斯:《正义论》,何怀宏等译,中国社会科学出版社 1988 年版,第 1 页。

④　同上书,第 3 页。

这一理论主要基于现代民主社会三个普遍存在的事实：第一个是"理性多元论的事实"。他说："在现代民主社会里发现的合乎理性的完备性宗教学说、哲学学说和道德学说的多样性，不是一种可以很快消失的纯历史状态，它是民主社会公共文化的一个永久特征。"①第二个是"压迫性事实"。他说："只有靠压迫性地使用国家权利，人们对某一种完备性宗教学说、哲学学说和道德学说的持续共享性理解才得以维持下去。如果我们把政治社会当作以认肯同一完备性学说而达到统一的共同体，那么，对于政治共同体来说，压迫性地使用国家权利就是必需的。"②"第三个普遍事实是，一个未被分化成持有相互竞争之学说观点的和敌对的社会阶层的政体，必须至少得到该社会在政治上持积极态度的公民的实质性多数支持。"③罗尔斯认为，鉴于三个普遍事实必定在一定程度上和一定范围内得到人们的认可，而在现代民主社会里人们所接受和认可的学说又各不相同甚至相互对立，为了确保持不同或对立之学说的公民，不因其所持学说或观点的不同而出现与国家民主政体的意志的冲突，就要在事关支配公民社会立场的基本学说之间寻求相互间重叠的共识面。这就是"重叠共识"。罗尔斯认为，这种"重叠共识"是现代民主社会确保其统一性和稳定性的基本前提。他说："在此共识中，各合乎理性的学说都从各自的观点出发共同认可这一政治观念。社会的统一建立在对该政治观念的共识基础上；而只有在达成共识的各种学说得到政治上积极行动的

---

① ［美］约翰·罗尔斯：《政治自由主义》，万俊人译，译林出版社 2000 年版，第 37 页。
② 同上书，第 38 页。
③ 同上书，第 39 页。

社会公民的确认,而正义要求与公民的根本利益——他们的社会安排培育并鼓励他们追求这些根本利益——又没有太大冲突的时候,稳定才有可能。"①这样,就使他的理论由道德层面发展到政治层面。总之,尽管罗尔斯构建的政治自由主义理论体系在西方学界见仁见智,但他关于在多元价值取向中寻求"共识",其实质是在多样化社会中寻求统一性、主导性的思想,是值得予以借鉴的。

三、美国德育理论的价值澄清理论

价值澄清理论是 20 世纪 60 年代在美国兴起的一种德育理论,它用澄清问题的方法来询问学生,帮助学生检视他们的价值观念,目的是解决多元文化背景下学生价值冲突及价值混乱问题,帮助学生形成明确的价值观。价值澄清理论是 20 世纪美国最有影响的道德教育理论之一,其主要代表人物是拉思斯(L. Raths)、哈明(M. Harmin)和西蒙(S. Simon),在他们合著的《价值与教学》(Values and Teaching)一书中第一次较为系统地论述了价值澄清理论和方法。在当时美国多元化的社会现实的背景下,价值澄清理论在吸收了人本主义心理学、存在主义哲学和杜威的经验主义价值论等前人思想的基础上,突破了传统道德教育方法的桎梏,形成了一套具有强烈人本性和实践性的新颖的理论体系。价值澄清理论旨在当人的价值混乱时促进同一价值观的形成,并在这一过程中有效地发展学生的思考和理解人类价值的能力;它主张价值观的形成不能通过灌输,而只能通过澄清的方法,通过自由选择、赞扬与评价的实践过程来增进富有理智的价值选择。

---

① ［美］约翰·罗尔斯:《政治自由主义》,万俊人译,译林出版社 2000 年版,第 141—142 页。

价值澄清的过程可分为"三阶段七步骤"，"第一阶段是选择。包括三个步骤：一是自由选择，即在不受任何外力的控制和影响下，由学生完全自由地进行价值选择。二是从多种可能中选择，即向学生开放多种可能的选择，以利于学生发现自己珍视的事物。三是对一种可能选择的后果进行分析后作出选择。第二阶段是珍视。包括两个步骤：一是珍爱，即珍惜自己的选择，为自己的理性选择自豪。二是确认，以充分的理由再次肯定选择，并乐意公开与别人分享。第三阶段是行动。主要包括两个步骤：一是根据选择行动，即鼓励学生把信奉的价值观付诸行动、指导行动，使行动反映出所选择的价值取向。二是重复，鼓励学生坚定地重复这种行动，使之成为某种生活方式或行为习惯。"①

一般来说，任何社会的价值体系都有普遍价值、核心价值、兼容价值等层次，其中核心价值是在社会价值体系中处于主导、支配地位的价值观念，是整合和引领非核心价值的价值。坚持德育主导性，就要以一定社会的核心价值为价值导向。但是，在多元文化背景下，我国大学生除了从社会主义核心价值体系中寻找价值支撑，各种社会思潮中的价值理念也对他们的价值取向产生了深刻影响，这势必会使他们出现价值冲突、价值变迁、价值混乱等思想问题。因而，在多元文化的背景下，借鉴价值澄清的理论和方法，关键是要引领大学生进行正确选择，帮助大学生纠正其对世界和人生的错误或极端认识，使他们在世界观、人生观、价值观形成时期坚持正确发展方向。

---

① 张彦：《价值澄清理论对我国高校思想政治教育的借鉴意义》，《金华职业技术学院学报》2009 年第 4 期。

第六章 多元文化背景下坚持高校德育主导性的基本原则和时代要求

马克思主义认为,社会存在决定社会意识。在多元文化背景下,高校德育主导性必然会产生一些不同于过去的新特点、新要求。因而,在多元文化背景下坚持高校德育主导性,必须要认识和把握高校德育主导性发展过程中的基本矛盾和坚持高校德育主导性的基本原则和时代要求。其核心是要解决好主导性与多样性相结合的问题。

第一节 多元文化背景下高校德育主导性的基本矛盾

辩证唯物主义认为,事物的基本矛盾,是事物存在和发展的基础。要想了解事物的发展特点,就要把握事物的基本矛盾。同样,要想正确把握多元文化背景下坚持高校德育主导性的基本原则和时代特征,必须首先分析和认识多元文化背景下高校德育主导性发展过程中的基本矛盾。

一、多元文化背景下高校德育主导性基本矛盾的确立依据

1. 多元文化背景下高校德育主导性基本矛盾确立的哲学依据

从哲学的意义上说,事物的基本矛盾的确立必须满足三个条

件：一是它贯穿于事物发展过程的始终；二是它规定和制约着事物发展的基本性质；三是它规定和制约着事物发展过程的其他矛盾。同样，我们也必须依据这三个基本条件来审视高校德育主导性的矛盾系统。

在过去单一的计划经济体制下，我国社会生活的主导方向单一明确，意识形态领域具有一元化倾向，也基本上没有国外各种学派、思潮、生活方式的影响和冲击，所以，德育的主导性实际是统领性，而被主导的多样性则处在被忽视甚至被否定的状态，主导性与多样性的矛盾不甚明显。在多元文化背景下，德育主导性受到不同文化、各种思潮、多元价值取向的影响，不可避免地对坚持高校德育主导性带来一定冲击和挑战，产生许多新的矛盾，主要包括主导性与多样性的矛盾、主导性与多元性的矛盾、主导性与主体性的矛盾、主导性与层次性的矛盾、主导性与时代性的矛盾、主导性与干扰性的矛盾，等等。其中，主导性与多样性的矛盾是多元文化背景下高校德育主导性的基本矛盾。这是因为：

第一，它贯穿于现代德育主导性发展过程的始终。毛泽东同志在《矛盾论》中讲，"事物发展过程的根本矛盾及为此根本矛盾所规定的过程的本质，非到过程完结之日，是不会消灭的"①。主导性与多样性的矛盾不仅是多元文化背景下高校德育主导性形成的起点和基本依据，而且贯穿高校德育主导性发展过程的始终。一方面，任何德育都是始于主导性的，没有主导性，德育便失去了存在的意义。而且，在多元文化背景下，随着主导性与多样性的矛盾的凸显，更需要强化德育的主导性，坚持明确的主导方向。另一方面，思想文化领域的多元化发展，打破了德育主导性"一统天

---

① 《毛泽东选集》第 1 卷，人民出版社 1991 年版，第 314 页。

下"的格局,要求并推动了德育多样性的发展。只有正确处理主导性与多样性的矛盾,积极面对和解决文化多元化发展给德育带来的新问题,才能更好地发挥德育的主导作用。漠视多样性的存在,必然使高校德育主导性成为脱离实际的空洞形式,而达不到应有的主导效果。

第二,它规定着高校德育主导性的本质。在传统的高校德育中,由于德育主导性处于统领地位,德育主导性与多样性的矛盾不突出,所以,使德育主导性的本质具有鲜明的单一性、排他性的特点。这种特点对于巩固和坚持社会主义意识形态在意识形态领域的主导地位,无疑发挥了积极、重要的作用。但是,从长远意义上看,它又忽视和限制了学生个体的多样性、全面性发展,不能从根本上调动学生的积极性、主动性和创造性,因而这种外在的主导性很难与学生内在的主体诉求相契合,最终成为一种形式。这也是传统德育主导性模式在多元文化背景下难以奏效的根本原因。在多元文化背景下,主导性与多样性矛盾的凸显和发展,为高校德育主导性的发展提供了依据。在坚持意识形态性要求为主导的前提下,重视非意识形态性要求;在坚持社会主义意识形态主导地位的前提下,积极吸收和借鉴其他意识形态中的先进性、合理性因素,必然成为坚持高校德育主导性的新特点、新要求,从而使德育主导性的本质体现了主导性与多样性相结合的特点。

第三,它规定和制约着高校德育主导性发展过程的其他具体矛盾。基本矛盾是其他具体矛盾产生的根源。德育主导性发展过程中的其他具体矛盾,如社会主义意识形态的主导性与资本主义国家的干扰性、价值导向的一元性与价值取向的多样性、意识形态领域的一元性与多元性、网络领域的主导性和不可控制性、教育者的主导性与教育对象的选择性、教育要求的先进性与广泛性的矛盾等,都是由主导性与多样性的矛盾所决定和派生的。这一矛盾从总体上规定和制约着其他具体矛盾的存在和发展趋势,其他具体矛盾的解决又都服务于并体现了这一基本矛盾的解决。

2. 多元文化背景下高校德育主导性基本矛盾确立的现实依据

根据马克思主义关于社会存在与社会意识辩证关系的原理,高校主导性德育形态的确立,也是我国思想文化领域特别是意识形态领域多元化趋势形成和发展的必然要求。

在我国实行改革开放以前,我国社会从总体上处于一种封闭与半封闭的状态,基本上没有国外各种学派、思潮、生活方式的影响和冲击,社会主义意识形态对各种非社会主义意识形态具有排斥性,意识形态领域具有鲜明的一元化特点。实施对外开放政策之后,彻底改变了我国社会封闭与半封闭的状态。在开放环境中,不仅人们的思想空前活跃,而且国外的各种理论、思潮、生活方式也蜂拥而至,特别是西方有关民主、自由、个性解放等方面的文化思潮影响较大。意识形态领域封闭、一元的状况已不复存在,而出现了一元主导与多元并存的发展局面。一方面,社会主义意识形态是我国占主导地位的意识形态;另一方面,资本主义意识形态的涌入,封建主义意识形态的遗留,还有在某些地区宗教有神论的存在和影响等,都在一定程度上影响了社会主义意识形态主导作用的发挥。

意识形态教育是高校德育的本质内容和中心部分,所以,意识形态领域的新变化必然对高校德育产生深刻影响。

第一,意识形态领域多元化更加彰显了坚持高校德育主导性的迫切性和重要性。意识形态领域的多元化使各种文化、思想相互交织、激荡,人们的思想更加复杂多样,选择的领域越来越广。

再加上在过去较长时期内我国经济、文化相对落后,因而在不少人的意识深处积淀下了"外国月亮比中国圆"的思维定式,从而使一些人热衷于对外来东西争相模仿,对外来新鲜事物盲目接受,甚至有一些学者对西方文化持"仰视"态度,而缺乏客观、全面的分析。由于主导性是对多样性的主导,所以越是多样化就越需要强化和提升主导性。这就使坚持高校德育主导性显得空前重要,充分体现了高校德育主导性的现代价值。

第二,意识形态领域多元化促进了高校德育内容主导性与多样性的结合。意识形态领域一元性与多元性的关系,反映在高校德育领域就是要坚持社会主义意识形态的一元导向与多元渗透的辩证统一。坚持一元导向,就是要始终坚持马克思主义在高校意识形态领域的指导地位,指导思想绝不能搞多元化。江泽民同志强调指出:"必须坚持和加强马克思主义在意识形态领域的指导地位。在指导思想上绝不能搞多元化。"①。否则,高校德育主导性的性质就会发生改变。所谓多元渗透,主要表现在两个方面:一方面,要尊重、保护、提炼、引导非主流意识形态中那些具有历史积淀意义的内容,鼓励支持"一切有利于解放和发展社会主义社会生产力的思想道德,一切有利于国家统一、民族团结、社会进步的思想道德,一切有利于追求真善美、抵制假恶丑、弘扬正气的思想道德,一切有利于履行公民权利与义务、用诚实劳动争取美好生活的思想道德"②。另一方面,要吸收和借鉴西方国家意识形态中的积极的、普适性的思想文化成果。在多种不同意识形态的相互碰

---

① 《江泽民文选》第 2 卷,人民出版社 2006 年版,第 564 页。
② 《中共中央关于加强社会主义精神文明建设若干重要问题的决议》,《人民日报》1996 年 10 月 14 日。

撞、激荡过程中,那些共性的、普遍性的思想、文化必然积淀而成一种新的内容,成为主导意识形态的补充内容,从而丰富和发展主导意识形态体系。意识形态领域的一元导向与多元渗透相结合,反映到高校德育内容之中就是坚持主导性与多样性相结合。这是高校主导性德育的必然选择。

二、高校德育主导性与多样性的辩证关系

高校德育主导性与多样性的辩证关系,是马克思主义关于世界统一性与多样性辩证统一原理在德育领域的具体运用。统一性与多样性是事物存在的基本样态,即基本关系,它回答了事物如何统一,又何以会有千差万别形态的问题。统一性与多样性的关系,实际上是"一与多"关系。任何事物都是一和多的统一。

"一与多"关系问题,是一个既古老又常新的哲学命题。在认识史上,古代希腊的哲学家就已经在思考一和多的问题。古希腊哲学家提出来的万物本原问题,是多样性事物的统一性问题,也是一和多的关系问题。古希腊哲学的大部分人都把本原理解为多中之一,试图把一和多统一起来。亚里士多德从语言和逻辑两个方面对一和多做了专门研究。他认为,一的含义可以有多种,有的由于属性而为一,有的由于本性而为一,有的在计量单位上为一。无论哪种含义,一都被理解为不可分性。而与一相对,具有可分性质的就是多。他认为,一和多属于本体的存在形态和相互关系的范畴,本体就是一和多的统一。我国古代哲学中也不乏对一和多范畴的探讨。如,我国春秋时期哲学家老子说:"道生一,一生二,二生三,三生万物",万物就是多。魏晋时期哲学家王弼在进行本体论的探讨时,也对一和多范畴做了考察。他认为,万有的背后有一个本原,就是无。它是现象界的统一的根据,所以是一。事物的

存在形态是多种多样的,所以是多。但多不能自治,必须有一个主宰,他说:"众之所以得咸存者,主必致一也。"①所以,一和多的关系就是"主宰与万物"的关系。同时,"万物万形,其归一也。何由致一? 由于无也。由无乃一,一可谓无。"②所以,一与多的关系又是无与万有的关系。隋唐时期佛教华严宗在探索理事关系时,对一多范畴进行了详细的考察,认为理就是精神本体,事是心产生的幻觉世界,即现象世界。现象界的每一事物都是由个别因素合和而成的。所以,华严宗认为,"无有不一之多",也"无有不多之一"③。这样,就把一和多的关系理解为"一性和差别性"的关系。近代哲学继承了古代的思维方式,从众多现象中去寻求统一的本体。特别是黑格尔总结了哲学史上的思想成果,对一和多关系的论述,达到了近代哲学史上的最高水平。他把一和多的关系理解为理念的否定性的自身关系,从而实现了一和多的内在统一。他不但达到了多样性的统一,还达到了对立面的统一。在他看来,必然从异中去理解同,从同中去理解异,把异和同看成是"互相规定"的关系。

在现代社会,我国一些学者以马克思主义的辩证唯物主义为指导,对一与多的关系进行了深入探讨。比如,在高清海教授主编的《马克思主义哲学基础》一书中,对一与多的关系进行了较为系统的研究。该书认为,一和多在性质上是相反的。从其本性来看,所谓一,就是指事物的不可分性;所谓多,就是指事物的可分性。所谓一性,也就是事物的自身统一性,或者叫做自性;而所谓多性,

---

① 王弼:《周易略例·明象》。
② 王弼:《老子》四十二章注。
③ 法藏:《华严经探玄记》。

则是各个有别的一之间的差异性。一和多的统一关系构成同和异的关系。所谓同，也就是许多相异对象中的共性、统一性或不可分性，即多中之一。而异则是具有统一性的各个不同对象之中的差异性和可分性，即一中之多。虽然一和多在性质上是相反的，但是，一和多并不是互相独立的两种存在，而是对象所具有的两种相互依赖、相互包含、相互规定的性质，二者是在统一中存在的。一包含着多，并以多为自己存在的前提；反过来说，多也包含着一，多必须以一为自己存在的前提和条件。在认识中，只有通过一才能认识多，也只有通过多才能认识一。如果割裂了二者的内在联系，把一理解为排除多的纯粹的一，或者把多理解为排除了一的纯粹的多，都必然导致对一和多的片面认识。①

一和多的辩证统一原理为我们认识高校德育主导性与多样性的辩证关系提供了哲学基础。高校德育主导性与多样性的关系，从哲学意义上讲，实际上就是一与多、统一性与多样性的关系。高校德育主导性反映了德育的一致性、统一性要求，表现为"一"，而高校德育多样性则反映了德育目标、内容、方法等方面所显示的差异性、层次性，因而表现为"多"。正如一与多、统一性与多样性的辩证统一关系一样，高校德育主导性与多样性也是相互联系、相互作用、相互制约、不可分割的辩证统一关系。主导性源于多样性，又高于多样性，指导、选择多样性，制约多样性发展的方向；多样性则以主导性为前提，并丰富主导性，服务主导性，推动主导性发挥主导作用。多样性不能离开主导性的指导和制约，否则，多样性就会迷失方向，陷于无序发展的混乱状态，其结果不仅冲击主导性发

---

① 参见高清海主编：《马克思主义哲学基础》上册，人民出版社1986年版，第218—225页。

挥主导作用,也必然影响多样性的健康发展。主导性也不能脱离多样性,脱离多样性或限制多样性发展,主导性就会显得孤立、单一,成为不起作用的形式、教条。不起作用的主导性在多元文化背景下,一般不会抑制多样性的发展,而只会给多样性的无序发展提供条件,而无序发展的多样性在一定时候会产生出另一种不正确的主导性,最终导致主导性更易、变质。

　　坚持德育主导性与多样性的辩证统一,是一切国家高校德育的普遍现象和要求。历史表明,任何国家在开放和正常发展的社会条件下,都坚持了德育主导性与多样性的辩证统一。从我国来看,改革开放以前,在封闭与半封闭的社会环境下,人们的思想道德相对比较单一,而且由于过分强调意识形态领域的阶级斗争,根本不允许思想道德的多样性发展,所以,高校德育突出主导性而忽视了多样性。改革开放以来,随着我国社会的多样化发展和世界范围开放程度的日益扩大,思想文化领域日益呈现出多元化的趋势,思想道德的多样化发展已不可避免,因而,坚持德育主导性与多样性的辩证统一显得越来越加重要,这成为多元文化背景下高校德育主导性的显著特点。

第二节　多元文化背景下坚持高校
德育主导性的基本原则

　　坚持主导性,是高校德育的本质要求。而主导性是相对于多样性而言的,是与多样性辩证统一的。主导性是对多样性的主导,没有多样性就无所谓主导性。在过去封闭与半封闭的社会环境和单一的计划经济体制下,我国的意识形态领域具有一元化的倾向,所以高校德育片面强调学生思想道德的统一性和主导性,根本不允许思想道德的多样性发展,如此一来,主导性实际上被单一性所替代。改革开放以来,随着我国社会多样化、文化多元化趋势,学生的思想道德日益呈现出多样性、个性化发展特点,高校德育主导性与多样性的矛盾日益凸显出来,这就对高校德育提出主导性与多样性相统一的要求,坚持主导性与多样性相结合便成为坚持高校德育主导性的基本原则。

一、坚持高校德育主导性与多样性相结合的基本要求

坚持主导性与多样性相结合,避免主导性与多样性相脱离,是多元文化背景下坚持高校德育主导性的客观要求。其基本要求包括两个方面:

1. 要坚持主导性前提下的多样性

主导性是前提,是根本。它规定着高校德育的性质和发展方向。所以,在主导性的问题上,要有鲜明性、坚定性、一贯性。否则,高校德育的方向、性质就会发生偏差、错误甚至变质。同时,要坚持主导性的发展性,不能墨守成规、停滞不前,保守、过时的主导性不仅无力主导日益发展的多样性,而且还会给多样性的无序发展提供条件。但是过分强调主导性而排斥多样性,主导性就会变得单调、抽象,就会出现孤立化、理论化倾向,使主导性成为形式而不起作用。所以,在坚持主导性的前提下,也要发展多样性。发展多样性,是为了更好地贯彻主导性的灵活性、针对性,丰富和充实主导性。当然,这种多样性,只能是与主导性的要求相辅相成的多样性,而任何否定主导性的多样性,不仅在我国而且在任何国家、社会都是被视为"异端"而不允许其发展的。

2. 要坚持多样性发展中的主导性

多样性是现代社会发展的主要特征之一。多样性的社会存在

必然决定意识形态领域的多元性,决定高校德育选择的多样性。但是,我们不能忘记,多样性的选择更需要主导性的主导,在涉及高校德育的方向性、思想性、价值性方面,必须遵循和体现高校德育主导性的要求。否则,就会发生两种偏向:一种是以多样性冲击、淹没主导性的偏向,例如"中性化"、"边缘化"、"市场化"等倾向。另一种是以多样性否定主导性的偏向。这种现象是用多样性更易主导性,对社会主义思想主导采取怀疑甚至否定态度,而主张或以儒家思想,或以西方资产阶级思想,或以宗教思想等,来取代社会主义思想的主导地位。比如,在我国改革开放初期,国内曾经出现过一股资产阶级自由化思潮,崇拜资本主义国家的"民主"、"自由",否定中国共产党的领导,否定社会主义,在高校德育中的表现就是以多样性冲淡主导性,最终酿成1989年春夏之交的政治风波乃至动乱,其教训是非常深刻的。近几年来,又有一些人极力宣扬"普世价值",甚至把它奉为"核心价值",其实质是淡化核心价值的意识形态性和社会主义核心价值体系的主导地位,必须引起我们高度警惕。这两种偏向都是高校德育必须要警惕和防范的。

总之,坚持主导性与多样性相结合,是多元文化背景下坚持高校德育主导性的一个基本原则。在当今时代,我们只能在坚持主导性的指导下发展多样性,在发展多样性的过程中坚持主导性。我们既要吸取过去时代只讲主导性,排斥多样性的教训,也要警惕一些人只讲多样性,淡化主导性的倾向。

二、高校德育主导性与多样性相脱离的表现及原因

1.高校德育主导性与多样性相脱离的主要表现

主导性与多样性的辩证统一关系告诉我们,坚持主导性不能

离开多样性，同样，发展多样性也不能脱离主导性。但是，在改革开放以前，由于我国社会相对具有封闭性、统一性、斗争性的特点，所以，我国高校德育基本上是一种只讲主导性而忽视和排斥多样性的单一性形态。这不仅限制了多样性的发展，而且从长远看，由于失去了多样性的基础和多样性的配合，也束缚了主导性的发展。改革开放以后，随着经济和社会的转型以及多元文化背景的形成，人们开始重视高校德育主导性与多样性相结合，使高校德育逐渐由过去的单一性形态向主导性与多样性相结合的主导性形态转型。但是，我们也必须看到，在现实中还仍然不同程度地存在着一些将高校德育主导性与多样性二者相割裂的不良倾向，从而表现为在第一章曾提到的德育假象。这种不良倾向主要表现为两种情形：

一种是多样性脱离主导性的情形。主要表现为将高校德育"中性化"、"边缘化"、"市场化"、"迎合化"等倾向。这几种不良倾向都导致对高校德育主导性的淡化，实际是缺乏主导性甚至不要高校德育的主导。

另一种是主导性脱离多样性的情形。主要表现为将高校德育"孤立化"、"理论化"等倾向。这两种倾向最终都导致高校德育主导性的形式化，或使高校德育成为一种"形式主导"而不起作用，实际上也最终丧失了主导性。

2. 造成我国高校德育主导性与多样性相脱离现象的原因

之所以造成我国高校德育主导性与多样性相脱离的现象，有客观的原因，也有主观的原因。从客观方面讲，这是由社会发展状况所决定的。比如，在改革开放以前的社会主义建设中，我国实行的是单一的计划经济体制，强调意识形态领域一元化，所以高校德育强调主导性而忽视了、实际上也不允许多样性的发展。在改革开放时代,面临多样化的社会、多元的文化背景和多样性的思想道德要求,高校德育的重点转向如何适应多样化社会的要求,所以在有些方面、有些时候又难免出现因强调多样性而忽视提升和发展主导性的现象。

从主观方面讲,是由于在认识方法上受过去"非此即彼"的简单二分法的思维模式的影响,而导致在强调主导性时忽视或排斥多样性,重视多样性时又忘记坚持和发展主导性的现象。之所以有人陷于多样性,是因为他们只看重利益性、眼前性、自发性而忽视了道德性、长远性、自觉性;之所以有人陷于主导性,则在于只看重理论性、统一性、先进性而忽视了实践性、多样性、层次性。主导性德育强调主导性与多样性的辩证统一,所以,必须克服"非此即彼"的思维方式,转而用马克思主义对立统一、联系发展的观点来认识和对待主导性与多样性的关系,才能促进高校德育主导性与多样性的辩证发展。过去曾出现的高校德育与业务、实际相脱离的现象也是这种思维方法导致的结果,对高校德育主导性与多样性的辩证发展产生一定影响。

三、坚持高校德育主导性与多样性相结合原则的主要表现

1. 坚持统一性与层次性相统一的德育目标

高校德育目标的基本层次是社会目标和个体目标。高校德育的社会目标,是指高校德育在促进社会全面发展与进步方面所要达到的思想道德目标,它反映了高校德育与社会发展之间的关系。高校德育的个体目标,是针对具体的、个别的教育对象而确立的目标,是指高校德育要提高学生个体的思想政治道德素质,促进学生个体的全面发展。高校德育的社会目标与个体目标是两个不同层次的目标。二者相互联结、互为补充、相互促进。个体目标是高校

德育中具有个别性、特殊性、具体性的目标，它是社会目标的来源和实现基础。社会目标是高校德育中带有全局性、普遍性、根本性的目标，是比个体目标更高层次的目标，它对个体目标起着主导、支配作用，影响并引导着个体目标的发展方向。

就高校德育的个体目标而言，又包括社会化目标和个性化目标，是社会化目标和个性化目标的统一。高校德育的社会化目标，就是把大学生培养成符合时代和社会发展所要求的人。社会化目标体现了个体发展目标的普遍性、共同性。高校德育的个性化目标，就是促进大学生思想道德的个性化发展。个性化目标体现了个体发展目标的特殊性和差异性。而且，由于当代大学生思想道德方面又实际存在先进、中间、后进三个层次的表现和要求，所以使大学生的个性化目标呈现出层次性。个体发展的社会化目标和个性化目标互为条件、互相促进。个性化目标是社会化目标的基础，个性化目标的实现促进社会化目标的发展；社会化目标是个性化目标的实现条件，并引导个性化目标的形成和发展，在全面发展过程中起着主导作用。

根据上述分析，高校德育目标的统一性主要体现在社会目标和社会化目标方面，而目标的层次性主要体现在个性化目标方面。在传统的单一性德育中，高校德育的目标特点表现为过分强调目标的统一性而忽视目标的层次性和个性化发展要求。这种目标特点是与计划经济体制的要求相适应的，因而在客观上曾经发挥过积极作用，并收到了一定的主导效果。但是，由于对多样性和层次性的忽视，结果出现脱离现实、超越阶段的倾向，成了只对少数人有效而对大多数人来说成为可望而不可即的形式和教条，没有真正起到主导作用。而且，把人才培养成了统一模式，抑制了学生个性的发展和创造性的发挥。与单一性德育不同，主导性德育则强调目标的统一性与层次性相结合。在多元文化背景下,无论从社会主义市场经济发展还是从人的全面发展的要求来讲,都对德育目标提出统一性与层次性相结合的要求。首先,这是我国社会主义市场经济的主体性和多样性结合发展的客观要求。这种新的经济体制反映在思想领域就是社会不同利益群体、不同经济主体,在思想道德方面呈现出层次性发展特点,主要表现为先进、中间、后进三个层次。这种思想道德的层次性同样反映在当代大学生身上。这就需要增强目标的层次性和针对性,也就是要求德育目标既要面向先进层次,又要重视对其他各个层次的主导。其次,是人的全面发展的客观要求。在现代社会,人的全面发展是"建设社会主义新社会的本质要求"和全面建设小康社会的重要目标。人的全面发展包括社会目标和个体目标两个基本层次,社会目标和个体目标也还有具体的层次。这也客观上对德育目标提出层次性要求。总之,德育目标只有坚持层次性,才能有利于实现对大学生各个不同层面、不同层次、不同个体的主导,也才能增强目标的主导性。

2. 坚持主导性与多样性相统一的德育内容

传统的单一性德育具有强调主导性而忽视和排斥多样性的特点,所以在教育内容上也往往只强调主导性内容而忽视多样性内容。高校主导性德育强调主导性与多样性的辩证统一,所以在其教育内容方面也要求坚持主导性内容与多样性内容的有机结合,即既要坚持主导性内容的主导地位,又应不断发展多样性的内容,以丰富和充实主导性内容。

教育内容的主导性,就是说教育内容要体现高校德育的本质和方向。而在教育内容体系中,体现高校德育的本质和方向,能起主导作用的方面,则被称为高校德育的主导内容。坚持教育内容的主导性,必须以加强主导性内容建设为前提和基础。党的十六届六中全会明确提出了"建设社会主义核心价值体系",这标志着我们党对社会思想道德文化建设规律的认识达到了一个新的水平,深刻阐明了我们德育工作的基本内容和前进方向。在高校德育中,要把马克思主义中国化的最新成果引入学校教育之中,把社会主义核心价值体系教育作为高校德育的主导性内容。具体说,高校德育的主导性内容建设主要包括以下内容:

第一,要坚持和维护社会主义意识形态在意识形态领域的主导地位。这是我国社会主义高校德育的本质要求。在实行开放政策以后,我国意识形态领域日益复杂化和多元化,除了占主导地位的社会主义意识形态以外,还有资本主义意识形态的影响和封建主义意识形态的残余以及宗教主义的干扰等。特别是在经济全球化进程中,资本主义影响增强,资本主义意识形态对我国的渗透性日益强化的情况下,坚持社会主义意识形态的主导地位显得尤为重要。社会主义思想道德是社会主义意识形态的核心内容,只有旗帜鲜明地坚持社会主义意识形态的主导地位,才能确保高校德育内容体系的社会主义性质和方向。

第二,要把马克思列宁主义、毛泽东思想和中国特色社会主义理论体系作为高校德育的中心内容。中国共产党从诞生之日起,就把马克思列宁主义确立为自己的指导思想。这也是我国传统高校德育的主要内容。毛泽东思想把马克思列宁主义与中国实际相结合,创造性地继承和发展了马克思主义,是马克思列宁主义在中国的运用和发展。中国特色社会主义理论体系是包括邓小平理论、"三个代表"重要思想以及科学发展观等重大战略思想在内的新的科学理论体系,这一理论体系把马克思列宁主义与当代中国实际和时代特征相结合,作出了一系列新的理论概括,是对马克思列宁主义、毛泽东思想的继承和发展。马克思列宁主义、毛泽东思想和中国特色社会主义理论体系之间既是一脉相承的，又是与时俱进的，他们是统一的科学思想体系，是我们党的指导思想的一个整体。由此也决定了这个整体成为我国高校德育的中心内容。

第三，要把爱国主义、集体主义和社会主义教育作为高校德育的主旋律。高校德育的内容包括政治观、人生观、价值观、道德观、法制观教育等。这些内容在多元文化背景下日益呈现出多样性发展趋势，而且不断向心理素质教育、人文精神教育、环境教育等领域延伸。多样性的内容无疑丰富和充实了高校德育的内容，但任何事物的发展都有主要矛盾和次要矛盾。在高校德育的诸多内容中也应当有重点，这个重点就是爱国主义、集体主义和社会主义教育。这是高校德育内容中的主旋律。只有坚持这个主旋律，特别是加强社会主义、共产主义理想信念教育，才能坚持高校德育的社会主义方向，体现高校德育的社会主义性质。高校德育必须坚持主旋律与多样性教育内容的辩证统一。主旋律是多样性的灵魂，多样性是主旋律发展的源泉和动力。既不能把主旋律教育与其他教育并列对待，更不能以其他教育冲击、替代主旋律教育。

高校德育内容的多样性，就是说教育内容不是单一的、固定不变的，而是要体现高校德育的针对性、灵活性和发展性。在高校德育内容体系中，那些同主导性教育内容具有一定程度的相容性、协调性，并能丰富和发展主导性内容，体现高校德育的针对性、灵活性和发展性的方面，被称为高校德育的多样性内容。高校德育的多样性内容建设主要包括以下内容：

第一，内容的多样性。也就是说，要在坚持主导性内容为主导的前提下，不断吸收和借鉴人类历史上与主导性内容相协调、相适应的其他必要的辅助教育内容。主要包括我国优秀传统文化、党的优良传统和作风、西方国家的优秀文化成果、现代科学文化新成果、全球问题等教育内容。

第二,内容的针对性。也就是要"因材施教"、"对症下药"。在现代社会,大学生的发展日益个性化,他们不仅存在着个性差异,而且还区分为不同的专业、不同的层次等,因而对思想道德的需求必然表现为差异性、层次性。因此,高校德育的内容既要有统一性,又要有多样性和针对性。只有针对学生的个性差异、不同层次和不同思想特点,选择不同的教育内容,才能取得理想的教育效果。

第三,内容的发展性。高校德育的内容不是一成不变的,需要根据社会发展和人的思想发展的要求不断地变化、调整和更新。只有这样,才能增强教育内容的时代感和生命力。多样性内容是主导性内容形成和发展的源泉和动力。因此,不仅主导性内容本身需要发展,多样性内容也需要发展。多样性内容的发展,是为了丰富和充实主导性内容。除了传统的德育内容之外,根据党的十七大报告的有关精神和要求,注重人文关怀和心理疏导、用正确方式处理人际关系等已经成为现代社会德育的新要求。

3. 坚持先进性与广泛性相统一的德育要求

在传统高校德育中,与强调教育目标的统一性和内容的主导性相一致,在教育要求上表现为强调先进性而忽略了层次性、广泛性。而高校主导性德育则强调先进性与广泛性相统一。

要求一词,在《现代汉语词典》中解释为"所提出的具体愿望或条件"。高校德育要求,就是在思想、政治、道德等方面对大学生所提出的具体愿望或条件。所谓教育要求的先进性,就是教育要求的进步性、榜样示范性。教育要求的先进性,是针对学生中的先进层次、先进人物、先进表现所提出的教育要求。先进性要求代表了高校德育的主导要求,这不仅是高校德育的本质和价值之所在,而且会教育和引导越来越多的学生认可并自觉坚持社会的主导价值取向。教育要求的广泛性,就是教育要求的一般性、普遍性。它是根据多数学生的思想道德基础、表现、需要所提出的应当达到而且容易达到的要求。教育要求的广泛性反映了高校德育的多样性要求、层次性要求。也就是说,对一般学生,一定要从实际出发,区分层次,有的放矢,鼓励先进,照顾多数,把先进性与广泛性结合起来,导向性与现实性结合起来。先进性要求对他们来说,应侧重提倡、引导,不可硬性地提出过高的标准和要求。实践已反复证明,脱离对象实际的要求是无效的,不分层次的标准是无力的。

　　高校德育要求的先进性与广泛性的关系,实际上是矛盾的普遍性与特殊性原理在高校德育领域的具体运用。先进性体现了矛盾的特殊性,广泛性体现了矛盾的普遍性。依据矛盾的普遍性与特殊性的辩证统一关系原理,应从三个方面把握教育先进性与广泛性的辩证关系:其一,先进性与广泛性是有区别的。在教育要求上,不能把二者等同起来,搞"千篇一律"、"一刀切"。其二,二者是互为条件的。先进性以广泛性为基础和存在的前提,没有广泛性就没有先进性。广泛性以先进性为指引,没有先进性引导,广泛性就会失去方向甚至改变性质。其三,先进性与广泛性在一定条件下可以相互转化。在高校德育中,我们必须坚持先进性要求与广泛性要求的辩证统一,不能把二者割裂开来,对立起来。只讲先进性,而忽视广泛性,不仅会使高校德育脱离实际,出现形式主义倾向,使先进性要求因失去广泛基础而落空,而且会使先进集体和个人脱离广大学生,影响其先进作用的发挥。相反,只强调广泛性而忽视先进性,不仅会挫伤先进集体和个人的积极性,出现不求上进的倾向,而且广泛性的标准和水平也会因缺乏先进性的导引而下降。

坚持教育要求的先进性与广泛性相结合,就是要明确教育要求的层次性。早在1986年党的十二届六中全会通过的《中共中央关于社会主义精神文明建设指导方针的决议》中就明确指出:"在道德建设上,一定要从实际出发,鼓励先进,照顾多数,把先进性的要求同广泛性的要求结合起来,这样才能连接和引导不同觉悟的人们一起向上,形成凝聚亿万人民的强大的精神力量。"这是针对我们过去长期存在过的要求过高、过急,不分层次,不看对象,不加区别,搞"一刀切"等弊端提出来的思想道德建设必须坚持的正确原则,也是高校德育必须坚持的正确原则。2001年,中共中央印发的《公民道德建设实施纲要》进一步明确指出:"坚持把先进性要求与广泛性要求结合起来。要从实际出发,区分层次,着眼多数,鼓励先进,循序渐进。积极鼓励一切有利于国家统一、民族团结、经济发展、社会进步的思想道德,大力倡导共产党员和各级干部带头实践社会主义、共产主义道德,引导人们在遵守基本道德规范的基础上,不断追求更高层次的道德目标。"这是党在多元文化背景下,对社会主义思想道德建设的层次性的高度概括。这里使用的"遵守"、"实践"、"鼓励"、"倡导"等概念实际上把思想道德的要求具体区分为三个基本层次:

第一,基本要求。它是对现阶段我国社会全体公民及至全体国民的要求,是全体国民应当遵守并能达到的思想道德要求。2001年中共中央印发的《公民道德建设实施纲要》中明确指出:"爱祖国、爱人民、爱劳动、爱科学、爱社会主义作为公民道德建设的基本要求,是每个公民都应当承担的法律义务和道德责任。"并明确提出了"爱国守法、明礼诚信、团结友善、勤俭自强、敬业奉献"的基本道德规范。在新世纪新阶段,胡锦涛同志又提出了以"八荣八耻"为核心内容的社会主义荣辱观。

第二,主体要求。这是社会主义初级阶段全社会应当坚持和鼓励的思想道德要求。一方面,我国现在已经是社会主义社会,所以思想道德建设必须要体现社会主义的方向和性质,也就是要坚持社会主义思想道德,坚持以爱国主义、集体主义、社会主义思想教育为主旋律。另一方面,我国目前尚处在社会主义初级阶段,社会主义思想道德也处于发展的初级阶段,所以对一般群众来说,思想道德要求应体现出广泛性,要鼓励和支持一切有利于国家统一、民族团结、经济发展、社会进步的思想道德。这是社会主义思想道德要求的延伸和补充。鼓励和支持它的存在和发展,能够团结更多的人,能够更广泛地调动人们的积极性,也能为社会主义思想道德提供更广泛的社会基础,有利于社会主义思想道德的坚持和发展。因而,它与社会主义思想道德共同构成了现代高校德育的主体要求部分。

第三,最高要求。即共产主义思想道德。它代表着社会主义思想道德的未来发展方向,是对广大党员、干部和社会中一切要求进步的先进分子的要求,是思想道德要求的最高层次。共产主义思想道德虽然对全社会还不具有普遍性,还不能广泛实行,但应当大力提倡。共产主义思想道德的核心内容和基本道德规范是集体主义和全心全意为人民服务。全心全意为人民服务是我们党的宗旨,因此,广大党员、干部和一切要求进步的先进分子都应当用共产主义思想道德要求自己,在社会主义思想道德建设中发挥先锋作用,成为带动和激励多数人朝着这一要求共同奋进的榜样力量。

以上关于社会主义思想道德建设的层次性要求,同样适用于高校德育。在高校德育的要求上,不仅要坚持先进性与广泛性的统一,还要善于把握超越性。所谓教育要求的超越性,就是指教育要求必须高于现有基础和水平。不管是针对哪一个层次,教育所坚持的要求必须超前于这个层次思想道德的现有基础,只有如此才能起到主导作用。德育要求的目的在于超越现有基础,实现思想道德水平的提升,使落后变先进,先进更先进。当然,教育要求的超前性不是无限度的,而只能适度超前,超前太多必然导致脱离实际,流于形式。

第三节　多元文化背景下坚持高校德育主导性的时代要求

高校德育主导性的本质规定在于其意识形态属性。改革开放以前,我国社会相对封闭、单一,意识形态领域具有鲜明的一元化特点,因而高校德育的意识形态性表现为一种"排他性的意识形态性"。随着改革开放和社会多样化、思想文化领域多元化趋势的发展,高校德育的意识形态性日益表现为一种"兼容性的意识形态性"。也就是既要坚持社会主义意识形态的主导地位,又要尊重、包容非意识形态性要求和吸收、借鉴其他意识形态中的合理性、普适性内容。这为我们坚持高校德育主导性提出了新的要求。

一、坚持发展社会性功能基础上的阶级性功能

德育的阶级性功能,是指它明确地属于哪个阶级,为哪个阶级的根本利益服务,其作用在于维护一个特定社会的统治阶级的统治。它是阶级社会和阶级斗争的产物。所谓德育的社会性功能,是指它的传递性、工具性、手段性等非阶级性的、普遍性的功能,它可以为社会中所有人的发展和一切社会的发展服务,其作用是维

系一个社会共同体的存在和发展。德育的社会性功能反映了人类社会发展的普遍要求。在阶级社会和存在阶级斗争的社会条件下,德育的功能始终具有阶级性和社会性两重性质。其中,德育的阶级性功能始终居于主导地位。这是因为,"社会系统中的每一个群体、阶层、阶级往往各有其不同的政治、法律和伦理道德思想观念,而统治阶级凭借自己的统治地位向人们传播和灌输的始终是本阶级——在政治上、经济上占主导地位的那个阶级的思想(主要是政治法律和伦理道德观念)。惟有使社会承认该阶级政治法律和伦理道德观念的主导地位,才能巩固与之相适应的经济基础和政治上层建筑。"[①]所以,德育的主导性功能在于它的阶级性功能。这不仅反映了德育主导性的本质,也是德育产生、发展并成为统治阶级维护其政治、经济统治之重要工具的根本原因。

在党的传统德育中,由于革命和政治斗争的需要,强调高校德育阶级性功能的主导地位,社会性功能一直处于被支配的地位。在我国社会主义改造完成以后,毛泽东同志曾明确提出,正确处理人民内部矛盾已成为社会主义国家政治生活的主题。这一判断是完全符合当时中国实际情况的,它也表明德育的社会性功能越来越重要。但是,由于后来出现"左"的错误指导思想,甚至提出"以阶级斗争为纲"的基本路线,因而高校德育的社会性功能不仅没有被重视,反而使其阶级性功能强化,并被视为高校德育的唯一功能。党的十一届三中全会以后,我们党实现了工作重心转移,突出了经济建设为中心,重新确立了正确处理人民内部矛盾是国家政治生活的主题。这就决定了德育必须从过去以抓阶级斗争、处理阶级矛盾为主,转向主要做好人民群众的德育,处理好大量的人民

---

① 陈秉公:《思想政治教育学原理》,辽宁人民出版社2001年版,第72页。

内部矛盾,为经济建设保驾护航。在这种情况下,高校德育主导性功能的内涵和要求发生了新的变化,除了阶级性功能以外,更多地表现为以人民性、经济性、建设性为主要内容的社会性功能,是阶级性功能与社会性功能的有机统一。当然,我们也必须清醒地认识到,虽然高校德育的社会性功能越来越受到重视,但决不能因此否认或淡化高校德育的阶级性功能。随着我国改革开放的不断深入和全球化趋势的日益发展,各种思想和文化相互激荡,给大学生的思想道德价值取向带来多样性、选择性、冲突性,因而更需要坚持高校德育的阶级性功能,坚持社会主义意识形态的主导地位,对大学生的思想道德选择给予正确引导。而且,高校德育的阶级性功能对智育、体育、美育以及心理健康教育亦具有主导作用,即对有利于接受社会主义意识形态的价值取向和心理给予激励和提升,对不利于接受社会主义意识形态的价值取向和心理进行引导和促其转化。

二、坚持重视个性化目标基础上的社会化目标

高校德育的目标包括社会化目标和个性化目标两个基本层次,是社会化目标和个性化目标的统一。高校德育的社会化目标,就是促进大学生思想品德的社会化,把大学生培养成为符合一定社会的思想政治道德要求的人才。它体现了高校德育目标的普遍性、共同性。而且,高校德育的社会化目标,并不是让学生认同每一个社会或社会中所有的思想政治道德内容,而是有着明确的主导方向。任何社会既有真善美的一面,也有假恶丑的一面。染上恶习不是我们想要的社会化,与主流意识形态唱反调更不是我们想要的社会化。所以,高校德育的社会化目标必须有一个正确方向,要使大学生按照社会所要求的思想政治方向发展,成为符合社

会需要的人才。高校德育的个性化目标,就是要满足学生对思想
道德的个性化追求与期待,促进学生思想道德的个性化发展。个
性化目标体现了高校德育目标的特殊性、差异性。社会化目标和
个性化目标互为条件、互相促进。个性化目标是社会化目标的基
础,个性化目标的实现促进社会化目标的发展;社会化目标是个
化目标的实现条件,并引导个性化目标的形成和发展,在学生全面
发展过程中起着主导作用。

在传统高校德育中,高校德育的目标特点表现为过分强调社
会化目标而忽视了个性化目标。这种目标特点是与计划经济体制
的要求相适应的,因而在客观上曾经发挥过积极作用,并收到了一
定的主导效果。但是,由于对学生的多样性、差异性、层次性的忽
视,结果出现脱离现实、超越阶段的倾向,成了只对少数学生有效
而对大多数学生来说是可望而不可即的形式和教条,没有真正起
到主导作用。而且,把人才培养成了统一模式,抑制了学生个性的
发展和创造性的发挥。在现代社会条件下和多元文化影响下,人
的主体性明显增强,大学生对德育目标的选择性、个性化要求日益
强烈,高校德育的个性化目标凸显出来。因而,对坚持高校德育主
导性提出重视个性化目标基础上的社会化目标要求。而且,促进
人的全面发展是中国特色社会主义建设的本质要求,正如江泽民
同志所指出的:“我们建设有中国特色社会主义的各项事业,我们
进行的一切工作,既要着眼于人民现实的物质文化生活需要,同时
又要着眼于促进人民素质的提高,也就是要努力促进人的全面发
展。这是马克思主义关于建设社会主义新社会的本质要求。”①促
进人的全面发展既然是中国特色社会主义建设的本质要求,也必

---

① 《江泽民文选》第 3 卷,人民出版社 2006 年版,第 294 页。

然是现代德育目标的本质要求。人的全面发展的目标同样包括社会化目标和个性化目标两个方面,强调人的全面发展,无疑是对个性化目标的重视与尊重。

三、坚持吸纳非意识形态性内容基础上的意识形态性内容

我国学者一般认为,意识形态是社会意识的重要组成部分,是系统化、理论化了的阶级意识,其本质特性在于阶级性。在阶级社会和存在阶级斗争的社会条件下,由于意识形态的本质在于它的阶级性,因而,不同的阶级有不同的意识形态,没有阶级性的意识形态是不存在的。正如列宁所指出的:"在为阶级矛盾所分裂的社会中,任何时候也不可能有非阶级的或超阶级的思想体系。"①正是从这种意义上讲,人们也把意识形态性叫做阶级性,把非意识形态性叫做非阶级性或社会性。在意识形态诸形式中,由于政治最能直接体现统治阶级的利益和要求,所以政治是核心,是主导,而其他形式只有与政治或统治阶级的要求相联系(相一致或相冲突),才会具有意识形态性,否则就属于非意识形态性质。所以,虽然意识形态的本质特性在于阶级性,但意识形态的内容并不只包括阶级性或意识形态性因素,而是既有意识形态性因素又有非意识形态性因素。其中,意识形态性因素始终是主导的方面,它代表和规定着该意识形态的性质和方向,非意识形态因素则处于辅助地位并配合意识形态性因素而发挥作用。

由于意识形态内容具有意识形态性和非意识形态性两重因素,所以作为以进行意识形态教育为主要任务的高校德育,在教育内容上必然相应地具有意识形态性内容和非意识形态性内容两个

---

① 《列宁选集》第 1 卷,人民出版社 1995 年版,第 326 页。

方面,它既以意识形态中的意识形态性因素为主导内容,又包括意识形态中对全社会乃至一切社会具有普遍意义的非意识形态性因素为辅助内容。改革开放以前,"越大越好"、"越公越好"、"越纯越好"的思想曾一度在社会主义建设中居于支配地位,反映在高校德育领域,就是过分强调德育内容的意识形态性而忽视、贬低非意识形态性内容的教育。在社会多样化和多元文化背景下,随着主导性与多样性矛盾的凸显,要求高校德育必须坚持意识形态性内容与非意识形态性内容相结合。同时,要辩证地对待主导意识形态与其他意识形态的关系,善于吸收和借鉴资本主义意识形态等其他意识形态中具有合理性、普遍性的内容,不断发展主导意识形态内容的新质,促进主导意识形态内容的丰富和发展。不仅如此,随着社会的发展,意识形态的内容也发生了新的变化,其中最重要的变化是意识形态的主导要素——"政治思想"已由过去的革命的政治思想转变为现在的建设的或经济的政治思想。

四、坚持包容多样价值取向基础上的一元价值导向

价值导向的一元性,"是指在社会理想、思想道德、观念体系、行为准则等意识形态领域,全社会只允许一种思想理论体系作为它的指导思想和主导理论,不允许有其他的思想理论体系同它争夺意识形态领域的领导权。"①价值导向一元性,一般是指政治价值导向的一元性。任何国家高校德育的政治价值导向只能是一元的。一元性代表着事物的本质和事物发展的根本方向。一元性丧失必然导致思想领域的混乱,甚至变质。同时,在高校德育中坚持

---

① 罗国杰:《马克思主义思想政治教育理论基础》,高等教育出版社 2002 年版,第 262 页。

政治价值导向的一元性，并不排除学生在思想道德价值取向上具有一定的选择性、差异性。这是由学生个体思想道德需要和思想道德发展的多样性、差异性、层次性所决定的。只讲政治价值导向的一元性，不讲个体思想道德价值取向的多样性，就会使主导性脱离个体的多样性思想实际，也势必影响政治价值导向发挥主导作用。但价值取向多样性并不是"无限发展"、"没有是非标准"、"没有主导"的多样性，更不是与主导性相冲突的多样性，而是以主导性为前提，与主导性相适应、相协调的多样性。思想道德价值取向可以是多样的，但政治价值取向必须是一元的，要与政治价值导向相一致。

在"文革"时期，一切以政治画线，政治价值导向一元性成为政治唯一，结果使高校德育脱离了学生思想道德实际，最终使政治主导成为不受欢迎的形式。在多元文化背景下，随着大学生思想道德和价值取向的多样性发展，正确认识价值导向一元性与价值取向多样性的辩证关系，坚持包容多样价值取向基础上的一元价值导向，就成为坚持高校德育主导性的必然要求。首先，必须强调价值导向的一元性，即强调社会主义核心价值体系在高校德育中的主导地位。要引导学生树立以爱国主义、集体主义、社会主义为核心的价值观，正确处理国家、集体、个人三者之间的利益关系。其次，要在坚持价值导向一元性的前提下，尊重和包容学生价值取向的多样性。要正确认识由于社会多样化所造成的大学生在理想、信仰以及世界观、人生观和价值观上的差异，承认价值取向多样性的现实存在，从实际出发，根据学生思想道德实际能够达到的层次，提出相应要求，并引导他们不断向更高层次提升和发展。

第七章　多元文化背景下高校德育主导性的发展

高校德育主导性是随着社会条件的变化而不断变化发展的，经济全球化、文化多元化的趋势，给高校德育主导性的发展既带来严峻挑战，也提供了一次新的机遇，高校应充分利用多元文化发展的新条件，从德育的功能、目标、内容、方法、领域等方面不断推动高校德育主导性获得新的发展。

第一节　高校德育主导功能的发展

高校德育的主导功能，即高校德育在大学生成长成才过程中所发挥的主导作用。我国高校德育发挥主导功能的实质，是坚持和巩固马克思主义在高校意识形态领域的指导地位。改革开放以前，我国社会主义高校德育的主导功能是在意识形态领域具有一元化、斗争性和对立性的背景下的主导，所以主导方向比较单一，主导功能也比较容易发挥。但是，改革开放以来，我国意识形态领域日益呈现出多元化、互渗性和借鉴性的特点，所以主导方向容易受到多样性的干扰和冲击，这不仅凸显出发挥高校德育主导功能的重要性，而且对高校德育的主导功能提出新的发展要求。

一、高校德育的主导功能

1. 理想信念的科学主导

每个人都有自己所追求的理想和信念，但从性质上看，理想有崇高与卑劣之分，信念也有科学与非科学之别。而当代大学生作为新生的一代，是在中国社会转型期成长起来的，由于社会转型所出现的一些负面社会现象，他们在确立自己的理想信念时很容易受到这些负面现象的影响，这时德育就应发挥其功能，帮助学生树立科学的理想信念。因为理想信念一旦确立，就会对学生的认识活动和实践活动有明确的指向性或导向性。学生总是根据自己的理想信念所遵循的价值观准则来分析问题、评价事物的，他们对于符合自己理想信念的事物和思想行为都会给予肯定性的评价和选择，而对于有悖于自己理想信念的则会采取否定的态度。因此，确立科学的理想信念是极其重要的。高校德育对大学生理想信念的主导，主要就是为了帮助他们树立科学的理想信念，进而通过自己的不断努力，实现自己的理想目标。

2. 智能发展的方向主导

高校德育对大学生智能发展的方向主导主要体现在以下三个方面：

首先，保证正确的政治方向。毛泽东同志曾经说过："学问再多，方向不对，等于无用"。① 可见，任何学问的获得都是以一定方向为前提的，方向正确，学问多才有意义；相反，方向是错误的，学问再多不仅不会有任何意义甚至可能会用错地方，进而会给社会和他人造成危害。这里所说的方向就是指政治方向、政治立场，也就是看你的学问为谁所用、为谁服务。在智能发展方面坚持正确

---

① 《毛主席论教育革命》，人民出版社 1967 年版，第 13 页。

的政治方向,就是毛泽东同志所讲的"又红又专"。而就目前而言,大学生如何做到又红又专呢?这就要求他们在努力学习各种科学文化知识的同时,把这些知识和自己的才智用来为祖国和人民服务,为中国特色社会主义服务,为全面建设小康社会服务。只有这样,才算真正的坚持了又红又专的发展方向。而要保证大学生智能发展的正确政治方向,就一定要对其加强德育的教育,充分发挥好德育对大学生的主导作用。

其次,提供正确的价值观导向。现代科技发展日新月异,而从其发展来看,它既可以促进社会的繁荣与发展,为人类造福,同时也可能变为危害人类的工具。因而,对于科学技术的学习和运用必须有一个正确的价值观来指导,只有这样才能使其沿着对社会和人民有利的方向发展。我国宋代的司马光对德才为恶为善的关系有过这样的论述:"才者,德之资也;德者,才之帅也","是故才德全尽谓之'君子'才胜德谓之'小人'。凡取人之术,苟不得圣人、君子而与之,与其得小人,不若得愚人。何则?君子挟才以为善,小人挟才以为恶。挟才以为善者,善无不至矣;挟才以为恶者,恶亦无不至矣。愚者虽欲为不善,智不能周,力不能胜,譬如乳狗搏人,人得而制之。小人智足以遂其奸,勇足以决其暴,是虎而翼者也,其为害岂不多哉!"[①]从上述论述中,我们不难看出,一个人的品德对其智能的为恶为善有着重要的导向作用。因此,我们高校只有加强德育教育,引导大学生树立集体主义的价值观和为人民为国家服务的思想,才能使其在发挥自己知识和才智时更好地服务人民,奉献社会。

最后,提供持续的精神动力。持续的精神动力来自于坚定的

---

① 司马光:《资治通鉴》第 1 册,中华书局 1956 年版,第 14—15 页。

理想信念，而理想信念特别是正确理想信念的形成，与德育是密不可分的。精神动力总是与正确的政治方向和价值观结合在一起发挥作用的，正如邓小平同志所说："学生把坚定正确的政治方向放在第一位，这不仅不排斥学习科学文化，相反，政治觉悟越是高，为革命学习科学文化就应该越加自觉，越加刻苦。"①高校学生正是处于理想信念以及价值观的形成与发展时期，因此高校德育必须引导他们树立正确的政治方向以及科学的价值观。因为对于一个具有坚定正确的政治方向和树立了正确价值观的人来说，精神动力越大，就越有利于他的智能的发挥，越能为社会做出更大的贡献。当然，我们也应看到，如果一个人的价值观或政治立场是错误的，那么，精神动力越大，对社会和人民的危害可能就越大。

3. 行为取向的价值主导

人的行为是受思想支配的，思想是行为的先导。行为只有在正确思想的支配下才有可能是正确的。而学生正确思想的形成大部分都是德育教育的结果。随着社会多样化的发展，学生的行为取向也日益多样化。然而由于其身心尤其是心理尚未真正成熟，他们的一些行为取向难免会出现错误甚至是违法的。这就有必要通过德育的开展对其加以扭转，将其引导到正确的轨道上来。合理的、正确的行为取向才是有意义的、有价值的，也才是我们加以提倡的。相反，错误的甚至是违法的行为取向不仅没有任何价值反而会使学生误入歧途。只有取向正确、有价值，他们的行为才有可能正确，最终整个行为活动为之付出的努力也才会更有意义、更有价值。因此，高校德育应加强对学生行为取向的引导，使他们在正确的有价值的取向的指引下开展自己的行为。

----

① 《邓小平文选》第2卷，人民出版社1994年版，第104页。

4.心理问题的理性主导

在现代社会条件下,由于生活节奏的加快,竞争压力的增大等,很容易引发大学生的一些心理问题的产生。比如说由竞争所引起的浮躁心理、由紧张所引发的恐惧心理、由差距所产生的自卑心理等。如果对这些心理问题不及时加以引导和排解,就会导致一些人的心理失衡,问题严重者有可能导致悲剧的发生。例如,发生在 2004 年的"马加爵案",这起恶性事件的发生曾一度引起人们的反思,其原因固然是多方面的,但其中一个重要原因就在于理性心理的缺乏。人的心理过程是一个由低层向高层,由感性心理向理性心理发展的一个过程。在这一过程中,由于感性心理具有一定的自发性和片面性,因而它需要理性心理的指导,只有这样才不会导致一些在感性心理的指引下的过激行为的产生。在这种情况下,就急需加强高校德育对大学生心理问题的理性指导。这种指导不仅表现在把学生一些感性层面的心理引导到理性层面上来,更表现在对那些有利于社会主流意识形态发展的心理给予鼓励,对不利于社会主流意识形态发展的心理进行引导,从而使其自觉转化。只有这样,才能保证大学生健康心理的形成和发展。

二、高校德育主导功能的特点

1.导向性

导向,即引导的方向。高校德育的导向性,主要表现在引导政治方向上,也就是把学生的思想和行为引导到符合高校育人目标的要求上来。在多元文化的影响下,一些学生由于世界观、人生观、价值观尚在形成与发展中,所以会在取向上出现迷惘进而造成选择困难。这就需要高校德育充分发挥其功能的导向性,帮助学生选择发展的有利时机和有利因素,排除发展中的风险和干扰,进而减少发展的曲折性。正如鲁洁、王逢贤教授在其主编的《德育新论》中从德育目标的角度所明确指出的：要"倡导有导向的德育，防止无导向的德育的蔓延"。① 与此同时，由于德育具有鲜明的阶级性，而具体到我国高校德育中就是必须充分体现社会主义的发展方向，为实现党的基本路线、方针和政策服务。因此，高校德育就应该利用德育功能的导向性这一特征，对学生加强社会主义、共产主义的理想信念教育，让他们成为坚定的社会主义建设者和接班人。德育对学生的导向功能可以从多方面表现出来。在导向内容上，包括政治思想、伦理道德、心理行为等方面；在导向性质上，大都是向积极、高尚、正确的方面引导，向有利于学生形成良好道德行为习惯的方面引导。而对不良的内容要因势利导，及时调控。

2. 引领性

引领是指事物的某一方面引导、带领其他方面朝一定的方向发展。引领只存在一种可能，那就是先进的引导落后的，文明的引导野蛮的，而不是相反。它强调的是引导者自身的先进性，即用先进一方面带领其他方面朝一定的方向发展，与此同时引领也不是强制性的，它是通过被引领者的内心接受、认同、支持来实现的。而高校德育功能的引领性则是通过倡导主流思想价值观念以及意识形态等，引领学生自觉远离那些错误的、非主流的思想观念。在当代中国，高校德育就是要坚持马克思主义的指导地位，坚持社会主义的意识形态性。高校大学生由于世界观、价值观等尚处于形成与发展时期，具有很强的可塑性与不稳定性，他们自己很难辨别真伪，因此，必须大力加强德育功能的引领性。而当代中国大众文

---

① 鲁洁、王逢贤主编：《德育新论》，江苏教育出版社2000年版，第171页。

化是一个传统与现代共生、外来文化与本土文化交错的系统。其内部蕴含着精华也充斥着糟粕。作为植根于市场经济的现代商业性文化,其蕴含着市场意识、开放意识、民主意识、法制意识等现代文化意识,但同时拜金主义、极端利己主义、享乐主义等消极的文化价值观念也充斥其中;作为传承民族文化的载体,传承着以爱国主义为核心的民族精神,但封建迷信、蒙昧主义、伪科学等也伴随出现;作为与世界文化交流的平台,成为吸收世界优秀文化的重要途径。但也成为西方发达国家对我国进行文化渗透和文化殖民的重要手段。对于大众文化附含的各种"糟粕",高校德育功能必须加强其对学生的引领性,这样不但会使学生树立科学的世界观、人生观、价值观,同时也能使他们成为我国主流文化以及主流意识形态坚定而自觉的维护者。

3. 育人性

德育的对象是人,它主要是为了提高人的思想道德以及文化修养等,而高校德育的开展同样也是为了教育和培养适合社会发展的人才,其主导功能与育人目标是一致的。爱因斯坦曾经说过:"用专业知识教育人是不够的。通过专业教育,他可以成为一种有用的机器,但是不能成为一个和谐发展的人。要使学生对价值有所理解并产生热烈的感情,那是最基本的。他必须获得对美和道德上的善有鲜明的辨别力。否则,他——连同他的专业知识——就更像一只受过很好训练的狗,而不象一个和谐发展的人。"[①]从这个意义上讲,高校德育必须发挥其育人性特征,积极贯彻"育人为本,德育为先"的方针,通过发挥其主导功能,使学生的

---

① 《爱因斯坦文集》第3卷,许良英、赵中立、张宣三编译,商务印书馆1979年版,第310页。

思想道德素质等得到良好的发展、全面的发展。

三、高校德育主导功能的发展

高校德育具有意识形态性和非意识形态性两重功能。改革开放以前,我国思想文化领域比较单一,强调社会主义意识形态的统领地位,因而高校德育的主导功能突出意识形态性功能,而忽视了非意识形态性功能。在多元文化背景下,我国高校德育主导功能实现了由片面强调意识形态功能向意识形态性与非意识形态性功能相统一的发展。

德育的本质规定在于其意识形态性,因此,长期以来高校德育往往比较注重意识形态功能,在这一功能的指引下,高校德育强调为培养德智体全面发展的社会主义建设者和接班人而服务,忽略了对非意识形态功能的关注,忽略了对学生多样化需求的考虑。但是,在社会主义市场经济体制下,随着学生主体意识的日渐增强,以及他们创新意识和自主能力的增强,德育的非意识形态功能也越来越引起人们的关注。因此,高校德育既要发挥其意识形态功能也要关注非意识形态功能,进而实现二者的协调统一。随着世界多极化、经济全球化、文化多元化趋势的不断发展和我国改革开放的不断深入,意识形态领域日益呈现出主导性与多样性、民族性与全球性、冲突性与兼容性、中心扩大与边缘渗透相结合的发展特点,使高校德育的主导功能呈现出新的发展特点:

首先,德育的阶级性功能更加重要。随着我国改革开放的不断深入和全球化时代的到来,各种思想和文化相互激荡,决定了人们思想道德价值取向的多样性、冲突性,因而更需要强化德育的阶级性功能,对学生的思想和道德选择给予正确引导,特别是坚持社会主义意识形态的主导地位。而且,德育的阶级性功能对智育、体育、美育以及社会心理层面和心理健康教育亦具有主导作用,即对有利于接受社会主义意识形态的价值取向和心理给予激励和提升,对不利于接受社会主义意识形态的价值取向和心理进行引导和转化。

其次,德育的社会性功能不断发展。在当代社会,与时俱进,与世界接轨,成为现代德育发展的内在要求;国际意识、全球观念、普世伦理、生态伦理、环境伦理、可持续发展、公民道德等,成为现代德育的新内容;经济领域、自然领域、心理层面、网络(虚拟)领域、未来领域等成为现代德育的新领域;环境德育、生态德育、网络德育、公民道德教育等成为现代德育的新课题。因而,高校德育的主导功能不能局限于阶级性方面,更不能等同于意识形态功能,还要面向现代化,面向世界,面向未来,不断向非阶级性、社会性方面发展:一是不断向经济领域、自然领域、心理层面等非阶级性领域扩展;二是发挥和发展德育的动力支持、人力资源开发、预测和调控等非阶级性功能;三是以人为本,着眼于人的社会化和人的全面发展。从而,不断推动高校德育主导功能的创新和发展。

第三,虽然德育的社会性功能越来越受到重视,但不能否认或淡化阶级性功能的主导地位。主导地位反映了德育的本质,重视程度反映的是德育内容和目标的变化和发展。由于我国意识形态发展的特点,我国的传统德育过分强调德育的阶级性功能,而对德育的社会性功能曾一度有所忽视。现在,我国进入全面建设小康社会的新时期,社会的主要矛盾是人民日益增长的物质文化需要同落后的社会生产之间的矛盾,全面建设小康社会的根本目标和人民的根本利益是实现人的全面发展,所以德育的经济功能、社会性功能已显得越来越为重要和突出。随着经济全球化、文化多元化、信息网络化趋势的不断发展,德育的社会性功能还会向更广泛的领域(包括国际领域、虚拟领域等)延伸和发展。

总之,在现代社会条件下,我们既要坚持德育阶级性功能的主导地位,又应不断发展德育的社会性功能,以不断适应社会发展的要求,促进德育主导功能的创新和发展。当然,我们在强调意识形态功能与非意识形态功能统一发展的同时,也应该看到它的意识形态功能始终是居于主导地位的,代表着高校德育的性质和方向,而非意识形态功能处于从属地位,它不能脱离意识形态功能而存在,它的发挥必须以意识形态功能为指导,否则就会使高校德育迷失发展方向。

第二节　高校德育主导目标的发展

一、高校德育主导目标的基本要求

我国高校德育的总目标,就是培养德智体美全面发展的社会主义合格建设者和可靠接班人。从高校德育主导性角度说,主要包括以下几个方面的要求:

1. 思想素质目标

思想素质的主导目标,是指通过德育的开展使学生树立马克思主义科学的世界观、人生观、价值观,其核心是马克思主义理想和信念教育。而高校学生正处于世界观的形成时期,所以德育应把培养学生科学的世界观作为一个明确的目标。在人生观上,就是要引导学生树立共产主义的人生观,用共产主义的远大理想来教育、影响学生,使他们坚定社会主义、共产主义的理想信念。在价值观上,要让学生形成集体主义的价值观,反对以自我为中心的个人主义,但并不是不讲个人利益,而是引导学生在坚持集体利益的前提下,追求个人的合法利益和合理追求。

2.政治素质目标

政治素质的主导目标,是指通过德育教育使学生树立牢固的爱国主义精神和坚定社会主义的政治方向,拥护党的领导,坚持走中国特色的社会主义道路。首先,要不断增强当代大学生的爱国情怀和报国之志。"爱国不仅仅是一种情感,更是一种行动,作为一种行动,它既包括消极的爱,也包括积极的爱。消极的爱国行动体现为'不作为'即不做有害于国家、人民的事;而积极的爱国行动体现为'有所为'即主动而积极地关心、爱护国家。"①我国高校德育对学生爱国主义精神的培养,不仅要教育学生"不作为",更要引导学生"有所为"。同时,要坚定社会主义的政治方向。在当前经济全球化、文化多元化、信息网络化的背景下,以美国为首的西方发达资本主义国家,加紧了对我国的"西化"、"分化"图谋,一些学生由于自身的一些缺点很容易被诱惑和利用,所以,高校德育必须要突出当代大学生的政治目标教育。

3.道德素质目标

道德素质的主导目标,是指通过德育使学生树立集体主义的精神,确立为人民服务的思想。"即在为社会、为人民做贡献的过程中确定自己的抱负和事业,实现自己的价值。这种个人与社会之间权利与义务的双向关系有着重要的积极意义,所以也更容易为学生接受和认可。集体主义在不同的社会制度或同一制度的不同时期,其含义也是不尽相同的。在现代社会主义市场经济条件下,由于市场经济利益关系表现出多样性与一致性相统一的特点,所以集体主义原则也表现出把个人、集体、国家利益相结合的原

---

① 檀传宝主编:《德育与班级管理》,高等教育出版社2007年版,第86页。

则"。① 毛泽东同志曾明确讲过:"必须兼顾国家、集体和个人三个方面","无论只顾哪一头,都是不利于社会主义,不利于无产阶级专政的。这是一个关系到六亿人民的大问题,必须在全党和全国人民中间反复进行教育"。② 这说明集体主义也包括在社会集体中发展人的个性和个人利益。而随着现代社会促进人的全面发展的呼声越来越强烈,高校德育在向学生提倡集体主义精神的同时也应该多关注学生的利益及其全面发展,尤其是让个性得到充分自由的发展,这样的集体主义才是学生愿意奉行的,也才是更加科学的、更加人性化的。

4. 心理素质目标

心理素质的主导目标,就是指通过德育的开展使学生具有健全的人格和健康的心理状态。它是德育目标的一个新领域,是为了适应学生和社会的发展需要而提出来的。"学生还是情绪型人,他们理性控制情绪的能力还不够成熟,容易受情绪波动的影响而产生心理问题,从而影响学生诸多方面的运行和发展。"③再加上现代社会激烈的学习、就业竞争环境的影响,就更容易引发学生的心理问题,所以,高校德育要加强对学生心理健康的教育和培养,使学生能够从容地面对挫折和失败,为社会培养出身心健康、乐观向上、勇于进取的新一代人才。

二、高校德育主导目标的特点

1. 定向性

德育目标作为德育所要达到的最终结果,不仅贯穿于德育发

---

①　张澍军:《德育哲学引论》,人民出版社 2002 年版,第 208 页。

②　《毛泽东文集》第 7 卷,人民出版社 1999 年版,第 28、31 页。

③　黄建钢:《教育——哲学论》,浙江大学出版社 2006 年版,第 292 页。

展的全过程,而且始终发挥着定向和纠偏的作用。正如班华教授在其主编的《现代德育论》中写的一样:"德育目标指导着教育行为的方向,可使教育行为成为有意义、有秩序的活动,避免教育行为、教育方向的盲目性、机械性。"①这就表明只有具备了明确的教育目标,德育活动才不会变得盲目,才会有一个明确的发展方向。除此之外,德育的目标还具有鲜明的政治方向性。我国德育是为中国特色社会主义建设服务的,因而,德育的主导目标必须充分体现社会主义的性质和发展方向。反之,如果其不能保证社会主义方向,不能保证坚持共产党的领导,那么德育目标就变质了,就失去了其最初制定的意义。正如列宁在批驳资产阶级教育时所讲的那样:"事实上,学校完全变成了资产阶级阶级统治的工具,它浸透了资产阶级的等级观念,它的目的是为资本家培养恭顺的奴才和能干的工人。"②可见,在资本主义社会,德育目标也体现了明确的资本主义方向性。

2. 超前性

高校德育目标是对学生未来思想道德素质及其社会作用的设想和期望。因而,德育目标的确立既要立足于学生的思想道德和社会发展现状,又要面向未来社会的发展要求。高校德育目标的意义不仅是为了使学生掌握当前现有的社会规范,适应当前的社会要求,更重要的是为了促进学生思想道德素质的发展,进而使他们的思想道德在现有的基础上实现提升与超越。没有超越性的目标,必然缺乏主导力。但是需要注意的是,德育目标的制定必须立足于现实,以现实为前提和基础,这样目标才具有可行性。同时,

---

① 班华主编:《现代德育论》,安徽人民出版社2001年版,第131页。
② 《列宁全集》第35卷,人民出版社1985年版,第77页。

目标的制定又必须高于现有水平,走在学生的发展前面,长期对学生的发展起先导作用。相反,不具有超前性的目标,是不具有主导意义的。当然,目标的超前性需要把握适度原则,这种所谓的超前必须是经过努力可以达到的。如果目标制定的过度超前则必然远远脱离实际,最终沦为形式,起不到应有的主导作用,从而也就失去了制定目标的意义。

3. 激励性

高校德育目标不仅具有定向性,而且一旦这一目标被学生所认可和接纳,就会成为他们的一种理想,对他们具有内在的推动力,进而激发他们为实现这一理想而不断地努力奋斗。这就是德育目标的激励性。只有具有激励性的目标,才能成为德育的主导目标。而且正是由于德育目标所具有的这种激励性,才使得德育目标的主导效果得以实现。美国教育家布鲁巴克指出:"目标不仅应该供给教育的方向,而且应该推动它。目标就是价值;假如目标有价值,并且人愿意获得它,那末,它便能使学习者付出为达成该项目标所需要的力量。只有指导,而不推动的目标,只能说是一半有效而已。"①他的这段话不仅强调了目标所具有的激励性,而且还进一步指出了它所具有激励性的源头,即目标的价值性。目标之所以能推动学生为之努力奋斗就是因为它有价值,否则,如果目标没有价值,那么就不会有学生去追逐它,进而也就失去了其存在的必要。我国也有学者认为:"所谓目标,是人们的共同价值取向,人们认同它,向往它;为此,人们也就能为达到目标而付出应有的努力。因此,德育目标的价值性,决定了它对教育者、受教育者

①　转引自沈壮海:《思想政治教育有效性研究》,武汉大学出版社 2001 年版,第 86 页。

的行为具有激励功能,明确而适宜的目标能激发德育活动的动机,调动参与德育活动的积极性。"①由此可见,目标的这种激励特性不仅会激发学生接受教育的积极性和主动性,同时也能够推动整个德育的顺利开展。但我们需要明确的一点就是,目标的价值性是社会价值和个体价值的有机统一。只有二者的协调统一,才能更好的发挥目标的激励作用。回顾过去我们不难看出,传统的德育目标由于过分注重社会价值而忽视了个体价值,所以目标显得过空、过大,甚至有点脱离实际,成为形式,因而也就不能充分体现出目标的激励性。而我们现在所说的德育目标是注重社会价值与个体价值的统一发展,所以其激励性会更强,也更有利于德育主导目标的实现。

三、高校德育主导目标的发展

在过去的计划经济体制下,我国社会把德育的目标单一地定格为共产主义道德,片面强调目标的统一性,这虽然符合了计划经济体制的发展要求,也曾发挥过一定的积极作用,收到了一定的预期效果。然而由于这一目标过度强调高、大、全而忽视了对多样性和层次性的重视,客观上导致目标脱离现实,难以实现,最终成为只对少数人有效,而对多数人来说变成可望而不可即的空洞教条和形式,进而也就没有真正发挥德育主导目标的作用。在现代社会条件下,随着经济体制的转轨和社会多样化的发展,客观上也要求高校德育主导目标要由原来强调的统一性向层次性发展。现代社会越来越强调人的全面发展,而学生的全面发展很重要的一点就是让每一位学生的个性得到充分而自由的发展。但是由于社会

---

① 班华主编:《现代德育论》,安徽人民出版社2001年版,第131页。

发展的多样化影响以及每个学生个性的千差万别，这必然对高校德育主导目标的确定提出一定的要求，即目标的确定要有层次性，这样才能满足每一位学生的发展要求，使他们明确找到自己的目标定位，进而努力实现目标，从而使高校培养出真正符合社会所要求的全面发展的学生，同时也才能更加有利于高校德育主导目标的实现。因此，坚持高校德育主导目标由统一性向层次性发展，成为多元文化背景下高校德育主导目标发展的必然趋势和内在要求。

第三节　高校德育主导内容的发展

高校德育的基本内容包括思想教育、政治教育、道德教育等，因而，探讨高校德育的主导内容及其特征和发展，也应从以上三个方面具体展开。而且，根据建设社会主义核心价值体系、发挥社会主义核心价值体系对社会思潮引领作用的新要求，不断推动高校德育中的内容的创新和发展。

一、高校德育的主导内容

1.思想教育的主导内容

思想教育的主导内容主要包括世界观、人生观、价值观教育。这三者是有机统一的，有什么样的世界观就有什么样的人生观，有什么样的人生观就有什么样的价值观。因而，高校德育必须把培养学生树立科学的世界观、人生观与价值观作为思想教育的主导内容。首先，就世界观而言，正确的、科学的世界观可以为人们认识世界和改造世界提供正确的方法，错误的世界观则会给人们实践活动带来方法上的失误。因此，高校德育要以马克思主义的世界观与方法论教育学生,让学生充分运用马克思主义的立场、观点来分析和解决问题。其次,就人生观而言,人生观是一个人做人的标准,是把握人生方向、抉择人生道路的指导。高校德育要教育学生树立共产主义的人生观,反对和远离享乐主义、拜金主义、极端个人主义的消极人生观。第三,就价值观而言,要教育学生树立集体主义的、全心全意为人民服务的价值观,自觉反对以自我为中心的个人主义价值取向。当然,高校德育在开展这三方面教育的过程中应以一些具体的人或事作为榜样,尤其是以发生在学生身边的典型事迹或典型人物为代表,这样就不会使学生觉得空洞,就更能激发学生自觉树立科学"三观"的积极性,从而提高思想教育主导内容的教育实效。

2.政治教育的主导内容

政治教育的主导内容,主要是政治方向教育。我国高校政治教育的主导内容应包括两方面内容:首先,要加强马克思主义理论的宣传教育。加强马克思主义理论的教育是整个德育的核心和灵魂。高校德育作为意识形态斗争的前沿阵地,马克思主义不去占领,非马克思主义和反马克思主义的东西就必然会去占领。尤其是当学生面对文化多元化的大背景下,他们有可能会变得很盲目,"跟着感觉走",凭着自己的兴趣和爱好去选择。而他们作为未来社会主义事业的建设者和接班人必须要比社会上其他公民具备更高的马克思主义理论素养。因此,高校必须对学生强化马克思主义理论观点的宣传教育。其次,要加强党的路线方针政策教育。其核心是要加强党的四项基本原则的教育。同时,要结合改革开放中出现的新情况、新矛盾、新问题,及时帮助学生解疑释惑,引导他们正确认识党的改革开放政策,正确认识各种社会现象和问题,增强对改革和发展的信心。

3.道德教育的主导内容

道德教育的主导内容是在社会道德体系中发挥主导作用的道德规范和要求。作为社会主义国家，我国高校道德教育的主导内容必然是社会主义、共产主义思想道德，它与资本主义国家高校道德教育的主导内容有着本质的不同。而且，在经历了社会主义计划经济向社会主义市场经济体制的转型之后，我国高校道德教育的主导内容也有了新的特点和要求。要按照"建立与社会主义市场经济相适应、与社会主义法律规范相协调，与中华民族传统美德相承接的社会主义思想道德体系"的要求构建新时期高校道德教育的内容体系，不断充实和完善道德教育的主导内容。

二、高校德育主导内容的特点

1.意识形态性

在任何国家，高校德育的内容都有明确的意识形态性要求，并把它作为德育的主导内容。任何国家的高校德育都会向学生灌输本国的主流意识形态，进而培养符合本国发展所需要的人才。我国亦是如此，我国的德育具有鲜明的社会主义意识形态性。因此，高校德育的主要任务就是向学生灌输有关社会主义意识形态的内容。比如说马克思主义的思想观点，社会主义、共产主义的理想信念等，以此来巩固和增强我国的主流意识形态，进而防止非主流以及反主流意识形态对我国的侵蚀。高校学生作为我国未来社会主义事业的建设者和接班人，他们的责任重大，然而由于他们的思想尚未成熟，在一定程度上存在着明辨是非能力差、缺乏理性思考和分析等一些弱点，很容易被社会上一些别有用心的人所利用，进而对其灌输一些资产阶级自由化的思想和文化，进而达到削弱社会主义意识形态的企图。对此，高校德育必须对学生加强社会主意识形态的灌输,让他们坚定不移地信仰马克思主义,走社会主义道路,增强维护我国主流意识形态的自觉性。

2. 价值性

高校德育主导内容的实施是以其具有一定的价值性为前提的,没有价值的内容,不可能为学生所欢迎,也很难为其所接受,当然也就起不到主导作用。德育内容的价值性既包括社会价值也包括个体价值,是二者的有机统一。也就是其既要满足社会主义精神文明建设的发展要求,也要满足学生个体的发展诉求。除此之外,无论是德育内容的社会价值还是其个体价值,其中都内在地有一种政治性的内容要求,即政治价值,由于它代表了德育内容的本质要求和发展方向,所以是德育内容的主导价值。但是我们不能因此而忽视其他价值,否则就会使德育的内容脱离实际而不能落到实处。尤其是随着现代社会条件下学生主体性的增强以及个性全面发展的要求,高校德育主导内容更应该重视对学生的个体价值,不断满足学生多样化的思想道德要求。

3. 民族性

任何德育的形成都会受到自己民族文化的影响,因而具有强烈而深厚的民族性。世界上客观存在着民族差异性,只要有民族差异性,德育就会具有民族性。这种民族性主要表现在各个国家德育内容的差异上,因而世界上不同的民族都把培养民族精神作为德育的重要内容。我国的民族精神虽然是在过去积淀而成的,但它的作用却是现实的,而且随着社会的发展、民族的进步,它被不断注入新的内涵和生命力,因而会成为高校德育的主导内容。随着现代社会的发展,德育内容的民族性也由过去相对封闭的特性转变为一种开放的、面向世界的民族性。特别是随着文化多元化的到来,一方面有利于我们在走向多元文化的过程中发展民族性,但另一方面又由于不同文化的相互碰撞,难免会产生一些冲突。所以,加强民族精神教育显得尤为重要。正如江泽民同志所说的那样:"面对世界范围各种思想文化的相互激荡,必须把弘扬和培育民族精神作为文化建设极为重要的任务,纳入国民教育全过程,纳入精神文明建设全过程,使全体人民始终保持昂扬向上的精神状态。"①因此,高校德育必须充分重视德育主导内容的民族性,进而把我国的民族精神发扬光大。

4. 时代性

随着我国改革开放的深入发展,特别是文化多元化发展的背景,不仅为学生而且为我国的发展带来了一些新思想、新观念。高校德育只有及时反映这些新的变化,紧跟时代步伐,不断创新德育内容体系,才会对学生产生吸引力,受到学生喜爱,也才能发挥其主导作用。坚持高校德育主导内容的时代性,就要善于吸收和弘扬体现社会进步的时代精神,把宣传时代精神和反映时代精神的典型案例作为重要教育内容,来教育和激励学生,这样不仅会使学生自觉自愿地接受和学习德育的内容,也会使得高校德育的内容不断得到丰富和提升。同时,还要积极吸收时代的思想精华。任何时代的思想精华,都在一定程度上体现了真理性、科学性、先进性的要求。要善于吸收借鉴当代世界文明成果和现代文明,吸收不同文明中科学、进步、合理的成分,把世界最新的科学思想、科技素材、发展理念等作为高校德育的时代内容。

三、高校德育主导内容的发展

在多元文化背景下,高校德育主导内容的发展主要体现在两

---

① 《江泽民文选》第3卷,人民出版社2006年版,第559—560页。

个方面:

1.由单一性形态向多样性形态发展

高校德育的内容不是一成不变的,它是随着社会的发展以及学生思想道德的发展而不断调整和更新的。在多元文化背景下,高校德育的主导内容结构开始由过去的单一性逐步向多样性发展。只有这样,才能增强德育的实效性和针对性。高校德育多样性内容的发展是对过去单一性内容的丰富和充实。随着社会的多样化发展,思想文化也日益呈现出多样化的形态,这就为德育的开展提供了多样性的选择内容。比如,高校德育可以把现代科学技术发展所带来的一些新成果作为德育的新内容,这样不仅不会使德育显得落伍、陈旧,而且也会满足学生学习新理论、新科学的需求。另外,就是社会的发展所产生的一些新问题、新思想等也都可以作为德育内容的对象。比如说科学发展观、和谐社会理论、生态文明、反对恐怖主义等,这些内容的开展不仅增强了德育的现代性,使德育内容与时俱进,而且也对这些问题的解决起到了一定的积极作用。所以,高校德育内容的开展理应坚持多样性。

2.建设社会主义核心价值体系对高校德育主导内容发展的新要求

社会主义核心价值体系的灵魂是马克思主义。能否坚持马克思主义在意识形态领域的指导地位,决定着社会主义核心价值体系的性质和方向。因而,我国高校德育必须把马克思主义理论教育作为主导内容,长期坚持,常抓不懈。坚持马克思主义理论教育包括马克思主义基本原理和马克思主义中国化的理论成果两层内容,具体来说就是马克思列宁主义、毛泽东思想和中国特色社会主义理论体系。马克思列宁主义、毛泽东思想和中国特色社会主义理论体系是一脉相承的理论体系,是我们党的指导思想的一个整体。由此也决定了这个整体成为我国高校德育的主导内容。特别是在当前思想文化和意识形态领域多元化的背景下，更突显了坚持马克思主义指导地位、加强马克思主义理论教育的重要性。

就思想教育的主导内容而言，就是坚持马克思主义信仰教育、社会主义和共产主义理想信念教育。马克思主义信仰是建立在科学理论基础上的，它反映了人类社会发展的必然规律。毛泽东同志指出，"我们的党从它一开始，就是一个以马克思列宁主义的理论为基础的党，这是因为这个主义是全世界无产阶级的最正确最革命的科学思想的结晶。"①当然，任何事物的发展都不是一帆风顺的，曲折是客观存在的，马克思主义、社会主义理想信念也是在曲折中发展的。但是历史告诉我们，马克思主义和社会主义运动每一次经历曲折之后必有更大的发展，会走向更加成熟。把握了马克思主义发展的这一规律性，对我们的信仰就会更加坚定。邓小平同志说过："我坚信，世界上赞成马克思主义的人会多起来的，因为马克思主义是科学。它运用历史唯物主义揭示了人类社会发展的规律。"②

就政治教育的主导内容而言，必须对政治的概念作全面的理解。政治是一个历史的、发展的概念，不同时代有不同的内涵和形态，如历史上的伦理政治、道德政治、城邦政治、宗教政治、金钱政治、法治政治、革命政治等，在革命战争年代，政治是一种革命的政治，所以德育内容要为革命斗争服务，无产阶级革命的理论无疑是高校德育的主要内容。在"文革"期间，强调"以阶级斗争为纲"和

---

① 《毛泽东选集》第3卷，人民出版社1991年版，第1093页。
② 《邓小平文选》第3卷，人民出版社1993年版，第382页。

"政治挂帅",所以德育内容也主要是为政治斗争服务的。而在现代社会条件下,随着我国社会的转型,政治已表现为一种经济的政治、建设的政治。正如邓小平同志所指出的:"社会主义现代化建设是我们当前最大的政治,因为它代表着人民的最大的利益、最根本的利益"①,"经济工作是当前最大的政治,经济问题是压倒一切的政治问题"。② 这充分反映了我国社会主义初级阶段政治内涵的建设性、经济性特点。因而,高校政治教育的主导内容也必然表现为要为社会主义经济建设服务,为全面建设小康社会服务。只有适应社会主义经济建设和全面建设小康社会要求的内容,才具有主导性。

就道德教育的主导内容而言,就是加强爱国主义、集体主义和社会主义思想道德教育,特别是社会主义荣辱观教育。2006 年 3 月 4 日,胡锦涛同志在看望出席全国政协十届四次会议的委员时指出,要引导广大干部群众特别是青少年树立社会主义荣辱观:坚持以热爱祖国为荣、以危害祖国为耻,以服务人民为荣、以背离人民为耻,以崇尚科学为荣、以愚昧无知为耻,以辛勤劳动为荣、以好逸恶劳为耻,以团结互助为荣、以损人利己为耻,以诚实守信为荣、以见利忘义为耻,以遵纪守法为荣、以违法乱纪为耻,以艰苦奋斗为荣、以骄奢淫逸为耻。以"八荣八耻"为主要内容的社会主义荣辱观,概括精辟,内涵深邃,它既体现了社会主义基本道德规范和社会风尚的本质要求,也体现了中华民族传统美德与时代精神的有机结合,更体现了社会主义价值观的鲜明导向。

---

① 《邓小平文选》第 2 卷,人民出版社 1994 年版,第 163 页。
② 同上书,第 194 页。

第四节　高校德育主导方法的发展

一、高校德育的基本主导方法

方法本身无所谓主导性,这里讲的方法主导性主要是就某种方法对德育发挥主导作用所起的有效作用而言的。从这个意义上说,高校德育的主导方法就是指对高校德育发挥主导作用起到有效作用的方法。

1. 理论灌输法

理论灌输法是高校德育最主要、最基本的方法。然而在现代德育教育中,随着双向互动法、启迪法等多种教育方法的出现,它越来越被当作一种简单地强制性的教育方法而被人们加以批判和否定。但是我们不能因此而否定它的积极意义。列宁就曾说过:"工人本来也不可能有社会民主主义的意识。这种意识只能从外面灌输进去"。① 实际上他强调的是马克思主义理论等是不可能自发产生的,而只能通过灌输的方式加以掌握。学生要掌握科学的思想与理论,不可能不学而知,不教而会,必须通过各种形式的灌输,才能扎根于他们的头脑。当然这里所讲的灌输也必须注意一定的方式方法。比如在灌输的过程中既要发挥教师的主导作用,也要看到学生的主体性,让学生参与到知识的传授中,而不应该把学生当作一个"知识的吸纳器"。另外就是教师在向学生灌输理论知识之前,一定要自己对知识加以科学而透彻的理解,进而用朴实简单的语言把晦涩难懂的理论知识灌输给学生。这样学生才会更加愿意接受,也才能更好地理解和掌握知识,这样的理论灌

---

① 《列宁选集》第 1 卷,人民出版社 1995 年版,第 317 页。

输法才是成功的。

2. 榜样示范法

榜样示范法也称典型示范法,是指通过具有榜样作用的人或事来提高人们的思想认识,进而规范人们的行为方向的一种方法。它是高校德育教育的一种基本主导方法。通过榜样的示范作用,其思想中最基本、最重要的部分就能够凸显出来,这样学生就会清晰明了地看到应该学习的主要内容,进而朝着榜样的方向努力。榜样示范法的运用是与学生的心理活动有密切联系的。榜样作为学校和社会推崇的人或事,是所有人都羡慕和尊重的。而被人尊重和羡慕是每位学生都想拥有的。因此,他们会积极主动地向榜样学习,争做他人心目中的下一个好榜样。

榜样示范法的开展必须注意以下几点:一方面,榜样的真实性。作为大家学习的人或事,必须是真实存在的,其事迹也一定是先进的,否则不但起不到示范的作用,反而会损伤学生学习的积极性。另一方面,在对高校学生进行教育时,既要大力宣传和培养正面典型,发挥他们的示范和带动作用,同时也要善于发挥反面教材的警示作用。当然,典型是居于首位的,反面教材的开展应放在次要地位,发挥对正面典型教育的辅助作用。

3. 实践锻炼法

所谓实践锻炼法,就是教师组织和引导学生通过参加各种实践活动,达到在改造客观世界的同时进而改造主观世界的目的,最终养成良好的思想道德的一种方法。这种方法的运用源于马克思主义的认识论和实践论。即实践不仅是人思想形成和发展的源泉及动力,更是检验人的思想观念正确与否的唯一标准。学生光有理论知识的学习是不够的,还必须学以致用,把自己所学到的知识灵活地运用到实践中去,指导实践,通过实践活动的检验,把那些错误的思想观念扭转过来,把正确的加以巩固和增强,这样的学习才是有效的学习、真正的学习。同时也只有通过这种方法培养出的学生才能更加符合社会的实际需要,更加适应未来社会的发展要求。

二、高校德育主导方法的特点

1. 科学性

科学的德育方法是保证德育方向、实现德育目标和任务的重要条件。我国高校德育方法的科学性表现在以下几个方面。首先,它是以马克思主义哲学为指导的,即辩证唯物主义和历史唯物主义,它既是科学的世界观又是科学的方法论,它对任何一门科学都具有普遍的指导意义。德育的一系列方法都是在马克思主义哲学原理的指导下形成的,是马克思主义哲学原理在德育中的具体运用。同时,也只有以马克思主义哲学理论来指导德育方法,它才会更具有科学性。其次,它是以学生的思想品德形成发展规律为依据的。可以这样说,任何科学的方法都必须遵循事物发展的客观规律。高校德育的对象是学生,因此,德育方法的制定就必须符合学生思想品德形成和发展规律。只有符合学生思想品德形成和发展规律的方法才是科学的方法,也才能对学生产生特定的作用。最后,它吸收了许多科学研究的有益成果。比如说哲学、政治学、教育学、伦理学、社会学、心理学等,这些学科的一些有用知识和方法日益被吸收和借鉴到德育方法中来,这就进一步增强了德育方法的科学性。只有选择科学的方法,才有助于发挥高校德育的主导性,才能成为高校德育的主导方法。

2. 针对性

德育方法的针对性源于矛盾的特殊性原理。辩证唯物主义认为,矛盾无时不有、无处不在,即矛盾是普遍存在的。同时,任何事物的矛盾又具有特殊性,从而构成一事物区别于他事物的特殊本质。我们认识事物不仅要看到其普遍性,即共性,更要关注其特殊性,即个性。只有这样,才能真正了解它、认识它,进而把握其本质及发展规律,最终做到具体问题具体分析。高校德育的目的是为了解决学生的各种思想问题,而学生的思想问题是各不相同、多种多样的,加之由于每个学生个性、爱好等的不同,就决定了高校德育要针对不同的学生、不同的情境、不同的时机等选择不同的方法。否则,就收不到很好的教育效果。尤其是在现代竞争激烈的社会条件下,学生的思想问题日益多样化、复杂化,个别学生也会出现一些心理问题,这就更需要加强德育方法的针对性,对不同学生不同的问题采取灵活有效地解决方法。能够成为高校德育主导方法的方法,必然具有很强的针对性。

3. 创造性

德育方法的创造性,不仅是市场经济体制发展的要求,同样也是现代科学技术迅猛发展的要求,更是德育有效开展的一个重要条件。对于长期以来高校德育的一些有效的好方法,我们要在继承和发展的同时,还要不断拓展符合时代发展和学生变化需要的新方法,即充分体现德育方法的创造性。马克思恩格斯在《共产党宣言》中指出:"人们的观念、观点和概念,一句话,人们的意识,随着人们的生活条件、人们的社会关系、人们的社会存在的改变而改变"。[①] 同样,学生的思想在面临新形势、新情况的前提下也是多样的,且是不断变化发展的。因此,与之相适应的高校德育的方法也必然要发展,要体现创造性。随着全球化、信息化、网络化浪

①　《马克思恩格斯选集》第 1 卷,人民出版社 1995 年版,第 291 页。

潮的不断推进以及我国开放程度的进一步加深,高校德育的教育
对象即学生的思想观念、行为方式等都发生了很大改变,在知识水
平、思想认识和价值观念等方面都呈现出鲜明的个性特点。在这
种情况下,若仍然一成不变地简单沿用传统的德育方法,其效果必
然会受到制约。因此,高校德育方法必须与时俱进,不断创新。

4. 现代性

由于社会的变化、时代的进步,我们一些传统的教育方法虽仍
不失其合理性和科学性,然而为了更好地发挥其主导作用,就需要
不断地增强教育方法的现代性。首先,要适应现代教育理念,改变
传统的单向灌输教育模式,建立师生互动的双向教育模式,充分调
动学生学习的主动性和积极性,为学生创造更多的"开口说话"的
机会,而非像以前一样一味地被动地接受。其次,充分利用现代科
学技术的发展,特别是利用网络的发展来增强德育的时效性。哪
里有人的活动,德育就要延伸到哪里,在信息网络如此普遍化的今
天,高校学生没有一个不接触网络的,他们的很多活动都是与网络
有关的。因此,高校德育要充分利用网络发展的便利条件加强对
学生的教育和管理。总之,未来社会的发展更会是一个以高科技
为主导的社会,再加上高校学生作为掌握和运用新技术的主流群
体,这就更加需要加强德育方法的现代性,使其与时俱进,发挥更
好、更重要的作用。

三、高校德育主导方法的发展

在多元文化背景下,高校德育主导方法的发展主要体现在三
个方面的转变和发展趋势:

1. 德育方式由"单向灌输式"向"双向互动式"的转变

所谓"单向灌输式"的教育方式,主要指片面强调教育者的主

体性而忽视教育对象的主体性的单向灌输的教育方式。传统的
"单向灌输式"的教育方法,片面强调教师的主体性而忽视了对学
生主体性的关注,学生往往处于被动的接受地位。而在现代社会
条件下,随着学生主体性的不断增强,传统的"单向灌输式"德育
方法已受到严重挑战,取而代之的是"双向互动式"的德育方法。
这一过程的转变更加突出了高校对于学生主体性的关注。作为强
调师生互动交流的"双向互动式"方法,不仅体现了平等、民主和
开放的现代教育理念,而且会充分调动学生接受知识的积极性和
主动性,进而在这一过程中让学生学会宽容、理解与相互尊重等,
最终在学好知识的同时达到思想觉悟的升华和提高。由"单向灌
输式"向"双向互动式"转变的核心内容就是对教育对象的主体性
的重视。只有这样,才能激发教育者主导传授与教育对象主动接
受双方面的积极性,提高教育效果。

2. 德育方法由单一性向综合性的转变

在计划经济体制下,文化和意识形态领域比较单一,人们的思
想和社会关系也没有现在这么复杂,解决思想问题往往有针对性
地采用某一种或一、二种具体方法就能收到明显效果。随着现代
社会多样化趋势的发展,人们的思想变化日益呈现出多样性、复杂
性的特点,因而在现代德育中,孤立地采用某一种或一、二种具体
方法往往很难奏效,必须综合运用多种方法,多角度、多侧面地开
展工作,才能从根本上解决问题。主要包括三点基本要求:一是采
用多种具体方法相结合的方法,比如坚持精神激励与物质激励相
结合的方法、教育与管理相结合的方法、解决思想问题与解决实际
问题相结合的方法等。二是吸收和借鉴其他学科如政治学、教育
学、伦理学、心理学、社会学、美学乃至系统科学、数学、现代管理科
学等学科的理论和方法。变经验型的教育方法为科学型的教育方

法。三是吸收和借鉴国外思想政治教育中一些行之有效的教育方法和教育模式,如柯尔伯格的以学生参与和群体互动为特点的认知发展教育模式、班杜拉的以示范、模仿为特点的社会学习模式、价值澄清学派的自由选择模式等。

3.德育手段由陈旧型向现代化的转变

德育手段,是在德育过程中教育者与受教育者相互传递、接受思想信息的工具及其使用的方法。高校德育手段的现代化,就是不断地把现代科学技术手段运用到德育教育中去,以提高工作效率和教育效果。传统的德育往往停留在"一张嘴,一支笔、一本书"的手工作业层次上;大众传媒也不如现代社会这样发达,其储存、加工、传播的信息量少,强度弱,效率低;对电影、投影仪等电化教学设备的利用也是很有限的。随着现代科学技术的飞速发展,新闻出版、广播电视、信息网络、远程通讯等现代大众传播媒介逐步在社会普及,并以其信息量大、传播速度快、覆盖面广、形象直观、感染力强等传统手段无可比拟的独特优势,以及远远超出人们的想象的速度,渗透进我国的社会政治、经济、文化生活的各个领域,对人民群众的生活、学习、工作产生了巨大影响,对大学生的影响更大。这为高校德育提供了更为广阔的活动空间和技术手段。运用现代科学技术,改革教育手段,促进教育手段现代化,成为提高高校德育效果的一个不可缺少的重要途径。

第五节　高校德育主导领域的发展

高校德育对学生发挥主导作用的传统领域一般包括思想领域、智能领域、行为领域三个方面。这也是高校德育的主要主导领域。随着多元文化背景的形成,高校学生的思想活动日益向新的领域拓展,因此也使高校德育的主导领域有了新的发展和时代特性。

一、高校德育的主要主导领域

1.思想领域

德育作为意识形态范畴,很大程度上都是在学生的思想领域发挥其重要作用的。因而,高校德育的主要主导领域是学生的思想领域,其目的就是通过高校德育对学生思想领域的主导,坚持和巩固马克思主义在学生思想领域的主导地位。首先,高校德育要坚持不懈地推进马克思列宁主义、毛泽东思想、中国特色社会主义理论体系进教材、进课堂、进学生头脑的工作,深入开展党的基本理论、基本路线、基本纲领和基本经验教育,开展中国革命、建设和改革开放的历史教育,开展基本国情和形势政策教育,使学生正确认识社会发展规律,认识国家的前途命运,认识自己的社会责任。尤其要使学生真学、真懂、真信、真用中国特色社会主义理论体系,正确认识世界和我国经济社会发展趋势,正确认识社会思想意识中的主流与支流,在错综复杂的社会现象中看清本质、明确方向。尤其是当今社会,随着改革开放的深入推进,西方各种社会思潮也纷至沓来。处于世界观、人生观和价值观形成关键阶段的青年学生对社会新知有一种"如饥似渴"的需求,民主社会主义、新自由主义、历史虚无主义、普世价值等社会思潮乘虚而入,影响和污染着他们的精神世界。因此,高校德育必须发挥好对学生思想领域的主导作用,帮助学生树立马克思主义的理想信仰,切实加强社会主义核心价值体系教育,充分发挥社会主义核心价值体系对社会思潮的正确引领作用。通过高校德育对大学生思想领域的教育与引导,使他们不仅会在思想方面选择正确的价值取向,而且也会在正确思想理论的指导下产生正确、文明的行为。

2. 智能领域

大学生的主要任务是学习科学文化知识,因而高校德育必须发挥好在智育领域的主导作用。这种主导作用除了前面讲过的方向主导之外,还包括在学生全面发展方面对发展学生个性和开发优势潜能的主导。美国哈佛大学发展心理学家霍华德·加德纳教授于 20 世纪 80 年代初提出了"多元智能理论",该理论认为:"人的智能是多元的,是先天存在而又是可以后天发展的","每个人都有一种或几种智能显示出强于他人的优势,其他方面的智能则相对处于弱势。"①比如:对于奋力拼搏为国争光的运动健儿来说,身体运动智能是其强势智能;而数学家陈景润之所以在数学领域作出杰出贡献,无疑是其数理逻辑这个优势智能充分发挥的结果。根据加德纳教授的"多元智能理论",高校德育在对待学生发展和培养问题上,应该从不同的视角、不同的层面去看待每个学生,要善于发现每个学生的优势智能领域,选择有效的培养途径,运用科学的评价机制,使其优势智能领域的个性品质得到充分张扬,以促进学生的个性发展,并最大限度地发挥学生自身优势,帮助他们实现其发展的最高目标。2011 年 4 月 24 日,胡锦涛同志在清华大学百年校庆发表演讲时指出:"希望同学们把全面发展和个性发展紧密结合起来。全面发展和个性发展相辅相成。同学们要坚持德才兼备、全面发展的基本要求,在发展个人兴趣专长和开发优势潜能的过程中,在正确处理个人、集体、社会关系的基础上保持个性、彰显本色"。② 只有学生的个性得到充分的发展,尤其是其优

① 言实:《素质教育与个性培养》,《内蒙古教育》2004 年第 1 期。
② 胡锦涛:《在庆祝清华大学建校 100 周年大会上的讲话》,《人民日报》2011 年 4 月 25 日。

势个性得到充分发展,他们才能成为符合社会需要的全面发展的人。

3.行为领域

行为是指受思想支配而表现出来的外表活动。德育的行为领域是学生思想政治道德和科学文化素质的外在表现领域,学生的一切素质都要通过具体的学习、生活、交往、工作等行为表现出来。而且,这些行为直接影响到学生的未来发展。因此,高校德育不仅对大学生的思想政治道德和科学文化素质的培养和提高具有主导作用,而且更要引导大学生选择健康、文明、积极向上的行为方式。在行为领域,学生不仅表现为理性的、自觉的一面,有时也有感性、自发的一面,甚至出现个别违法违纪行为。高校德育应加强学生行为方面的制度、规范建设,特别是用正确的价值导向引领和规范学生的行为,提高学生行为的理性程度和自觉性。首先,要引导学生在行为中坚持党的路线方针政策,自觉遵纪守法。其次,要引导学生按照社会主义核心价值体系的要求,选择健康文明的行为方式和行为取向。第三,要引导学生正确处理个人与他人的关系,建立诚信、友爱、互助、和谐的人际关系。

除了上面讲的主导领域之外,高校德育通过对大学生的主导,还间接地在社会的经济、政治、文化等领域具有一定的主导作用。

二、高校德育主导领域的特点

1.复杂性

从主观角度而言,复杂性是一种思维方式;而从客观的角度看,复杂性是世界存在的一种状态,这种状态既表现为事物客观存在的复杂性,也表现为客观存在对人的影响的复杂性。高校德育主导领域的复杂性主要表现在以下两方面:一方面,是德育领域对学生影响性质的多重性。德育领域对学生的影响不总是正向的，其中良性与恶性、积极与消极、先进与落后等因素总是混杂在一起，因而对学生思想与行为等的影响也比较复杂。同时，不同的学生对德育领域的选择和适应也存在着很大的区别，同一个领域对于不同的学生和德育本身的影响也往往存在很大的差别。因而需要高校德育发挥对领域影响的主导作用，使其发挥正确的育人作用。另一方面，德育领域对学生影响方式的多样性。德育领域对德育的影响包括德育教育与德育领域的相互影响、德育领域对德育教育的影响（直接影响、间接影响）、德育教育对德育领域的影响，等等。而且，这些影响又总是交织在一起的，从而进一步增强了德育领域的复杂性。

2. 广泛性

在社会生活中，凡是与学生的学习、生活、交往等有关的领域都会影响到学生思想和行为等的发展，进而影响到德育的效果。现代社会的发展使学生的学习、生活、交往等活动出现了许多新的领域，由此也出现了许多新的人际关系和社会问题等，这些都需要学生去面对、去适应。然而，由于学生的人生观、价值观等尚处在形成与发展阶段，对于这些问题的处理难免产生一些偏颇，这就需要高校德育加以帮助和引导。凡是学生活动所涉及的领域，都需要发挥高校德育的作用，尤其是对于一些新领域，就更需要德育的引导，这就不难体现出德育领域的广泛性特征。同时，德育领域只有具备广泛性这一特征，渗透在学生生活的各个领域，才能全面地指引学生，使学生的思想与行为协调发展，同时也只有这样才能充分发挥德育的功能与作用。

3. 动态性

世界上的任何事物总是不断变化发展的，一成不变的事物是不存在的。尤其是在现在这样一个飞速发展的社会背景下,对于高校德育领域而言,也同样处于一种动态的变化过程中。这种动态的变化过程必然会影响学生思想政治品德的变化,由此,高校德育也必然要根据变化发展的实际,不断调整和拓展自己研究的领域,使自己随时处于一个动态的发展过程中,以便跟进德育领域的发展。只有如此,才能更好地发挥好对德育新领域的主导作用。

4. 开放性

开放性是高校德育领域发展的重要条件,在我国改革开放深入发展以及经济全球化的今天,德育领域的开放性比以往任何时代都更为重要,也是不可阻挡的潮流。马克思恩格斯在《共产党宣言》中就指出:"过去那种地方的和民族的自给自足和闭关自守状态,被各民族的各方面的互相往来和各方面的互相依赖所代替了。物质的生产是如此,精神的生产也是如此。各民族的精神产品成了公共的财产。"①因此,德育应该从"公共的财产"中吸收适合自己的养分,尤其是要创造性地吸收国外的一些有益经验。可以这样说,一些新型领域的出现及发展,对于德育来说是新鲜且陌生的,所以由于缺乏经验等,德育的开展必将不会一帆风顺。德育领域的开放性特征,有利于我们把国外相关领域一些成功的经验借鉴和运用到我国德育领域,这样不仅符合现代社会及德育的发展要求,也会使我们少走一些弯路,更好地解决学生在这些领域中遇到的新情况、新问题,进而推动他们健康成长和成才。

三、高校德育主导领域的发展

高校德育在领域上的拓展,主要是指德育活动的时空范围扩

---

① 《马克思恩格斯选集》第 1 卷,人民出版社 1995 年版,第 276 页。

大，是德育的外延发展。德育的领域发展既是基于德育面向现代化、面向世界、面向未来的客观要求，同时也是现代科技、现代经济发展所开辟新领域的要求。因而，高校德育主导领域不断由传统领域向现代领域拓展。

1. 向网络领域拓展

德育的对象是人，所以只要哪里有人的活动，德育就必然要延伸到哪里。"随着现代社会信息科学技术的迅猛发展，国际互联网已经集先进的计算机技术、信息压缩技术、快速传播技术和海量存储技术于一身，超乎想象地把信息送到了每一个人的身边。"①因此，网络已经成为人们思想文化等传播的一个新媒介，尤其是高校学生则成为了运用互联网技术的一个主流群体，网络成为他们学习知识、交流思想以及休闲娱乐的重要手段。因此，高校德育必须向网络领域延伸和发展。由于网络是一把双刃剑，它在给学生带来便利的同时也会对他们产生一些不利影响。比如说沉迷于网络、网络犯罪等。因此，这就需要高校德育对学生加强网络方面的教育。一方面，高校可以利用网络的一些积极因素开展德育。比如说，互联网的运用使得我们获取信息的范围大大增加，这就使得德育在开展的过程中可以充分吸收一些新知识、新内容，进而克服传统德育内容单调、信息贫血的不足。另外就是互联网使得高校德育的开展可以打破地域和时间的限制，老师和学生可以以互联网为平台来进行知识的传授。再者，德育的开展贵在及时，而互联网正好以其方便、快捷的优势满足了这一需要，这就增强了德育的时效性。除此之外，网络也为德育的开展带来了一些消极影响。由于网络的开放性，西方一些国家企图通过互联网向我们传播他

---

① 王仕民主编：《德育功能论》，中山大学出版社2005年版，第327页。

们的意识形态以及政治制度等。这无疑对我国社会主义意识形态带来严重的冲击,影响学生的价值取向。对此,高校德育应在互联网上积极占领意识形态阵地,维护好我国主流意识形态的主导地位。

2. 向心理领域拓展

在现代社会条件下,由于生活节奏的加快,学习就业竞争压力的增大,很容易诱发学生的一些心理问题,如果对这些心理问题不加以引导和排解,就会导致心理失衡以及心理疾病的产生。这是我们德育教育所不愿看到的。因此,为了避免这些问题的产生,高校德育应在传播理论知识的同时加强人文关怀和心理疏导,了解并走入他们内心深处,真正关心每一位学生的心理健康,对他们一些错误的思想加以引导和转化,使其消灭在萌芽阶段。最终使他们树立正确的世界观、人生观、价值观以及良好的心理品质,成为一个符合社会主义现代化建设所需的身心健康的优秀人才。

3. 向环境领域拓展

随着社会的发展,我们生存的环境也日益遭到破坏,环境问题已越来越严重,甚至威胁到了我们的生存与发展。这几年洪涝、干旱、泥石流、沙尘暴等接连不断地发生,正是由于人类对周围环境不合理的开发和利用所造成的,而这些都根源于人们对环境知识的欠缺、环保意识的淡薄。因此,加强环境教育是解决环境问题的一个基础工程,同时也是德育教育的一个重要内容。高校德育要通过环境知识的教育增强学生自觉保护环境的意识,进而树立正确的环境观。同时,高校德育也应教育学生让他们自己注意保护环境的同时,监督社会上其他人对于环境的破坏,并通过他们自身保护环境的举动来影响和感染周围的人也一起参与到保护环境的行动中。这样,保护环境、可持续发展才能真正得以落实,我们人类的生存与发展才会得到良好的保障。

4. 向生活领域的延伸

随着经济全球化、文化多元化的发展,人们的生活方式也日益多样化。尤其是高校学生,由于他们心理还不够成熟,再加上比较感性、易冲动,有时甚至会缺乏基本的辨别能力;如果不加以引导的话,一些消极的东西就会乘虚而入进而影响他们正确的生活观的确立。因此,必须加强德育对其生活领域的教育和指导。(1)要引导学生树立正确的需要观。需要是人类一切活动的源泉和动力,人所从事的一切社会实践活动都是为了追求和满足某方面的需要而进行的。有什么样的需要观,往往会形成什么样的生活方式。马克思主义认为,人的需要主要有两个特点:一方面,人的需要具有多样性。按需要的起源划分,有自然性需要和社会性需要;按需要的对象划分,有物质需要和精神需要;按需要的主体划分,有个体需要和群体需要。此外,还可划分为许多其他类型的需要。总之,人的需要是多方面的。另一方面,人的需要具有层次性。美国心理学家马斯洛曾提出著名的需要层次论。他认为人有五种基本需要,由低到高依次为:生理需要、安全需要、爱的需要、尊重的需要、自我实现的需要。并认为,人的低层次需要或多或少得以实现后,才能越来越注意到更高层次的需要。虽然这一理论有某种缺陷和不足,但他对需要层次的划分比较符合人的生活实际。恩格斯曾经把社会成员对劳动创造的社会产品的消费分为"生活资料、享受资料、发展和表现一切体力和智力所需的资料"①,实际上也是基于人的需要的层次性而划分的,即把人的需要分为三个层

---

① 《马克思恩格斯选集》第1卷,人民出版社1995年版,第330页。

次:生存、享受和发展创造的需要。影响学生需要的因素很多,其中教育是一个不可忽视的因素。尤其是德育对学生形成正确的需要观起着主导的作用。要坚持以马克思主义需要观为指导,引导学生树立自然性需要与社会性需要、物质需要与精神需要、个体需要与群体需要相统一、相协调的需要观,并不断向高层次发展。(2)要引导学生树立正确而合理的消费观。在现代消费方式日益多元化的情况下,新的消费方式需要提升,消费生活的畸形现象需要给予纠正。为此,第一,要引导学生树立适度的消费理念。消费方式既标志着人民生活水平的发展程度,也是社会和人自身发展水平的一个重要尺度。但是,消费生活的发展丝毫不意味着可以挥霍消费。高校学生在这方面往往不够理性,在日常消费中存在一些攀比、追求名牌、追求时尚的心理,进而造成一些不合理的消费。针对这些不合理的消费行为,高校德育要引导他们树立适度的消费理念,尤其是基于我国目前尚处于社会主义初级阶段,与发达国家相比还有相当大的差距,所以依然要发扬艰苦奋斗、勤俭节约的优良传统,把更多的钱用在学习上而非吃穿上。第二,要引导学生形成合理的消费理念和消费结构。一是要引导学生重视精神文化的消费,这是针对在现代社会条件下,有些人片面追求物质享受(即外在消费)而忽视精神文化消费(即内在消费)的不良倾向而言的。而忽视内在消费的结果又要以物质消费为代价,造成恶性循环。因此,合理的消费结构应该是物质消费与精神消费的有机统一。二是引导学生追求先进、文明、健康的精神文化消费。另外,还要引导学生树立可持续的消费观念,增强资源意识和环保意识,自觉地维护人与自然的和谐。(3)引领学生形成科学的休闲观。学生由于升学、就业压力的增大,也需要通过一定的休闲娱乐加以放松和调试。但在这一过程中,有些学生会选择一些不健康的休闲方式，比如说，沉迷于网络、酗酒、抽烟等，这不仅起不到休闲放松的作用，而且更严重地影响其身心的健康发展。因此，必须加强德育的指导，引导他们合理利用休闲时间，追求科学、文明、健康的闲暇生活。

第八章 多元文化背景下高校思想政治理论课的主导性

高校思想政治理论课是高校德育的主渠道、主阵地。在多元文化背景下,高校思想政治理论课的主导性当然也不可避免地受到一定冲击和挑战。因此,必须通过加强高校思想政治理论课建设,进一步加强和提升高校思想政治理论课的主导性。要根据建设马克思主义理论一级学科的要求推进高校思想政治理论课的整合与转型,增强高校思想政治理论课的主导合力;要正确把握高校思想政治理论课与通识教育课程的关系,突出高校思想政治理论课的主导地位;加强高校思想政治理论课教师队伍建设,提高思想政治理论课教师的主导能力。

第一节 高校思想政治理论课的整合与转型

在多元文化背景下,为了更好地坚持马克思主义在高校意识形态领域的指导地位,实现把大学生培养成为社会主义的合格建设者和可靠接班人的教育目标,2004 年 8 月 26 日,《中共中央国务院关于进一步加强和改进大学生思想政治教育的意见 》(即"中央 16 号文件")中明确指出了"全面加强思想政治理论课的学科建设"的问题。2005 年 2 月 7 日,《中共中央宣传部、教育部关于进一步加强和改进高等学校思想政治理论课的意见》(即"05

方案"）进一步提出"设立马克思主义一级学科"的要求。高校思想政治理论课程新方案（即"05 方案"）实施过程中的一个显著特点，就是把高校思想政治理论课程建设与马克思主义理论学科建设相结合，把思想政治理论课提升到学科建设的高度来加以建设。随着马克思主义理论一级学科的建立，高校思想政治理论课建设开始了一次新的整合与转型。通过新的整合与转型，进一步增强了高校德育的主导合力。

一、思想政治理论课的职能定位与转型

高校思想政治理论课（即过去的"两课"）作为我国大学生的公共必修课程，自改革开放以来经历了三次主要的改革：即"85"方案、"98 方案"和最新的"05 方案"。在新方案出台以前，高校思想政治理论课的主要职能是承担"两课"教学任务。进入新世纪新阶段以来，加强高校思想政治理论课的学科建设日益受到重视。"中央 16号文件"明确指出，要"全面加强思想政治理论课的学科建设、课程建设、教材建设和教师队伍建设"，"充分发挥课堂教学在大学生思想政治教育中的主导作用"。"05 方案"进一步指出："思想政治理论课教育教学所依托的学科是我国特有的一门政治性、科学性和实践性很强的学科，只能加强，不能削弱。设立马克思主义一级学科，开展马克思主义理论体系研究，开展马克思主义发展史、马克思主义中国化研究，开展思想政治教育研究，为推进党的思想理论建设和巩固马克思主义在高等学校教育教学中的指导地位，为加强高校思想政治理论课建设，培养思想政治教育工作队伍提供有力的学科支撑。"

随着新方案的实施，特别是随着马克思主义理论一级学科的设立，不仅明确了思想政治理论课的学科地位，而且推进了思想政治理论课职能的发展和转型，即由过去的单一性公共课教学转向

教学、科研和学科建设综合建设的发展阶段。需要指出的是,高校思想政治理论课的职能虽然开始向综合性方向发展,但必须处理好公共课教学、学科建设和科研在思想政治理论课建设中的各自定位及其相互关系。其中,公共课教学(包括思想政治教育专业教学)为中心,学科建设为基础,科研为发展条件。

第一,坚持公共课教育教学的中心地位。这是发挥高校德育主导性的主阵地、主渠道。"中央 16 号文件"明确指出:"思想政治理论课是大学生的必修课,是帮助大学生树立正确世界观、人生观、价值观的重要途径,体现了社会主义大学的本质要求。""05 方案"也指出:"高等学校思想政治理论课承担着对大学生进行系统的马克思主义理论教育的任务,是对大学生进行思想政治教育的主渠道。"因此,高校思想政治理论课的中心任务是搞好思想政治理论课的教育教学工作。新方案虽然明确了思想政治理论课的学科定位,为高校思想政治理论课建设提供了学科支撑,但不能因为重视学科建设而冲击了思想政治理论公共课教学的中心地位。当然,也不能因为设立马克思主义理论学科的初衷是为加强高校思想政治理论课建设和培养思想政治教育工作队伍提供有力的学科支撑,而把它窄化为马克思主义学科建设的全部任务。

第二,发挥学科建设的基础作用。长期以来,思想政治理论课一直被看作对大学生普遍开设的公共课,而没有明确的学科归属。1996 年正式设立马克思主义理论与思想政治教育学科,当初主要是为了服务于"两课"(马克思主义理论课程和思想道德修养课程)教育教学。[①] 但由于它是隶属于"政治学"一级学科的二级学

---

① 顾海良:《关于高校思想政治理论课程建设的学科基础问题》,《思想理论教育》2007 年第 11 期。

科,所以,在实施过程中,高校思想政治理论课主要还是承担"两课"教学,而马克思主义理论与思想政治教育学科分散地设在政治学系、哲学系、公共管理系、教育系、社科部等不同部门。因而,并没有真正发挥这一学科对"两课"的支撑作用。新方案不仅明确了高校思想政治理论课的学科定位,而且在课程设置上与马克思主义理论一级学科下面的 6 个二级学科存在某种对应的关系,这就大大强化了马克思主义理论学科对思想政治理论课的支撑作用。当然,这种对应不是简单的一一对应,而是相对的和交叉的对应关系。比如,"马克思主义基本原理"、"国外马克思主义研究"学科要把"马克思主义基本原理概论"课的建设,"马克思主义中国化研究"、"马克思主义发展史"学科要把"毛泽东思想和中国特色社会主义理论体系概论"课的建设,"思想政治教育"学科要把"思想道德修养与法律基础"课的建设,"中国近现代史基本问题研究"学科要把"中国近现代史纲要"课列为各自的主要建设任务。因此,在学科建设背景下,思想政治理论课程建设必须以学科建设为基础,与学科建设相结合、相衔接。一方面要把思想政治理论课放到学科建设的高度加以建设,促进提高思想政治理论课教育教学质量;另一方面要以学科建设为基础,发挥好学科建设对思想政治理论课的课程建设、教师队伍建设等环节的整合作用。

第三,加强思想政治理论课的理论与教学研究。这是加强思想政治理论课建设的必然要求和重要条件,也是不断提升高校思想政治理论课主导性的动力来源。加强思想政治理论课的学科建设,就是把思想政治理论课作为科学来建设。要提高思想政治理论课的科学性,必须加强对思想政治理论课的理论研究和教学研究。"05 方案"中明确指出:要"重点加强对各门课程的教学目的、主要内容以及理论体系和教学体系的研究,加强各门课程之间以及与中学相关课程之间相互关系的研究。加强教学方法的研究,优化教学手段。"同时,也只有不断积累科研成果,才能提高教学的科学性、先进性和思想政治理论课的理论魅力,增强思想政治理论课的主导力。

二、思想政治理论课的师资整合与转型

过去,在主要承担公共课教学任务的情况下,思想政治理论课的师资配备一般是根据课程教学组建教研室,每位教师主要承担一、两门课程的教学任务。有了明确的学科支撑之后,思想政治理论课的师资应由过去按课程建设配备转向按学科建设整合。因此,现在应根据新四门课的学科归属组建研究室,每位教师既要承担公共课教学,又应具有相对明确的学科定位和研究方向。比如,以承担《马克思主义基本原理概论》课和马克思主义基本原理专业、国外马克思主义专业的学科建设的教师为主组建"马克思主义基本原理研究室";以承担《毛泽东思想和中国特色社会主义理论体系概论》和马克思主义中国化研究、马克思主义发展史专业的学科建设的教师为主组建"马克思主义中国化研究室";以承担《思想道德修养和法律基础》课和思想政治教育专业的学科建设的教师为主组建"思想政治教育研究室";以承担《中国近现代史纲要》课和中国近现代史基本问题研究的学科建设的教师为主组建"中国近现代史基本问题研究室"等。根据这一要求,需要对现有的师资配备,按照课程设置与学科方向相统一的原则,进行重新选择和整合。

同时,要积极吸收哲学社会科学的教学育人资源。虽然说高校思想政治理论课是大学生思想政治教育的主渠道,但是思想政治理论课教育教学的资源却是非常丰富的,它不能仅局限于思想

政治理论课和思想政治理论课专职教师,也寓于各门课程和所有教师职责之中。特别是哲学社会科学中蕴藏着丰富的人文情怀、传统文化、民族精神等教育资源和独特的学科感染力,是思想政治理论课的重要教育资源。正如2004年8月26日颁布的《中共中央国务院关于进一步加强和改进大学生思想政治教育的意见》(即"中央16号文件")中所指出的:"高等学校哲学社会科学课程负有思想政治教育的重要职责。哲学社会科学中的绝大部分学科都具有鲜明的意识形态属性,对于帮助大学生坚定正确的政治方向,正确认识和分析复杂的社会现象,提高思想道德修养和精神境界具有十分重要作用。"因此,高校思想政治理论课教育教学要转变过去那种实际上只靠思想政治理论课教师承担和一门课由任课教师独立承担的教学思路,进而树立广泛吸收哲学社会科学教学资源育人的理念,加强吸收其他哲学社会科学的教学育人资源。

一是要重视发挥哲学社会科学课程的育人功能,使之与思想政治理论课教学相互配合。一方面,要在其他哲学社会科学课程中强化思想政治理论教育职责,增强"学科育人"意识,自觉提高对大学生进行思想政治理论教育的技能,善于从学科内容中发掘思想政治教育内涵,让学生在获得知识的同时实现思想道德的升华。另一方面,要开好人文社会科学选修课程。1994年8月31日颁布的《中共中央关于进一步加强和改进学校德育工作的若干意见》中指出:"高校应积极开设人文、社会科学类选修课程,与马克思列宁主义理论课和思想品德课统筹规划,分工合作。"原国家教委于1995年10月24日印发的《关于高校马克思主义理论课和思想品德课教学改革的若干意见》中也指出:"在开设好'两课'必修课的前提下,可根据学生特点和师资条件,逐步开设相关的人文社会科学类选修课程,使之与'两课'教学相互配合,更好地适应新时期培养合格人才的要求。"

二是要吸收其他哲学社会科学专家讲授思想政治理论课,增强思想政治理论课的理论深度和理论说服力。要采取多种方式,为哲学社会科学专家讲授思想政治理论课创造条件。可以通过举办思想政治理论课热点问题专家报告、大学生人文素质讲座等方式,拓展课堂教学,请哲学社会科学专家有针对性地、深入地回答学生关心的一些热点问题、难点问题,帮助学生解疑释惑。还可以吸收哲学社会科学专家直接参与讲授思想政治理论课程或思想政治理论课的相关内容。由于哲学社会科学的教授都是所讲内容领域的专家,所以有利于增强理论深度和理论说服力。而且,"05 方案"中还指出:"要拓宽教师来源渠道,吸引和鼓励相关专业课的教师承担一定的思想政治理论课教学任务,促进专业课教师与思想政治理论课教师之间的交流。要聘请理论研究单位和实际工作部门的专家学者和领导干部开设专题讲座。有条件的高等学校要建立校际之间教授互聘、优势互补的教学协作机制。要注意发挥离退休的哲学社会科学著名专家学者在高等学校思想政治理论课教育教学中的作用。鼓励党政领导干部给大学生作形势政策报告。"这为今后高校思想政治理论课进一步拓展思想政治理论课教学资源指明了方向。

三是在教材建设中体现哲学社会科学研究的最新进展,不断充实和改进教学内容。"05 方案"中指出:"高质量的教材是提高思想政治理论课教学水平的重要前提。教材建设要充分体现当代中国马克思主义发展的最新成果,全面反映党领导人民建设中国特色社会主义的生动实践和基本经验,全面反映在毛泽东思想、邓小平理论和'三个代表'重要思想指导下哲学社会科学研究的最新进展。"高校思想政治理论课的新四门课教材的编辑和出版,及时吸收和充分体现了哲学社会科学研究的最新进展,特别是关于中国特色社会主义理论体系的最新成果。许多哲学社会科学领域的专家参加了高校思想政治理论课新教材的编写,为思想政治理论课建设做出了积极贡献。

三、思想政治理论课的教学改革与转型

思想政治理论课教学改革的核心,是教学内容体系和教材建设。除此之外,最突出的方面是教学方式的转型。主要表现在两个方面:

首先,由拼图式教学转向整体性教学。过去,由于缺乏学科支撑,思想政治理论课程基本上是按教学内容设置的,带有明显的条块拼图特点。甚至教材的编写、教学内容的分工也有条块拼图的特点。其实,马克思主义本来是一个整体,马克思主义三大组成部分有着极其严密的内在联系,它们之间不是类似汉字"品"字形的并联关系,而是类似"王"字形的叠层的串联关系。因为构成"品"字的三个"口"之间都有一定的间隔,彼此缺少内在的联系;而构成"王"字的三个"横"却有一条竖线相连,即有一条主线把三者链接在一起。把马克思主义这三大组成部分联结在一起的竖线、主线就是贯穿整个马克思主义的无产阶级和全人类的解放这个主题。① 如果说,马克思恩格斯研究无产阶级和全人类解放这个主题的起点是马克思主义哲学,中介是马克思主义政治经济学,那么其终结则是科学社会主义。而且,从马克思主义三大组成部分之间的关系来看,科学社会主义比之哲学和经济学是更加重要的一

---

① 高放等:《科学社会主义的理论与实践》,中国人民大学出版社 2005 年版,第 4 页。

个组成部分,它是整个马克思主义的核心,但是原来方案中的马克思主义理论课主要包括了前两部分,而且是分开设置的,科学社会主义部分几乎被忽略。中国化马克思主义也应作为一个整体来开设,其主线是把马克思主义基本原理同中国具体实际相结合,但是原来方案中的毛泽东思想、邓小平理论和"三个代表"重要思想等内容也是分别开设的。思想道德修养与法律基础课也是如此,其主线是培养"四有"人才,但是原来方案也是分别开设的。中国近现代史纲要课的主线是四个选择,即历史和人民选择了中国共产党,选择了马克思主义,选择了社会主义道路,选择了改革开放。这是"05方案"中的一门新课程。新方案的四门课及其新教材的突出特点,就是每门课都增强了课程的整体性。因此,要根据整体性教学的要求,进行课程内容、教学计划、师资安排等环节的重构。只有实现由拼图式、分体式教学向整体性教学的转型,才能实现课程建设与学科建设的接轨和整合,也才能进一步增强思想政治理论课的主导力。

其次,由宣讲式教学转向互动式教学,或者说由功能性教学向价值性教学转型。思想政治理论课固然是对大学生普遍开设的公共课,是意识形态功能较强的课程,但最终目标是要落实在提高教育实效上。因而,在学科建设背景下,需要不断提升公共课的针对性、个体性,也就是由功能性教学转向价值性教学。功能和价值的主要不同在于,功能强调事物自身所固有的作用特性或单方面能力,而价值强调和表达的是事物与主体之间相互作用关系及作用的趋向与效应。所以,事物有价值,则必有与其相应的功能,而事物有某种功能,却不一定必有相应的价值。[①] 过去,有些人认为只要发挥了思想政治理论课的功能,就会自然而然地产生教育效果,

---

① 张澍军:《德育价值引论》,人民出版社2002年版,第217页。

所以,思想政治理论课一直被安排成大班课,甚至有的高校出现大班化过大(有的学校多至几百人)的现象。大班化过大只能导致宣讲式的教学,难以增强教学的针对性和个体性,其实效性和价值性就会大打折扣。其实,思想政治理论课是关于世界观、人生观、价值观的教育,是直接作用于具有主体性的教育对象的实践活动,更需要通过师生双向互动的教育活动来进行,不宜课堂人数太多。加强学科建设的一个重要目标,就是要服务思想政治理论课,提高思想政治理论课的实效性和价值性。思想政治理论课教师提升价值意识,就是要按照"三贴近"和"以生为本"的原则,变宣讲式教学为双向互动的教学活动,努力提高教学的针对性和实效性,真正使教育内容"入大学生的头脑"。根据互动式教学要求,思想政治理论课教学(学生人数)应当回归学生自然班,师资人数(包括专兼职教师)也要按照这一要求来配备,要舍得"德育"的资本投入。这是思想政治理论课教育教学规律的客观要求。否则,思想政治理论课必然在一定程度上被"形式化"。形式化教学实际上是一种思想政治理论课的假象。假象不仅起不到作用,还会破坏思想政治理论课的形象。对思想政治理论课的重视不能停留在文件上、会议上、主观设计上和功能上,而应落实到教育规律上和价值上。

第二节　正确把握高校思想政治理论课与通识教育课程的关系

在多元文化背景下,一些新的教育理念特别是通识教育理念对高校思想政治理论课的改革产生了重要影响。近年来,随着国内高校对通识教育的探索与实践,通识教育课程与高校思想政治理论课的关系问题已成为我国高校思想政治理论课改革中的一个热议话题,甚至出现了一些认识误区,不仅影响了我们对通识教育的探索,也混淆了高校思想政治理论课与通识教育课程的关系,模糊了高校思想政治理论课的特殊地位和作用,影响了高校思想政治理论课的主导性。因此,有必要对高校思想政治理论课与通识教育课程的关系进行深入分析,以便明确二者的联系与区别,实现二者的相互促进与协调发展,其实质是促进高校德育主导性与多样性的有机结合。

一、通识教育的由来及其在我国的实践探索

通识教育源于古希腊的自由教育。"自由教育的目的在于进行理智方面的训练,排斥任何职业的或功利的目的,在教育内容上关注知识的全面性和普遍性。"[①]把自由教育思想改造成通识教育是在美国工业革命后,科技的发展使得专业教育成为不可抗拒的发展趋势,特别是自然科学的发展,使得学科之间相互疏离,热衷于追求功利和实用,而忽视人文素养教育,因此就有学者提出通识教育。最早提出通识教育概念的是美国博德学院(Bowdoin College)的帕卡德(A. S. Parkard)教授,他指出,美国大学为学生提供的"通识教育,它包括古典学、文学和科学方面的有关课程内容,它是学生进行任何专业学习的准备。它为学生提供所有知识分支的教学,使学生在致力于学习一种特殊的、专门的知识之前对知识的总体状况有一个综合的全面的了解"[②]。之后,越来越多的

---

① 杜志强、陈时见:《大学通识教育:回顾、反思与追求》,《教育科学》2009年第6期。

② 转引自蔡映辉:《高校通识教育课程设置的问题及改革对策》,《高等教育研究》2004年第6期。

人对它进行了研究和讨论，可至今对通识教育还没有一个公认的、规范性的表述。我国学者李曼丽在综合了国内外学者对通识教育的各种表述之后，从性质、目的和内容三个角度对通识教育的概念内涵做了初步建构。她认为，"简言之：就性质而言，通识教育是高等教育的组成部分，是所有大学生都应该接受的非专业性教育；就其目的而言，通识教育旨在培养积极参与社会生活的、有社会责任感的、全面发展的社会的人和国家的公民；就其内容而言，通识教育是一种广泛的、非专业性的、非功利性的基本知识、技能和态度的教育。"[①]

现在，重视通识教育已成为现代大学在人才培养方面的一个重要理念。但是在我国，通识教育还处于起步阶段，通识教育的提法也不普遍，通常以"促进学生全面发展的教育"或"素质教育"、"文化素质教育"等命名。将"通识教育"狭义地理解为"文化素质教育"，是我国的特殊情况。这是针对我国高等教育建国以来学习苏联模式，过分强调专业教育，忽视大学生综合素质教育的现实状况，尤其是过度专业化导致学生片面发展的问题而提出的。1995 年我国开始在部分高校进行"文化素质教育"的试点与实践。1998 年，教育部颁发了《关于加强大学生文化素质教育的若干意见》(教高(1998)2 号文件)，"文化素质教育"进入全面推广阶段。

就通识教育课程与高校思想政治理论课的关系而言，在我国大致有三种主要观点：一是包含论，即通识教育课程包含思想政治理论课程，思想政治理论课是通识教育课程的组成部分。例如，李曼丽等认为，高校的通识教育课程包括全校必修课和文化素质教

---

① 李曼丽、汪永铨：《关于"通识教育"概念内涵的讨论》，《清华大学教育研究》1999 年第 1 期。

育选修课,政治理论课包括在全校必修课之中。① 王德胜认为:
"无论是国外与通识教育相关的博雅教育、全人教育、自由教育、
能力拓展训练等教育方式;还是中国贯彻多年的素质教育和'德、
智、体、美、劳'全面发展教育;以及爱国主义、集体主义、社会主义
教育;还有培养一专多能、德才兼备的人才教育;或者弘扬传统文
化教育等等,都能涵盖在通识教育的范畴之中。"②这种观点明确
了通识教育的理念,其不足之处是泛化了通识教育的内涵,甚至把
思想政治理论课通识化,混淆了思想政治理论课与通识教育课程
的性质界限,不利于体现和发挥高校思想政治理论课的特殊地位
和作用。二是平行论,即把通识教育狭义地理解为文化素质教育,
把高校思想政治理论课与文化素质教育课同时开设,分别管理。
许多高校采用了这一模式。这一观点既突出了高校思想政治理论
课的地位和作用,也在一定程度上贯彻了通识教育的理念,不足之
处是对通识教育的理解不够到位和全面,窄化了通识教育的内涵,
实际上没有真正实施通识教育。三是一体论,即把思想政治理论
课与通识教育课程融为一体,统一管理,确定科学的内容比例。这
一观点有利于统筹思想政治理论课和通识教育课程的课时安排
等,避免课程设置重复问题,不足之处是容易割裂二者的内在联
系。就我个人而言,我比较主张互动论,即在同时开设通识教育课
程和思想政治理论课的基础上,实现二者的互补、互通与互鉴。比
如,实现二者的功能互补、课程互通、方法互鉴等。为了正确把握
二者的关系,必须首先弄清二者的联系与区别。

---

① 李曼丽、杨莉、孙海涛:《我国高校通识教育现状调查分析——以北大、清
华、人大、北师大四所院校为例》,《清华大学教育研究》2001 年第 2 期。
② 王德胜:《中国特色的通识教育》,《光明日报·教育周刊》2008 年 2 月 20
日。

二、高校思想政治理论课与通识教育课程的内在联系

1.教学对象的共同性

通识教育是所有大学生都应该接受的非专业性教育。亚瑟·莱文(Arthur Levine)曾指出："通识教育是指大学本科课程中全校共同性的、内容有一定宽度的部分。它通常包括对若干学科领域有关课程的学习,试图为一所学校中的全体学生提供一种应当共有的本科训练。"①高校思想政治理论课作为全校公共政治课,与通识教育课程一样,都是面向所有大学生开设的课程,是对大学生实施"共同教育"的课程,而不是教会学生某个方面的专业知识或一技之长的以"致用"为目标的课程,也不是为某一专业或部分专业学生开设的课程。正因为这一点,所以,人们容易误认为,高校思想政治理论课也是通识教育课。

2.教育目标的一致性

高校思想政治理论课教育和通识教育都是高等教育的组成部分,在教育目标上都是为了提高大学生的素质,促进大学生的全面发展。李曼丽认为,通识教育的目标是"要培养满足现代社会要求的合格'公民'和'完人';培养学生的知识文化素养,使其具有合理的知识结构;对学生进行基本能力的训练,使学生具有合理的能力结构;培养大学生高雅的情趣和完善的人格结构,使其具有完美的人性"。② 陈向明认为,"通识教育理念下培养出来的学生不仅应该学有专长,术有专攻,而且应该在智力、身心和品格各方面

---

① 转引自蔡映辉:《高校通识教育课程设置的问题及改革对策》,《高等教育研究》2004 年第 6 期。

② 李曼丽:《通识教育——一种大学教育观》,清华大学出版社 1999 年版,第 139—145 页。

协调而又全面地发展;不仅具有高尚的道德情操、独立思考以及善于探究和解决问题的能力,而且能够主动、有效地参与社会公共事物,成为具有社会责任感的公民。"①我国的高校思想政治理论课是实施高校德育的主渠道,是帮助大学生树立正确世界观、人生观、价值观的重要途径,其目标是把学生培养成德智体美全面发展的社会主义建设者和接班人。因此,高校思想政治理论课与通识教育课程的教育目标具有一致性,二者的最终目标都是为了促进大学生的全面发展。而且,全面发展的人,首先应该是一个具有良好思想道德品质的人,思想道德建设是一个国家和民族前进和发展的精神动力,西方国家称加强学生的思想道德教育为"德育投资",德育越来越为世界各国高校所重视。

3. 课程内容的相通性

以美国哈佛大学的通识教育核心课程为例,其通识教育课程分六大领域十组课程:(1)外国文化;(2)历史研究(分两组,一组将历史作为长期的必然演化来研究,一组将历史作为独特的事件来研究);(3)文学与艺术(分三组,文学、视听艺术、文学艺术所产生于其中的文化背景研究);(4)伦理思辨;(5)科学(分两组,物理科学、生物环境科学);(6)社会研究。它涵盖了自然科学、人文科学和社会科学三个部分。而高校思想政治理论课内容所涉及的相关学科是一个包括哲学、经济学、政治学、历史学、社会学、文化学、伦理学、法学、教育学等学科在内的一个庞大的人文社会科学学科群,因而,二者的内容有一定相通性和交叉性,可以相互借鉴与交流,特别是在人文教育和德育教育方面有一定的契合性。

---

①　陈向明:《从北大元培计划看通识教育与专业教育的关系》,《北京大学教育评论》2006 年第 3 期。

二者的内在联系表明,高校思想政治理论课可以借鉴通识教育的理念和做法,以开拓思想政治理论课教学改革的思路。但也正因为二者有着上述的密切联系,所以才导致一些人对于二者关系的认识存在一定的误区。有学者认为,高校思想政治理论课是通识教育的一部分,其实质是把思想政治理论课通识化,用通识教育课程体系取代高校思想政治理论课的特有体系;有学者则认为,高校思想政治理论课就是通识教育,没必要换一个新概念,主张把通识教育课纳入到高校思想政治理论课体系之中,如有的高校已把文化素质教育课简单地纳入思想政治理论课的实践教学环节。这两种说法都是不科学的,前者模糊了高校思想政治理论课的地位和作用,后者则模糊了通识教育的宗旨。这就要求我们在正确认识通识教育与高校思想政治理论课的内在联系的基础上,进一步分析二者的明显区别。

三、高校思想政治理论课与通识教育课程的显著区别

1. 课程设置的目的不同

通识教育主要是相对于专业教育而言的,是针对过去重视专业知识和技能的学习,忽视人文素质的培养而提出的一种新的教育理念,是对高等教育专业化导致人的片面发展的一种矫正。"通识的意思就是融会贯通知识。通识教育课程旨在推行均衡教育,以扩展学生的视野,培养其抽象与综合思考之能力,使其在瞬息变化的现代社会,能内省外顾,高瞻远瞩。"①而我国的高校思想政治理论课属于德育范畴,主要是相对于智育和体育而言的,是培

---

① 周奔波、丁为、王细芳:《大学通识教育的理论与实践初探》,《高教论坛》2005 年第 2 期。

养德智体全面发展的人才的需要,而且主要是培养学生思想政治道德素质的需要。正如有学者所说,"德育是一种培养学生思想政治素质的教育活动","从高校思想政治理论课程性质、内容和教学过程来看,高校思想政治理论课程是一种德育课程"。① 只有把二者区别开来,才能确保和发挥高校思想政治理论课的地位和作用。

2. 课程的性质与功能不同

如前所述,通识教育有其特殊的理念和内涵,是一种非专业性的、非功利性的基本知识、技能和态度的教育,因而不能简单地把全校开设的所有课程都归入通识教育课程。严格来说通识教育课程主要是智育层面的教育。其理由有三:一是它是对智育的拓宽和优化,是不同于专业课程而又弥补专业课程不足的智育课,重在培养人的全面素质和能力。"通识教育强调的是立足于文化与文明,为大学生的全面发展提供知识资源和思想指导,特别是培养学生的人文素养和人文精神。"② 二是西方的通识教育课程往往是淡化其意识形态性的,其意识形态性内容和要求往往是隐性的、渗透性的,不仅渗透在通识教育课中,也渗透在专业课程中,没有明确的德育课程体系。"我们所研究的美国大学的课程案例,把道德和公民教育都结合在整个本科学习的经验中,既在通识教育里面,也在专业教育里面。同时丰富的课外活动也是美国大学道德和公民教育的重要组成部分,非常具有特色。"③ 虽然说通识教育课程

---

① 余双好:《关于高校思想政治理论课程定位的探讨》,《思想理论教育》2007 年第 11 期。

② 魏启晋:《通识教育背景下的高校思想政治理论课教学》,《北京教育》(德育)2009 年第 S1 期。

③ 李曼丽:《今日美国大学的道德和公民教育——课程与教学》,《高等教育研究》2004 年第 2 期。

中包含了大量与思想政治教育相关的内容,但通识教育课程中有意识形态性的内容,不一定就属于德育课程,就像哲学社会科学专业的课程多数也都有意识形态性,但主要属于专业课程和智育范畴一样。三是在我国实践中通识教育课程和高校思想政治理论课也是两种不同的课程体系,分别侧重文化素质教育和德育教育。而我国高校的思想政治理论课则明确属于德育范畴,具有鲜明的意识形态性,有明确的政治立场和教学制度安排。中宣部、教育部《关于进一步加强和改进高等学校思想政治理论课的意见》(教社政[2005]5号)中明确指出:"高等学校思想政治理论课承担着对大学生进行系统的马克思主义理论教育的任务,是对大学生进行思想政治教育的主渠道。充分发挥思想政治理论课的作用,用马克思列宁主义、毛泽东思想、邓小平理论和'三个代表'重要思想武装当代大学生,是党的教育方针的具体体现,是社会主义大学的本质特征,是党和国家事业长远发展的根本保证。"高校思想政治理论课的目的和意义,正在于坚定正确的政治方向。即便是中国特色的通识教育,如果仅仅把高校思想政治理论课作为通识教育课程的一部分,也降低了其特有地位。另外,作为公共课的外语课、计算机课程等工具性课程及体育课也不宜列入通识教育课程。同时,也不能把通识教育窄化为各地高校倡导的"文化(或人文)素质教育"。

3.课程的学科归属和内容要求不同

通识教育课程涉及学科比较广泛,课程内容涵盖自然科学、人文科学和社会科学三个部分。高校思想政治理论课的课程内容,只是在人文社会科学方面与通识教育有相交叉的地方,有明确的学科归属和课程安排,属于马克思主义理论学科。而且,我国高校思想政治理论课由中央统一规定教学大纲和教材,对教学内容有高度统一的要求,是每个大学生的必修内容。而通识教育的内容安排有较大的自由度,可以根据学生就业和社会发展的需要进行调整,学生在选修课程方面也有很大选择空间。

高校思想政治理论课与通识教育课程的相互区别告诉我们,二者各有侧重,不能互相替代,既不能以通识教育课程取代思想政治理论课,把思想政治理论课通识化,也不能以思想政治理论课取代通识教育课程,忽视通识教育课程建设。

四、高校思想政治理论课与通识教育课程的良性互动

以上分析表明,高校思想政治理论课与通识教育课程在我国应分属德育和智育学科,二者各有侧重,不能相互替代,但二者又有一定的内在联系,可以相互配合,互为补充,共同完成高等教育的目标。通识教育课程与高校思想政治理论课在现代生活条件下都需要加强。要根据我国高等教育发展的实际,努力探索中国特色的通识教育思路,使之与我国高校思想政治理论课两种课程体系各具特色,形成合理的互动机制。唯有如此,才能确保高校思想政治理论课的主导地位。具体来说,主要体现在以下方面:

1. 功能互补

通识教育课程与专业课程相比,其功能主要体现在使不同学科的知识能够融会贯通方面。从总体上看,其主要功能是智育功能,也有一定的德育功能。正如有学者指出,通识教育的"通"指贯通,要求学能通达不同领域,突出人文和科学精神的统一。"识"指对基本知识的认知,还包括人的情感、意志等。它突出了通识教育对个体人的心智的培养。总体上培养的人应是"健全"

公民和"完整"人格。① 而思想政治理论课的设置主要体现了它的德育功能特别是意识形态功能，要坚持正确的政治方向。高校思想政治理论课与通识教育课程在性质和功能方面各有侧重和优势，二者相互配合、互为补充，更有利于实现高等教育培养大学生全面素质的目标。鉴于我国高等教育课程设置的实际，高校思想政治理论课应主要体现德育功能和导向功能，通识教育课程应主要发挥智育功能和贯通功能，并按照二者的相对功能定位进行课程设计，使二者既避免课程重复，又具有互补作用。

2. 课程互通

高校思想政治理论课与通识教育课程在育人目标上的一致性，以及在内容上特别是人文教育方面的契合性，为通识教育课程与高校思想政治理论课相互配合与交流提供了的基础和前提。在保证高校思想政治理论课和通识教育课程两种课程体系的前提下，应努力探索二者的互通机制。首先，可以进行课程设置上的互通。比如，既可以把思想政治理论课中的相关内容纳入通识教育课程（文化素质课）的讲座课堂，也可将通识教育课程（文化素质课）实践性较强的课程纳入思想政治理论课的实践课程环节。其次，课程内容上的互通。思想政治理论课和通识教育课虽然课程设置有别，但都涉及大量的人文社会科学内容，必然有一定的契合性，实现二者内容互通，可以促进二者内容结构进一步优化。在思想政治理论课中引入通识教育课的相关内容，可以进一步丰富和充实其教学内容，提高思想政治理论课的吸引力和感染力；在通识教育课中引入思想政治理论课的相关内容，可以保证通识教育课

---

① 李定国：《美国高校通识教育的实施对我国大学生思想政治教育的启示》，《湖北社会科学》2008 年第 12 期。

的正确方向。第三,师资力量的互通。从思想政治理论课角度讲,要树立"大思政"观念,积极吸收承担通识教育课程和哲学社会科学专业课程的教师,通过举办思想政治理论课热点问题讲座、文化素质讲座、思想政治理论课改革试点班等方式,请他们参与讲授思想政治理论课程或思想政治理论课的相关内容。同时,也可以请思想政治理论课教师专题讲授通识教育的相关内容。

3.方法互鉴

由于我国高校思想政治理论课和西方通识教育课程在性质、功能、内容等方面的不同,在教学方法方面也形成了各自特色,其成功经验是可以相互借鉴的。通识教育课程对我国高校思想政治理论课具有借鉴作用的教学方法主要表现在三个方面:一是渗透性。我国思想政治理论课比较注重从正面对大学生进行马克思主义世界观、人生观、价值观教育,有明确的政治方向,而通识教育课程则侧重培养大学生的人格魅力,注重在潜移默化中陶冶学生的情操,完善学生人格。二是多样性。我国高校思想政治理论课比较注重理论灌输,虽然加强了方法创新,但从总体上还没有突破相对单一的课堂讲授的教学模式。而通识教育在教学方法上具有很大灵活性和多样性,广泛采用了深度经典阅读、课堂讨论、案例分析等方法,学生选修课程的自由度也比较大。三是互动性。我国高校思想政治理论课比较注重发挥教师的主导作用,而通识教育比较强调教学的互动性和学生的主体性。高校思想政治理论课对通识教育课程的借鉴作用主要体现在德育主导和正面导向上,我国特色的通识教育课程在涉及意识形态方面的相关内容时必须敢于进行正面教育,坚持正确的价值导向,确保通识教育课程的健康发展。

第三节　发挥高校思想政治理论课
教师的主导作用

党的十六大以来，以胡锦涛同志为总书记的党中央高度重视加强和改进高校思想政治理论课教育教学工作。提高高校思想政治理论课教育教学质量和水平，关键在教师。"05方案"明确指出，高校思想政治理论课"要充分发挥教师的主导作用，提高马克思主义理论的说服力和感染力。"根据《中共中央　国务院关于进一步加强和改进大学生思想政治教育的意见》（中发〔2004〕16号）、《中共中央宣传部　教育部关于进一步加强和改进高等学校思想政治理论课的意见》（教社政〔2005〕5号）和《中共中央宣传部　教育部关于进一步加强高等学校思想政治理论课教师队伍建设的意见》（教社科〔2008〕5号）等文件精神和要求，为充分发挥高校思想政治理论课教师的主导作用，主要应让高校思想政治理论课教师增强以下四种意识：

一、增强政治方向意识

高校思想政治理论课教师必须坚持正确的政治方向，是由我国高校思想政治理论课的性质和任务所决定的。早在1984年9月4日中宣部、教育部颁布的《关于加强和改进高等院校马列主义理论教育的若干规定》中就指出："马列主义理论课的主要任务是帮助学生通过系统地学习马列主义、毛泽东思想，确立坚定正确的政治方向，树立无产阶级世界观。"1995年10月24日原国家教委印发的《关于高校马克思主义理论课和思想品德课教学改革的若干意见》中也指出："对青年学生系统进行马克思主义基本理论教育和思想品德教育,是社会主义大学的本质特征之一。……'两课'教学的根本目标,是引导和帮助学生树立马克思主义的世界观、人生观、价值观,确立为建设有中国特色社会主义而奋斗的政治方向,增强抵制错误思潮和拜金主义、享乐主义、极端个人主义等腐朽思想侵蚀的能力。"2005年2月7日,《中共中央宣传部 教育部关于进一步加强和改进高等学校思想政治理论课的意见》(即"05方案")中进一步指出:"高等学校思想政治理论课承担着对大学生进行系统的马克思主义理论教育的任务,是对大学生进行思想政治教育的主渠道。充分发挥思想政治理论课的作用,用马克思列宁主义、毛泽东思想、邓小平理论和'三个代表'重要思想武装当代大学生,是党的教育方针的具体体现,是社会主义大学的本质特征,是党和国家事业长远发展的根本保证。"可见,我国的高校思想政治理论课具有鲜明的意识形态性,必须始终保持正确的政治方向,其主要任务和中心内容就是进行马克思主义理论和社会主义意识形态教育。

但是,在改革开放的背景下,由于受多元文化的影响和冲击,一些思想政治理论课教师在这个问题上也曾有过思想认识上的混乱和不同看法,其中最突出的表现是把思想政治理论课"中性化"、"边缘化"、"市场化"、"迎合化"等错误倾向。这几种错误倾向的实质,都是淡化了思想政治理论课的意识形态性,偏离了思想政治理论课的正确方向和本质要求。

新世纪以来,国际国内形势的深刻变化以及要把大学生培养成为"德智体美全面发展的社会主义合格建设者和可靠接班人"的育人目标,更加彰显出高校思想政治理论课教师坚持正确政治方向的重要性。2008年9月23日,《中共中央宣传部 教育部关于进一步加强高等学校思想政治理论课教师队伍建设的意见》中强调指出："思想政治理论课教师必须坚持正确的政治方向，热爱马克思主义理论教育事业，具有良好的思想品德，有扎实的马克思主义理论基础和相应的教学水平、科研能力。……在事关政治原则、政治立场和政治方向问题上不能与党中央保持一致的，不得从事思想政治理论课教学。"这为高校思想政治理论课教师在新的形势下坚持正确的政治方向，提出了更加明确的要求。因此，高校思想政治理论课教师必须始终坚持正确的政治方向，旗帜鲜明地用马列主义、毛泽东思想和中国特色社会主义理论体系武装大学生的头脑，坚持社会主义核心价值体系的正确价值导向。只有如此，才能真正发挥思想政治理论课的应有作用。

二、增强学科支撑意识

过去，思想政治理论课的学科归属不太明确，所以，教师把主要精力放在了公共课教学上，大部分思想政治理论课教师对自己的学科方向比较模糊，学科意识比较淡漠，也没有学科建设的任务。由于没有学科支撑，思想政治理论课在学术上没有地位，思想政治理论课教师也很难评职称，一些教师特别是业务好的教师相继脱离思想政治理论课教学岗位而去教专业课去了，使思想政治理论课教师队伍很不稳定。马克思主义理论学科设立之后，不仅使高校思想政治理论课教师有了明确的学科归属，也给思想政治理论课教师提出了新的要求和任务。"随着马克思主义理论一级学科的设立，思想政治理论课程建设已经进入到了一个教学、科研和学科建设齐头并进的历史发展阶段，每一个思想政治理论课教师都必须同时从教学、科研和学科建设三个层次来发展自己，否则就不能完成新时期思想政治理论课教学任务。"①而且,"05 方案"
对思想政治理论课的学科归属有了明确定位,因而,每位教师根据
自己所承担的课程,都有与之基本对应的学科专业和学科方向。
作为一名思想政治理论课教师,不仅要把所承担的课程提升到学
科建设的高度加以研究,而且要根据自己所承担的课程,选择、明
确和调整好自己的学科定位,积极参与学科建设。

一般来说,承担"马克思主义基本原理概论"课的教师应主要
定位在"马克思主义基本原理"和"国外马克思主义研究"学科;承
担"毛泽东思想和中国特色社会主义理论体系概论"课的教师应
主要定位在"马克思主义中国化研究"和"马克思主义发展史"学
科;承担"中国近现代史纲要"课的教师应主要定位在"中国近现
代史基本问题研究"学科;承担"思想道德修养与法律基础"课的
教师应主要定位在"思想政治教育"学科,力求做到课程方向与学
科方向相统一、所学专业与学科专业相统一、专业兴趣与学科要求
相统一。

三、增强科研提升意识

过去,思想政治理论课作为公共课,由于学生多,教学任务重,
思想政治理论课教师很少有精力搞科研,有些学校对思想政治理
论课教师有降低科研要求的"倾斜政策",再加上没有明确的学科
支撑,因而,思想政治理论课教师缺乏科研的动力,许多教师科研
意识不强,对科研重视不够,投入不多。如今,随着马克思主义理
论学科的设立和思想政治理论课教育教学面临的新任务新要求,

---

①　佘双好:《思想政治理论课程教师应提升学科建设意识》,《思想理论教育
导刊》2007 年第 9 期。

加强思想政治理论课的理论与教学研究,日益成为提高思想政治理论课教育教学质量的内在要求,也成为思想政治理论课教师考核的重要指标。这就要求思想政治理论课教师进一步增强和提升科研意识,不断提高科研能力。也只有如此,才能在学科建设中确立和巩固自己的学科方向和研究特色。

首先,这是落实思想政治理论课新方案(即"05方案")的要求。新的课程方案与原有方案相比,在课程设置、教学内容、教材体系等方面都有了新的特点和要求,需要通过研究才能正确认识和把握。新方案的四门课及其新教材的突出特点,就是每门课都增强了课程的整体性。另外,就是教材内容具有较强的综合性、时代性和针对性。因此,只有通过开展课程研究,才能编写出科学性、时代性、整体性强的高质量的教材和教案,帮助学生从整体上理解和掌握马克思主义和中国化的马克思主义。

其次,这是加强思想政治理论课的学科建设的要求。把思想政治理论课提高到学科建设的高度,就是要把思想政治理论课作为科学来建设。而要提高思想政治理论课的科学性,就必须加强对思想政治理论课的理论研究和教学研究。要通过研究思想政治理论课与马克思主义理论一级学科及其所属二级学科的关系,实现课程建设与学科建设的有机整合和相互促进。

第三,这是提高思想政治理论课教育教学效果的要求。提高思想政治理论课的说服力、感染力、吸引力和实效性,一方面需要深化教学内容、方法和手段改革,但另一方面,从根本上来说,思想政治理论课作为理论教育课,必须通过提升理论魅力来实现,这就需要不断加强思想政治理论课的理论研究。只有加强理论研究,及时把理论研究的新成果运用和体现在教学之中,才能不断提高思想政治理论课的教学质量和水平。

四、增强教育实效意识

思想政治理论课的最终目标是要落实到提高教育实效上。改革开放以来,我国不断推进高校思想政治理论课教育教学改革,特别是随着"05方案"的实施,取得明显效果。2008年上半年,教育部在全国200所高校10万大学生中对思想政治理论课进行测评,结果显示,85%的大学生对教学满意或基本满意,近91%的大学生对教师感到满意或基本满意。这说明高校思想政治理论课越来越受到大学生的欢迎。但是,学生的满意度还不完全等于实际的教育效果,思想政治理论课的效果是有层次的,需要一个由"入眼入耳"到"入心入脑"的递进发展过程。而且,思想政治理论课的效果不都是立竿见影式的,而是具有一定的滞后性,甚至会影响学生的一生。因此,对思想政治理论课的教学评价必须由满意度向受益度提升,全面地评价思想政治理论课的有效性。

所谓"入眼入耳",就是说思想政治理论课要让学生喜欢听,喜欢上,能吸引学生的目光和注意力。在高校思想政治理论课教学中现已广泛采用的课件教学、多媒体教学、网络教学等手段,已经大大提高了思想政治理论课教学的入眼入耳效果,受到学生欢迎。所谓"入心入脑",是指要让学生受到心灵的启迪,真正从思想上提高认识、树立信仰。只有做到"入心入脑",才能真心喜欢、终身受益。提高思想政治理论课效果,固然包括要让学生喜欢听,喜欢上,但是,入耳、入眼不一定意味着入心、入脑。要使思想政治理论课真正成为让大学生真心喜爱、终身受益的课程,还有很多工作要做,需要努力在深层次的实效性上下工夫,不断提高"入心入脑"的教育效果。为此,思想政治理论课教师要努力做到以下几点:

第一,要坚定理想信念,增强信仰魅力。高校思想政治理论课具有较强的意识形态性。作为思想政治理论课教师，自身首先要有坚定的马克思主义信仰，要用自己的信仰来研究和传播信仰，讲马列的必须信马列。我国进行马克思主义理想信仰教育的主要内容是进行"四信"教育，即对马克思主义科学理论的信仰，对社会主义的信念，对中国特色社会主义建设事业的信心以及对党和政府的信任。只有自己真学、真懂、真信、真用马克思主义，才能增强思想政治理论课的说服力和感染力。

第二，要提升理论水平，增强理论魅力。只有具备扎实的理论功底，才能增强思想政治理论课的理论深度，有针对性地、深入地回答学生关心的一些热点问题、难点问题，帮助学生解疑释惑，使其真正提高思想认识。特别是不能把错误理解、偏激见解带入课堂。

第三，要加强师德建设，增强人格魅力。思想政治理论课重在育人，所以，思想政治理论课教师不仅要用丰富的学识教育学生，而且要更严格遵守职业道德和职业规范，以独特的人格魅力、高尚的思想境界、正确的价值取向、良好的行为表现，积极地影响和引导学生。要把言传与身教完美结合起来，对自己所教授和倡导的内容，要以身作则，率先垂范，言行一致，为学生作出表率。

第四，要深化教学内容改革，不断与时俱进。要根据理论联系实际的原则和贴近实际、贴近生活、贴近学生的要求，不断充实和更新思想政治理论课教学内容，特别是不断推进党的创新理论及时进教材、进课堂、进学生头脑，要把"两个体系"教育（中国特色社会主义理论体系和社会主义核心价值体系）作为重点内容，教育和引领学生，增强教学内容的时代感和现实性。同时，要深入了解学生的思想特点和心理需求，通过深入了解学生，增强教学内容的针对性。只有如此，才能提升思想政治理论课对学生人生的引导力。

　　第五,要改进教学方法和手段,提高教学艺术。同样的教学内容,为什么有的老师的课学生愿意听,而有的则提不起学生的兴趣,究其原因,就在于那些受欢迎的教师在教育方法和教学设计上的独特和创新。在长期的思想政治理论课教学实践中,广大思想政治理论课教师探索和采用了一系列新的教学方法和手段,比如启发式、参与式、互动式、研究式、问题式、案例式、实践式等教学方法和多媒体、网络等教学手段,调动了学生思考的积极性和学习乐趣,收到良好效果。

第九章　中美高校德育主导性比较

　　坚持主导性,是高校德育的普遍要求。但是,由于不同社会、不同国家占主导地位的意识形态不同,所以其德育主导性的具体内容和要求是有明显差异的。当今,中国和美国作为两种不同意识形态国家——社会主义国家和资本主义国家的代表,在高校德育中更是强调坚持主导性。当然,由于意识形态的差异,两国高校在德育主导性的内容和要求上又有本质不同。通过坚持德育主导性,中美两国高校德育对其大学生的思想发展分别起到对社会主义意识形态、社会主义核心价值观和资本主义意识形态、资本主义核心价值观的导向和强化作用。本章对中美两国高校德育主导性作一比较分析,探讨美国高校坚持高校德育主导性的有益经验和启示,对于加强和改进我国高校德育具有重要借鉴意义和促进作用。

第一节　高校德育主导性的普遍性

　　高校德育主导性的普遍性是指任何国家的高校德育都普遍具有主导性,没有主导性的高校德育是不存在的。搞清高校德育主导性之普遍性的来龙去脉,是比较任何两国高校德育主导性的前提,也是比较中美两国高校德育主导性的前提。

一、高校德育主导性普遍性的根源

古今中外,任何一个国家及其社会对人才的培养在德育上都是有需求的,尽管这种德育需求随着社会的发展而不断的发展变化,但是因为其必然打上统治阶级的烙印或直接代表统治阶级的意志,因而社会的德育需求始终都是具有主导性的。同时,从大学生人生发展来说,任何一个大学生都希望自己在大学生涯中能充分发挥自身潜能,这种自身潜能的发挥又必须遵从社会和时代的要求(否则以后就无用武之地或者被边缘化),并把社会和时代的要求自觉内化为自身的品行,因此大学生人生发展也始终是具有主导性的,这两方面构成了高校德育主导性普遍性的主要根源。

1.社会对人才的要求是高校德育主导性普遍性的客观根源

从一个国家来说,统治阶级要推行他们的意志,高校是不可或缺的阵地,而国家对大学生的要求一定是德才兼备,因此高校德育就必须具有主导性。尽管德育的某些内容是具有普世性的,然而完全不体现、不维护统治阶级意志的德育是没有生命力的。因为高校德育与大学生思想政治教育是基本同一的概念①,所以,"阶级思想统治的需要是思想政治教育主导性生成的直接原因"②,也就是高校德育具有主导性的直接原因。从高校来说,高等教育在教育目的上历来有两种对立的价值观,一种是社会本位,即从社会

---

① 郑永廷、江传月等:《主导德育论——大学生思想政治教育一元主导与多样发展研究》,人民出版社 2008 年版,第 2 页。
② 石书臣:《现代思想政治教育主导性研究》,上海学林出版社 2004 年版,第 51 页。

需求出发办学,另一种是个人本位,即教育目的体现个人发展。①
我们认为,高校教育的这两种价值不仅不冲突,而且相互支持。高
校本身就是两个方向的中转站,一个是体现国家和社会对人才的
要求的中转站,另一个是个人成才的中转站。而个人是否成才最
终还得需要其所处的社会的认可,所以当然要内化社会要求。这
是不以人的主观意志为转移的。

以美国大学为例。世界的知名学府哈佛大学,尽管其以"学
术自由、学术自治、学术中立"著称,但是在其德育中仍然无法回
避美国资本主义制度的发展所要求的价值观,否则其所培养的学
生就无法适应美国社会。事实上正是因为其紧扣美国社会价值观
及其时代脉搏,哈佛大学才能先后培养出包括现任总统奥巴马在
内的八位美国总统。再考察一下包括哈佛大学在内的几所美国大
学初建时的培养目标,我们就更加一目了然。在初建时,哈佛大学
是为培养牧师而建的。建于1636年的哈佛学院,即哈佛大学的前
身,是来自英国查尔斯敦的年轻牧师约翰·哈佛在波士顿所建,其
目的是为了培养新教牧师。② 此外,建于1701年的康涅狄格的耶
鲁学院、1755年由富兰克林中学院改组的菲列得尔菲亚学院,后
来又发展成为宾夕法尼亚大学和1754年建立的纽约皇家学院等,
创立这些大学的主要动机也是宗教性质的,目的在于培养具有高
深学问的传教士、教会工作者和虔信宗教的政府官吏。③ 可见,美
国大学初建时的培养目标是新教教徒及神职人员。这个目标显然
是与殖民地时美国要求脱离英国控制的社会要求直接相关,在那

---

① 谢安邦主编:《高等教育学》,高等教育出版社1999年版,第54—55页。
② 杨会军:《一口气读完美国史》,京华出版社2005年版,第31页。
③ 王天一、夏之莲、朱美玉编著:《外国教育史》,北京师范大学出版社2005
年版,第220—221页。

时的英国,政教合一的封建教皇代表上帝霸占了所有的财产,而在新的殖民地即后来的美国,新兴的资产阶级即新教徒们则要求私有财产神圣不可侵犯(实际上是在建立和维护资产阶级的个人私有制),他们希望这样的思想传遍殖民地的大街小巷,所以大学就用来培养教徒和牧师。美国这几所大学初建时的培养目标充分说明,美国高校培养人才体现的是美国统治阶级的意志和美国社会的需求。

再看看德国、英国、韩国、日本几个国家,其高校德育同样体现国家意志。德国在《德意志联邦共和国高等学校总法》中规定:"教与学应当使大学生对某一职业领域活动有所准备,并根据所学课程的要求,向学生传授未来工作所需要的专业知识、能力和方法,以使大学生能够胜任将来的科学和艺术工作,并能在一个自由、民主、法治的国家中具有负责的态度。"[1]英国德育的目的就是培育青年对本国制度的认同感,议会制度是唯一可认同的政体,捍卫民主价值及民主的生活方式,对付来自"极权主义"即社会主义的挑战。[2] 韩国的爱国主义教育和国民精神教育更是体现在各种学校教育中,韩国高校则要求大学生建立有关民族认同、人道主义和社会关系所必需的价值系统。[3] 日本高校同样注重培养大学生的政治教养,其政治教育在大学阶段显得特别重要。[4]

---

[1]　苏振芳主编:《当代国外思想政治教育比较》,社会科学文献出版社 2009 年版,第 184 页。

[2]　陈立思主编:《当代世界的思想政治教育》,中国人民大学出版社 1999 年版,第 141 页。

[3]　苏振芳主编:《当代国外思想政治教育比较》,社会科学文献出版社 2009 年版,第 398—400 页。

[4]　陈立思主编:《当代世界的思想政治教育》,中国人民大学出版社 1999 年版,第 253 页。

这几个国家对大学生在政治素质方面的要求也是客观存在的，是高校必须贯彻执行的。如果离开了社会对人才的需求、对人才所具备德育的需求，高校教育将成为无的之矢，作为高校教育的重要组成部分，高校德育更是成了无源之水、无本之木，这决定了高校德育主导性普遍性的客观根源就是社会的需求。

2. 大学生人生发展的自觉要求是高校德育主导性普遍性的主观根源

马克思指出："人的本质不是单个人所固有的抽象物，在其现实性上，它是一切社会关系的总和。"①这句话深刻地告诉我们，人的本质属性是社会性，人的发展也必须符合社会性才能体现其本质。符合社会性实际上就是要体现和适应个体所处社会的一切社会关系：政治关系、经济关系和思想关系等。这些关系不会因个人意志而转移，其本身客观上就是国家和社会的要求。因此人的发展一定不能离开国家和社会的要求，否则人就无法发展。而国家和社会的要求一定是具有主导性的。虽然当今世界资本主义国家占多数，但每个资本主义国家也各有各的主导要求；同样，当今的社会主义国家也都各有各的主导要求。大学生在规划自身发展时或者在将来的发展过程中一定要内化这样的要求，即使内化这样的要求要经历一个"了解——熟悉——认可或者从不认可到逐步认可——适应——维护"的复杂过程。如果大学生没有这样的自觉性，那其必定是鼠目寸光，其以后的发展也必定是无山可靠。"一个人在社会生活中，不可能不呼吸'精神的空气'，不可能拒绝所有的意识形态，否则他不可能在社会中生存和发展。只有通过传统和教育，认同一定社会的主导意识形态，

---

① 《马克思恩格斯选集》第1卷，人民出版社1995年版，第56页。

才可能得到这个社会的认可"。① 此外,"人的信仰追求是思想政治教育主导性生成的基础","而信仰追求是人的精神需要的核心和主导因素,是人的精神支柱"②,大学生信仰追求的客观存在也是其自觉要求,因而也是高校德育主导性普遍性的主观根源。

然而,事实并不像我们想象的那么简单。当今世界各个国家的大学生自觉要求体现其国家和社会的要求并不是那么容易的事,因为世界全球化进程越来越快,以信息网络为主的全球化方式也越来越多,每个国家受其他国家影响日益繁多、渗透进其他国家各种价值观也不是什么令人惊奇的事。大学生处在这种环境下,必然面临一个价值观"一"与"多"的困惑和抉择。这个事实给高校德育工作者增加了工作难度,提出了挑战,但同时也是机遇。因为,大学生思想及价值观的可塑性极强,一旦其认准了某种价值观,在其以后的人生发展中,这种价值观就会有先入为主的优势。把握住了这个机会,高校德育才能体现其实效性。因此,具有主导性的高校德育并不是一厢情愿、可有可无,其一方面必须要体现社会要求;另一方面也是在唤起大学生的自觉,帮助大学生处理好一元主导的价值观与多样化价值观的关系,最终树立本国要求的核心价值体系。

当代美国高校大学生最终要树立的是一整套美国政治文化,实际上就是包括盎格鲁——新教文化、美国精神、实用主义、个人主义、美国式民主和自由等等在内的美国资产阶级核心价值观,但是,在树立这个价值观之前,也必须要有对这种价值观的自觉认识。只有这样,在大学毕业后才能真正适应美国社会,才能在美国社会的

---

① 张耀灿、郑永廷等:《现代思想政治教育学》,人民出版社 2006 年版,第119 页。
② 石书臣:《现代思想政治教育主导性研究》,上海学林出版社 2004 年版,第53 页。

大舞台上一显身手。同样,当代中国大学生需要树立的是包括马克思主义指导思想、中国特色社会主义共同理想、中国民族精神和时代精神以及社会主义荣辱观等在内的社会主义核心价值体系。如果没有对这一核心价值体系的自觉认同,毕业后也将很难适应中国社会。可见,世界各国包括美国和中国高校的大学生,都存在着人生发展问题,而人生发展顺畅与否,就在于是否对本国要求的主导价值观的接受。因为这个问题存在着普遍性,所以大学生人生发展的自觉要求就成了高校德育主导性具有普遍意义的主观根源。

3. 德育的本质属性是高校德育主导性普遍性的内在根源

如果说社会对人才的要求和大学生人生发展的自觉要求属于高校德育主导性普遍性存在的外在根源,那么德育的本质属性就是高校德育主导性普遍性的内在根源。一般来说,德育具有社会性和阶级性两重属性,其中德育的本质属性就是德育属性中规定着德育性质和发展方向的根本属性,这个根本属性就是阶级性或意识形态性,它规定着德育的根本性质和方向,因而是德育的主导属性,不具备或丧失这一属性,就失去了德育的意义。任何社会和国家的德育无不具有这一根本属性,正是从这一意义上说,德育的本质属性是高校德育主导性具有普遍意义的内在根源。高校德育更是如此,因为它的主要任务在于进行意识形态教育。只要存在高校德育,就一定具有明确的主导性,高校德育主导性的普遍性也随之产生。

二、高校德育主导性的普遍性对我国高校的要求

现代大学的职能包括培养专门人才、发展科学和服务社会三个方面①,无论是哪个职能,都必然体现着统治阶级的意志和要求,

---

① 谢安邦主编:《高等教育学》,高等教育出版社 1999 年版,第25—28 页。

从而体现高校德育主导性。如培养专门人才是现代大学的根本使命①，但这些专门人才绝不可能去反国家反社会，即使他们不积极维护国家意志，也不可能"冒天下之大不韪"；而"科学无国界、科学家有国界"的客观事实说明，高校德育在发展科学这一高校职能上也是有主导性的；服务社会这一职能本身就要求符合社会需要，所以更要体现高校德育主导性。为此，要求高校必须做到以下几点：

第一，不断研究社会对人才培养的德育要求。一方面，因为高校德育体现国家和社会对人才培养的主导要求是世界各个国家普遍存在的客观事实，因此我国高校必须要先研究国家和社会的主导要求及其发展变化，只有研究透了，找到了规律，才能真正制定出正确的德育目标。假如高校只是被动地接受国家颁发下来的文件上的目标要求而不去研究它，那么一定不能及时而正确地理解它，不能正确地理解，也就不能正确而得力地维护它、贯彻它、创新它。另一方面，还存在一个如何把握主导性的问题。每个高校研究和开展德育工作的过程和方法都是不同的。哪些人研究德育主导性？有没有专门的部门？这方面的工作是如何开展的、效果如何、有没有评估机制？等等，这些都是现代高校尤其是我国高校亟待解决的问题。假如这个问题得到应有的重视，那么高校一定会将提高高校德育实效性的工作系统地开展起来，比如像美国那样多开些学生感兴趣的政治类的选修课来供学生学习、消化美国的资产阶级核心价值观。也就是说，光在课程设置上，我们就需要做大量的工作。从这个角度出发，我们可以想象一下那些不重视高校德育主导性研究的高校是如何在提高高校德育实效性的问题上下表面功夫的，不研究主导性，不坚持主导性要求，就很难保证高

① 谢安邦主编：《高等教育学》，高等教育出版社1999年版，第25页。

校德育的实效性,结果是治标不治本。

第二,切实贴近大学生对人生发展的德育需求。这是体现高校德育主导性至关重要的一环。大学生人生发展是随着时代的发展而不断变化的,其每个阶段的特点都不同,对人生发展的德育需求不但存在着时代差异,而且也存在着个体差异,这些差异着重表现在德育目标需求的层次性、德育内容需求的丰富性、德育方式需求的兴趣性上,这需要高校付出努力去研究,尽量把握其特点。这是大学生的内部差异。从外部环境看,整个中国社会、每个地区、每个高校、各个专业发展都对大学生有不同的影响,体现出不断变化的外部差异特点,这些特点也需要高校努力研究。正如北京大学毕业的学生和清华大学毕业的学生在德育素养上一定有不同一样,每个高校都有其自身的独特德育文化,高校德育都有其特点,究竟如何打造自己学生德育的主导性,这就要根据社会要求、自身的德育文化和自己学生的特点对学生的影响来解决这个问题了。另外,打造高校德育主导性是一个过程,也是一个系统工程,高校在解决这个问题上既不能心浮气躁,也不能单刀直入,而是要符合德育发展和大学生身心发展规律,综合治理、循序渐进。

第三,始终坚持高校德育的意识形态属性。正如前文所述,德育的本质规定在于德育的意识形态属性,德育失去了意识形态属性,就等于失去了德育的本质,也就失去了德育的价值和意义。当然,无论是德育的目标和内容,都有意识形态和非意识形态之分。但是,只有坚持德育的意识形态性才能真正彰显德育的本质。德育的非意识形态目标和内容具有普适性,是世界各国德育共同追求的目标,也是人性所要求的必备素质,这是德育的基本要求。但现代高校德育仅仅停留在其普适性上是不够的,如果那样,不但体现不了社会对高校培养人才在德育上的更高要求,而且失去了德育主导性。同时,我们要防止德育一元主导与多样发展失衡的问题①。特别是在多元文化背景下,坚持高校德育主导性,必须把坚持主导性与发展多样性相结合,既要防止德育主导的一元化片面性,又要防止德育多样发展的无序性。

三、认识和把握高校德育主导性普遍性的意义

第一,可以增强我国高校培养人才的德育主导性,为建设中国特色社会主义培养合格建设者和可靠接班人。当前我国正处在中国特色社会主义建设的快速发展时期,急需各行各业的专门人才,所以高校教育起着非常重要的作用,其中的高校德育又对人才起着把握社会主义方向的作用。江泽民同志曾经说过:"思想文化阵地,马克思主义、无产阶级的思想不去占领,各种非马克思主义、非无产阶级的思想甚至反马克思主义的思想就会去占领。"②所以从国家的角度出发,认识到高校德育主导性的普遍性就一定能支持和督促高校加强高校德育主导性建设,并且这种支持和督促不能是时断时续、可有可无的,而是要从始至终、全面协调、一丝不苟的。从高校角度出发,只有认识到高校德育主导性的普遍性,才能从根本上加以重视,才能真正将其作为人才的首要素质,为中国特色社会主义建设培养更多的合格建设者和可靠接班人。

第二,能够促进高校德育主导性的比较研究,为我国高校更好地坚持德育主导性提供有益借鉴。在多元文化背景下,坚持和发展高校德育主导性,需要博采众长,尤其是吸取当今世界各国在高

---

① 郑永廷、江传月等:《主导德育论——大学生思想政治教育一元主导与多样发展研究》,人民出版社2008年版,第241页。

② 《江泽民文选》第3卷,人民出版社2006年版,第97页。

校德育主导性上的经验和教训。正如江泽民同志指出的那样：
"世界上的各种文明、不同的社会制度和发展道路应彼此尊重，在
竞争比较中取长补短，在求同存异中共同发展。"①试想，美国等西
方资本主义发达国家之所以一直图谋"和平演变"我们社会主义
中国，其一定内含着对自己国民树立资本主义核心价值观的自信，
尽管这种自信从根本上说是来源于自己发达的经济，但其教育也
起到了不可低估的作用，因此其高校德育一定也是令其自信的、有
优势的。但是，要想取长补短，就必须先去研究其"长短"。只有
从根本上认识到世界各国高校都普遍存在着德育主导性，我们才
能积极去研究其"长短"。而积极研究的目的不是单纯的理论推
演，而是为了我们更好的坚持德育主导性。在高校如何"更好"地
坚持德育主导性这个问题上，不但要能够让大学生内化我们的主
导德育内容，从而实现我们的主导德育目标，而且要让其主动维护
之、宣传之，这样才能培养大学生真正的防御"被演变"的能力。
所以，如果我们的大学生都能主动来维护社会主义核心价值观，那
么我们也可以自信我们的未来不但不会"被演变"，而且还可能进
一步扩大社会主义核心价值观的世界影响力。

　　第三，有利于我国高校大学生树立社会主义核心价值观，为大
学生人生发展打好政治基础。认识到世界各国高校都普遍存在德
育主导性，不但对国家和高校有意义，对大学生同样有意义。一方
面，国家和高校都能从根本上重视高校德育主导性，就能一以贯之
的去培育大学生的主导德育素养，这给大学生提供了接受社会主
义核心价值观所必备的外部环境；另一方面，大学生认识到了这一
点，为了自己人生更好地发展，也要求打好政治基础，这直接涉及

---

　　①　《江泽民文选》第3卷，人民出版社2006年版，第567页。

大学生的发展方向和根本利益问题。如果个人目标与国家发展背道而驰,后果一定不堪设想。这看起来似乎有些功利,但这样的功利既能帮助大学生充分实现个体价值,又为中国特色社会主义建设准备了良好的政治力量。从长远来看,这符合马克思主义功利观——不是只考虑个人利益,而是体现了个人利益和集体利益辩证统一、个体价值和社会价值辩证统一。

第二节　中美高校坚持德育主导性的异与同

一、中美高校坚持德育主导性的共同性

中美高校坚持德育主导性的共同性主要体现在主导本质上,在主导目标、主导内容、主导方式等几个方面也都有体现。

1. 当代中美高校德育主导本质及其共同性

这种共同性在于它们都体现着阶级性或意识形态性。就我国高校德育主导性的本质而言,就是要坚持社会主义意识形态的主导地位。这一点毋庸论述。美国的社会制度虽然与我国不同,但在高校德育实践中同样有明确的主导性和坚持其主导性。其实质是进行资本主义意识形态教育。这一点已被国内众多学者研究证实。如陈立思认为:"美国的思想政治教育从一开始就具有强烈的阶级性和政治功能……资本主义及其优越性的教育、反共产主义教育、公民权利和义务的教育、国民精神的教育——这四个方面的教育做到了一以贯之,毫不动摇,从不含糊。……鲜明的阶级性政治性,这是美国思想政治教育的第一个特点。"①刘世丽等也认

---

① 陈立思:《关于美国思想政治教育的几个问题》,《中国青年政治学院学报》1997年第1期。

为,即美国通过所谓的"政治社会化"和"公民教育"等向美国人民及其青少年卓有成效的灌输了美国国家精神、民族意识以及资产阶级价值观念及其意识形态。[①] 吴锦旗在《美国思想政治教育的本质透视》一文中也指出了"美国思想政治教育的根本目的就是进行意识形态的灌输和疏导的观点"[②]。美国总统尼克松曾在其书中写道:如果我们在意识形态领域的斗争中失利,我们所有的武器、条约、贸易、外援和文化交流将毫无意义。[③] 可见,美国在德育方面不但紧紧抓住德育主导性的本质即资本主义意识形态教育不放,而且比我国是有过之而无不及,高校也不例外。在美国,对大学生进行"公民教育"和"政治社会化",实际上相当于我国的高校德育。

德育主导性或思想政治教育主导性与美国政治社会化之间存在着内在的一致性。虽然思想政治教育和政治社会化这两个名词的产生都是随着政治文明的发展而产生的,但是人类自进入阶级社会以来,就客观地产生了"思想政治教育",也同样客观地产生了"政治社会化"。在国内学界里对思想政治教育和政治社会化的关系莫衷一是——有人认为美国的政治社会化和我国的思想政治教育两个概念的内涵大体上是等同的,[④]有人认为思想政治教

————————

① 刘世丽、杨连生:《美国"政治社会化"教育方法的启示》,《思想教育研究》2002 年第 9 期。

② 吴锦旗:《美国思想政治教育的本质透视》,《思想政治工作研究》2006 年第 5 期。

③ [美]理查德·尼克松:《1999:不战而胜》,中国人民公安大学出版社1988 年版,第 114 页。

④ 高峰:《美国政治社会化研究》,首都师范大学出版社 2004 年版,第 214页。

育是政治社会化的一个手段或途径,前者的外延没有后者的外延大①等等。我们认为,思想政治教育不但与政治社会化在本质上有着一致性,而且其外延要比政治社会化的外延大,而不是小。因为思想政治教育包括了思想教育、政治教育和道德教育,我国对它的内涵、方式等方面的理论和实践研究还处在发展阶段,但任何一种有利于培养中国特色社会主义公民和稳定社会发展的方式都应被看作我们所理解的思想政治教育的方式,从这个意义上说,美国的思想政治教育内涵相当的丰富,它包括公民教育、历史教育、宗教教育、社会调控机制、政治社会化等等,这里与思想政治教育主导性有着内在一致性的当属政治社会化。在美国大学一本应用较广的教材《美国政府与政治》中,当论及政治价值观和意识形态时,作者毫不讳言的写道:"对于某些作为美国政治体制之本的理念,美国公民有着相当大的共识。鉴于大多数美国人是有着各种各样文化和政治背景的移民的后裔,我们如何才能解释这种共识?首先,这是政治社会化(political socialization)——这类信念和价值观传给新的移民和我们后代的过程——的产物"、"美国政治体制以包括自由、平等和财产权的一系列文化观念为特征。这些观念通过政治社会化的过程传给了每一代美国人。"②所以政治社会化的本质就是政治价值观和意识形态的主导方式,这与我们的思想政治教育主导性有着异曲同工之处。

同时,从政治社会化的概念和思想政治教育主导性的内涵比较上,也能找到它们的一致性。政治社会化这一名词最早出自

---

① 朱霞梅:《用社会学解读思想政治教育》,《思想教育研究》2007 年第 6 期。

② 〔美〕施密特、谢利、巴迪斯:《美国政府与政治》,梅然译,北京大学出版社 2005 年版,第 13—20 页。

1958 年美国著名政治学家戴维·伊斯顿和罗伯特·海斯发表的论文《政治社会化研究中的若干问题》和 1959 年美国学者赫伯特·海曼（Herbert Hyman）的《政治社会化：政治行为心理的研究》一书①，但现代意义上的政治社会化研究在 20 世纪 20 年代到 30 年代的美国就已兴起。迄今为止，学界还没有对政治社会化概念做一个统一的定义，但在我国政治学界对这一概念解读影响颇大的是王惠岩的《当代政治学基本理论》②。他认为，从本质上讲，政治社会化即是政治教育培训过程，是一定的统治阶级为了维护其政治统治，通过一定的渠道将其政治文化传授给其社会成员的过程。这个过程一方面表现为政治教育训练过程，是把该政治统治体系所确认的政治思想、观念、意识、行为方式等传授给其社会成员的社会过程；另一方面是个人学习政治文化的过程，通过学习，建立起个人的政治观念、政治意志，形成个人的行为方式。再一方面表现为政治文化代际相传的过程。③

这个概念与思想政治教育主导性的一致性表现在：一是政治社会化的本质是其政治性，这里的政治性的实质就是阶级性，也就是意识形态性，这和思想政治教育主导性的本质特点是一致的；二是政治社会化中所谓的"社会过程"和"个人学习政治文化的过程"实际上就是思想政治教育主导性中社会发展和个体发展的功能主导层面，尽管政治社会化中的个人学习看似是以个人主体性为主，是个人习得政治的一种主观能动性，但在本质上因为个体所习得的政治信息流主要还是统治阶级所发布的，所以其"社会过

---

① 高峰：《美国政治社会化研究》，首都师范大学出版社 2004 年版，第 21 页。
② 张昆：《大众媒介的政治社会化功能》，武汉大学出版社 2003 年版，第 41 页。
③ 王惠岩：《当代政治学基本理论》，天津人民出版社 1998 年版，第 149 页。

程"和"个人学习政治文化的过程"是辩证统一的,这与思想政治教育主导性中的社会发展和个体发展的辩证统一也是一致的;其三,政治社会化所表现的代际相传的政治文化主要是代表统治阶级的政治文化,这与思想政治教育主导性的连续性特点是一致的;其四,从表面上看,为学者们所公认的是,政治社会化是一个动态的"过程",而这里的思想政治教育主导性看似是一种静态的"特性",但实质上这一特性的实现仍然要求一个动态的系统过程,没有这个过程,思想政治教育主导性就不复存在了,主导性是随着过程的发展实现自身的发展并发挥着主导作用的。最后,很关键的一点是,兴起两者研究的背景极其的相似。1917 年俄国十月革命的胜利标志着与资本主义完全对立的社会主义的胜利,这对以美国为代表的资本主义国家来说是最大的一个威胁,他们不但要防止来自苏联的社会主义军事力量的进军,而且要防止来自国内意识形态领域的蜕变,因此资本主义制度及其优越性教育和反共产主义教育①成为他们的当务之急。政治社会化理论研究在这以后的 20 至 30 年代应运而生;我国改革开放以来尤其是市场经济体制的建立和加入 WTO,使得资本主义意识形态的因素随之而来。加上最大的社会主义国家苏联的解体被普遍认为是美国等发达资本主义国家对其"和平演变"政策的胜利,在这种情形下如何更好地坚持社会主义,思想政治教育主导性问题研究开始凸显出来。"当一个政治体系认识到了它的内部存在着潜在的不稳定因素时,便明显的感到有意识地进行政治社会化的必

---

① 苏崇德主编:《比较思想政治教育学》,高等教育出版社 1995 年版,第 23—24 页。

要性。"①由此，我们不能不说，美国的政治社会化概念的提出是为了更好地坚持资本主义，而我国的思想政治教育主导性是为了更好地坚持社会主义，两者共同而鲜明的意识形态属性有着内在的一致性。而这正好为我们的比较提供了一个"共性"的前提。

2. 当代中美高校德育主导目标及其共同性

德育或思想政治教育的主导目标包括社会主导目标与个体主导目标，社会主导目标体现在政治方向上、意识形态上，而个体主导目标则体现在国家对个体的政治素质和所坚持的政治方向及意识形态的要求上。社会主导目标规定和支配着个体主导目标，个体主导目标又必然的孕育着社会主导目标。

当代中国高校德育主导目标是中国特色社会主义方向及"四有"公民的培养。2000 年 6 月 28 日，江泽民同志《在中央思想政治工作会议上的讲话》中明确指出："党的思想政治工作的任务是：以科学的理论武装人，以正确的舆论引导人，以高尚的精神塑造人，以优秀的作品鼓舞人，不断提高全民族的思想道德素质和科学文化素质，努力培养造就有理想、有道德、有文化、有纪律的社会主义公民……"②2001 年 9 月 20 日中共中央印发的《公民道德建设实施纲要》中也指出："我国公民道德建设的指导思想是：以马克思列宁主义、毛泽东思想、邓小平理论为指导，全面贯彻江泽民同志'三个代表'重要思想，坚持党的基本路线、基本纲领，重在建设、以人为本，在全民族牢固树立建设有中国特色社会主义的共同理想和正确的世界观、人生观、价值观，在全社会大力倡导'爱国

---

① 转引自［美］弗雷德·雷格斯蒂：《政治社会化》，王彩波译自美国《社会科学百科全书》，《国外政治学》1987 年第 5 期。

② 《江泽民文选》第 3 卷，人民出版社 2006 年版，第 85 页。

守法、明礼诚信、团结友善、勤俭自强、敬业奉献'的基本道德规范,努力提高公民道德素质,促进人的全面发展,培养一代又一代有理想、有道德、有文化、有纪律的社会主义公民。"①

　　当代美国高校德育主导目标是资本主义方向、美国式民主公民(美国化)的培育。第一次世界大战后,美国普遍开展了"好公民"教育活动,其"好公民"的含义是爱美国、爱美国的社会制度、遵守美国的法律,履行宪法规定的公民义务。② 第二次世界大战后,美国通过了一系列的法律如《劳资关系法》、《国内安全法》等,其主要目的就是反对共产主义,维护资本主义。1991 年,布什签发了全美教育文件《美国 2000 年:教育战略》,其六项"国家教育目标"中,与德育有关的有:"要求学生的历史、地理学科合格;成年后掌握在社会竞争中和履行公民权利与责任时必需的知识、技能……"1994 年,克林顿签署了《2000 年目标:美国教育法》又在上述基础上用法律的形式加强了政治课程的比重。② 在 2001 年的就职演说中,美国总统乔治·W. 布什说:"美国从来不是靠血缘、出身或地域结合起来的国家。把我们联系在一起的是理想,理想使我们超越背景的不同,超越个人的利益,并逐步领会公民的涵义。每一个孩子都必须学习这些原则。每一个公民都必须坚持这些原则……"这些原则其实就是爱美国、爱资本主义、爱美国的社会制度,遵守实用主义、个人主义,崇尚独立、民主、自由、平等和财产权。

---

①　《公民道德建设实施纲要》,《人民日报》2001 年 10 月 25 日。

②　杨静云:《美国的思想政治教育(二)》,《中外企业文化》1995 年第 6 期。

③　陈立思主编:《当代世界的思想政治教育》,中国人民大学出版社 1999 年版,第 86—89 页。

由上可知,当代中美高校德育主导目标的共同点有二:一是坚持目标的意识形态性。中国坚持社会主义,美国坚持资本主义,这两种根本不同的意识形态是两国高校德育所坚持的主导目标,这个主导目标既体现在社会主导目标上,也体现在个体主导目标上。前者主要是通过国家的政权组织形式等体现出来,比如:中国是中国共产党领导的多党合作与政治协商制度,美国是两党制;中国是人民代表大会制,美国是普选制等等,这些都在高校的政治课堂上得以诠释。后者体现在两国对个体发展目标的要求上:中国是"四有"公民,美国是民主公民,两者公民的内涵分别包括了社会主义和资本主义思想道德要求。二是坚持目标的个体性。两国高校都将培育公民作为目标,这不仅是中美两国高校的使命,也是世界各国对本国国民的要求,并且公民都有爱国主义、爱本国社会制度的内涵。

3. 当代中美高校德育主导内容及其共同性

思想政治教育内容是思想政治教育目标的具体化,是为实现思想政治教育目标而选择的思想、政治、道德方面的知识、理论、思想、观点、准则、规范等的总称。① 这些内容中能反映一定社会主流意识形态、代表一定政治方向的内容都是思想政治教育的主导内容。

当代中国高校德育主导内容是马克思主义及其中国化理论——毛泽东思想、邓小平理论、"三个代表"重要思想、科学发展观等。江泽民同志指出:"加强和改进思想政治工作,最根本的是坚持和巩固马克思主义在我国意识形态领域的指导地位"②;胡锦

---

① 石书臣:《现代思想政治教育主导性研究》,学林出版社 2004 年版,第239—240 页。
② 《江泽民文选》第3卷,人民出版社 2006 年版,第86 页。

涛同志在党的十七大报告中也指出："要巩固马克思主义指导地位，坚持不懈地用马克思主义中国化最新成果武装全党、教育人民，用中国特色社会主义共同理想凝聚力量，用以爱国主义为核心的民族精神和以改革创新为核心的时代精神鼓舞斗志，用社会主义荣辱观引领风尚，巩固全党全国各族人民团结奋斗的共同思想基础。"①这些内容都主要体现在高校思想政治理论课上。

当代美国高校德育主导内容是资产阶级价值观，包括民主、自由、平等、财产权、宗教精神等一系列具体而内涵丰富的观念。广泛体现在实用主义、个人主义、新自由主义或新保守主义及美国精神、美国化、美国信念、美国公民教育等理论中，这些观念及其理论表现为一整套美国政治文化。所有这些价值观、理论等政治文化实际上都离不开其所依据的基本文本，这些基本文本就是美国一系列建国文献如《独立宣言》、《美国宪法》、《人权法案》等。这些也都具体体现在美国高校的课程设置上。美国高校有五种课程：一是哲学课，引导学生认识与思考世界与人类社会发展的基本规律；二是历史课，以爱国主义教育为主——"每个学生得必修一门美国历史课……这些课程都充满了资产阶级的政治观、价值观"②；三是政治学方面的课程，包括美国总统制、欧洲政治思想、美国政治生活中的道德问题、政治与社会制度等；四是人文社科类课程，如伦理学、宗教、男女平等理论与妇女运动等；五是职业道德教育类课程，各个医学院、法学院、商学院等都开设与其专业相应

---

①　胡锦涛：《高举中国特色社会主义伟大旗帜，为夺取全面建设小康社会新胜利而奋斗——在中国共产党第十七次全国代表大会上的报告》，人民出版社2007年版，第34页。
②　杨静云：《美国的思想政治教育（一）》，《中外企业文化》1995年第6期。

的伦理学课程。如在康涅狄格州立大学就开设有"职业与文明"的课程,课程的目标明确规定为"保持与扩大美国社会必须的伦理和社会价值"①。总之,当代美国高校德育主导内容体现出的鲜明特点是多样化中的一元主导。

当代中美高校德育主导内容的相同点表现在:除了将主导目标的意识形态性都具体在主导内容中外,还有两个共同点值得关注。一是两者都表现在各自的指导理论中,并且其指导理论都具有发展性。中国高校德育的指导理论是马克思主义理论,美国高校德育也有自己的指导理论,那就是体现在实用主义理论、个人主义理论、独立宣言、美国宪法等理论或文件中的资产阶级理论。中国的马克思主义理论具有与时俱进的品质。在中国,发展了的马克思主义理论有毛泽东思想、邓小平理论、"三个代表"重要思想、科学发展观等;美国的资产阶级理论也是随着美国社会的发展而逐步地形成、发展、完善和丰富起来的。二是爱国主义内容所具有的民族性。爱国主义是每个国家都提倡的德育主导内容。当代中国的爱国主义与爱社会主义是一致的,同时具有中华民族的民族特色,比如中华民族精神、"八荣八耻"等内容;当代美国爱国主义体现在公民教育中,而公民教育则强调爱美国、爱美国的社会制度及具有美国精神等内容,都体现了"美国人"这一民族特色。"在融合同化千千万万个具有不同语言和文化的移民的同时,美利坚合众国历经多年发展出了自己的民族意识,这在很大程度上是建立在开国文献中明确表达的理想的基础上的。"②此外,两者都将

---

① 魏文英:《美国思想政治教育透视》,《理论学习与探索》1997 年第 4 期。
② [美]米切尔·罗斯金等:《政治科学》(第 6 版),林震等译,华夏出版社 2001 年版,第 31 页。

主导理论主要体现在课程设置中,都很重视课堂教学。

4. 当代中美高校德育主导方式及其共同性

当代中国高校德育主导方式主要表现在课堂教学、校园文化、校园网建设等方面,同时强调大学生的实践活动也是德育的重要渠道。课堂教学表现在与主导内容相关的课程上,除了前文已述的思想政治理论课之外,还有各种公共政治选修课,如世界经济与政治、马克思主义哲学与人生等。此外,随着德育与心理学、心理咨询关系研究的逐步深入,各高校也在大学生心理健康教育、生涯规划的理论与实践等心理类课程中渗透着德育的主导目标。在党的十七大报告中,胡锦涛同志就曾强调过:"加强和改进思想政治工作,注重人文关怀和心理疏导,用正确方式处理人际关系。"①各高校校园文化及各种文体活动中也广泛体现着爱国主义、集体主义、"八荣八耻"等社会主义价值观。校园网建设是近年来中国高校的重要工作之一,在校园网中也逐步渗透着我们的核心价值观。正如江泽民同志曾经强调的那样:"从上到下的一切思想文化阵地,包括理论、新闻、出版、报刊、小说、诗歌、音乐、绘画、舞蹈、戏剧、电影、电视、广播、网络等,都应该成为我们宣传科学理论、传播先进文化、塑造美好心灵的阵地……"②。在党的十六大报告中,江泽民同志再次强调:"新闻出版和广播影视必须坚持正确导向,互联网站要成为传播先进文化的重要阵地。"③

当代美国高校德育主导方式主要表现在课程设置、校园日常

---

① 胡锦涛:《高举中国特色社会主义伟大旗帜,为夺取全面建设小康社会新胜利而奋斗——在中国共产党第十七次全国代表大会上的报告》,人民出版社2007年版,第35页。
② 《江泽民文选》第3卷,人民出版社2006年版,第97页。
③ 《江泽民文选》第3卷,人民出版社2006年版,第559页。

团体活动及宗教活动、互联网等上。美国把学校教育作为培育合格的美国公民的主要阵地——"从广义上来说，所有的教师都被派遣从事公民教育的工作，学校所从事的任何一项活动，所开设的任何一门课程，都是为了培育合格的公民"①；"从美国建国之初起，学校就被认为是政治信息和政治态度的重要传播者。"②在课堂教学上，巧妙地灌输和渗透着爱国主义精神、资产阶级个人主义价值观以及资产阶级自由、平等、民主、"好公民"等思想。其"好公民"的含义是爱美国、爱美国的社会制度、遵守美国的法律，履行宪法规定的公民义务。③ 在日常活动上，开展了许多与道德教育和爱国教育有关的活动。如在宗教活动中，虽然其布道是以宗教教义入题，但内容均包含许多基本的道德规范和原则，实质性的作用是指导学生做一个合格的好公民。由此可见，美国高校德育所体现的意识形态性是毋庸置疑的。美国的政治社会化从一开始就重视大众传媒的作用。他们认为：媒体(media)——报纸、电视、广播和互联网——对舆论有着强有力的影响。美国人中超过90%的人将电视新闻作为他们的首要的信息来源，互联网也已成为政治传播和筹资的一个渠道。通过历史信息(有时以小说的形式)的传播、美国文化的展示，以及对美国国内不同地区和群体的描述，媒体教导年轻人和移民去认识成为美国人的意义。④

---

① 高峰：《美国政治社会化研究》，首都师范大学出版社 2004 年版，第 254 页。

② ［美］施密特、谢利、巴迪斯：《美国政府与政治》，梅然译，北京大学出版社 2005 年版，第 148 页。

③ 杨静云：《美国的思想政治教育(二)》，《中外企业文化》1995 年第 6 期。

④ ［美］施密特、谢利、巴迪斯：《美国政府与政治》，梅然译，北京大学出版社 2005 年版，第 149—154 页。

由上可知,中美高校德育主导方式的共同点显而易见:一是都将课堂作为主导方式之一;二是都重视校园活动、网络的主导作用;三是都重视隐性渗透的德育方式。

二、中美高校坚持德育主导性的主要差异

1. 主导目标的差异。我国高校德育的主导目标是坚持马克思主义、社会主义及共产主义方向,培养中国特色社会主义事业的合格建设者和可靠接班人。而美国高校德育的主导目标则是坚持实用主义、个人主义及资本主义方向,培养"具有民主理念和民主行为的民主公民"和"道德上成熟的人"[①]。这种目标从社会来讲,就是培养为国家服务,维护资本主义政治经济制度,具有参与民主政治生活素质的合格公民;就个体来说,就是培养符合资本主义政治经济制度要求的、与资本主义金钱道德关系和追求经济利益的特征相一致的"经济化的人"和"能赚钱的人"。除了目标的意识形态差异之外,其具体特点也有差异:(1)显性和隐性。我国高校德育主导性主要体现在思想政治理论课中,其马克思主义、社会主义及共产主义方向和要求是非常明确的,总体上具有显性的特点,隐性德育所占比重不大;美国高校的资本主义意识形态和资产阶级价值观目标普遍隐藏在公民教育、宗教教育、职业教育、课堂教学和课外活动等一切形式的教育和非教育活动中,总体上具有隐性的特点。(2)社会目标主导与个体目标主导。思想政治教育目标的基本层次是社会目标和个体目标。我国坚持的是集体主义价值观,与此相适应,社会目标一直是我国高校德育的主导目标。

---

① 王瑞荪主编:《比较思想政治教育》,高等教育出版社2001年版,第149—150页。

"中国特色社会主义事业合格建设者和可靠接班人"不仅内含着中国大学生要成为中国特色社会主义事业传承和发展的个人,还内含着对他们可能被演变的一种担忧,而这些都是从国家、整体的角度入手的。而在美国,从建国200多年来,一直在全社会广泛推行资产阶级个人主义的价值观,"个人主义是美国文化的核心","个人主义是深深植根于美国的社会历史之中的"①。个人主义的突出特点是注重个人价值,重视个人自由,强调个人的自我支配、自我控制、自我发展。因而,个体目标必然是美国高校德育的主导目标。这充分照顾到了每个个体,是对个体成为一个什么样的人的诠释,完全从个体的角度入手。实质上,中国高校德育主导目标的实现方式强调的是"大河不满小河干",而美国则强调"小河不满大河干",两者逻辑出发点不同,但是目的都是一致的。(3)和平建设性和侵略扩张性。我国高校德育的目标强调培养社会主义的合格建设者和可靠接班人,反映了教育目标的和平建设性特点,而美国则在强调美国精神、资本主义优越性的同时潜移默化地向大学生灌输着"优秀的美国应该领导世界"的思想,带有明显的侵略扩张性特点。美国发动伊拉克战争等侵略战争中,美国青年趋之若鹜就是美国思想政治教育主导目标这一特点的效果所在。(4)非法制性和宪法性。虽然中国高校也开了《思想道德修养与法律基础》的公共必修课,我国《宪法》第33条也明确规定了"凡是具有中华人民共和国国籍的人"就是中国公民,还规定了公民的权利和义务,但只是把中国的一些基本法律作为知识简单传授给大学生,并未将德育的个体主导目标与宪法和法律直接挂钩,这

---

① [美]罗伯特·N.贝拉等:《心灵的习性:美国人生活中的个人主义和公共责任》,翟宏彪等译,北京三联书店1991年版,第214—222页。

与我国高校现在要求培养的个体主导目标还是有距离的;美国的公民从一开始就具有宪法性质,享受权利和承担义务都在法律的许可和限制内。在美国大学中都有《美国宪法》这样的选修课——实际上在中小学德育教育中,美国已经培养了年轻人遵守宪法的习惯,到了大学阶段,遵守宪法只是巩固这个习惯罢了。

2.主导内容的差异。我国高校德育把社会主义意识形态教育作为主导内容,主要包括:坚持和维护社会主义意识形态在意识形态领域的主导地位,把马克思列宁主义、毛泽东思想、中国特色社会主义理论体系作为德育的中心内容,把爱国主义、集体主义和社会主义教育作为德育的主旋律等。美国则以资本主义意识形态教育为德育的主导内容,主要包括资本主义政治制度教育、个人主义价值观教育、资产阶级人道主义教育等。两者的不同特点体现在:(1)整体性和个体性。我国高校德育在内容上强调国家利益、民族利益和集体利益高于个人利益,这一主导内容体现出从整体出发的特点;美国则崇尚个人主义,一切从学生个体出发,强调公民意识。"做一个合格的公民"看起来只是个体的道德标准,实则把国家对人民的要求也凝聚其中,体现出从个体出发的特点。(2)理论性和实用性。我国高校的思想政治理论课承担着"以科学的理论武装人"的重要任务,以马克思列宁主义、毛泽东思想和中国特色社会主义理论体系为主要内容;美国高校则注重学生的个人发展,所开的课程充分体现了实用主义的价值观,如职业发展、心理咨询和能激发学生兴趣的美国总统制等政治类课程,这都带有明显的实用性特征。(3)界限性和渗透性。这里的界限性是说,我国高校德育课和非德育课的划分相对明确,虽然近年来一直强调发挥专业课程的德育功能,但并未真正落实到行动上。美国虽没有专门的思想政治理论课,但美国高校的所有课程几乎都渗透着德育的内容，这一点在前文已有所述。（4）国家和民族差异性。中美高校德育主导内容都充分体现了各自国家和民族的差异。第一，民族精神教育是两国的差异之一。中华民族的民族精神是"以爱国主义为核心的团结统一、爱好和平、勤劳勇敢、自强不息的伟大民族精神"①，这一教育已成为我国高校德育的重要内容之一。美国民族精神则体现为以实用主义为核心的崇尚个人、求实进取、民主自由、平等竞争、勇敢乐观等美国精神②。第二，非宗教性和宗教性。我国高校除相关专业外，禁止各种宗教传播。美国是具有宗教传统的国家，如前所述，其教义内容也与公民教育自然结合。此外，美国是一个移民国家，"20 世纪 80 年代，有 210 万移民加入美国籍，比 70 年代增长了 50%。1990 年的人口普查显示，美国人口总数为 2.487 亿，其中黑人约 3000 万（12%），西班牙裔人口约 2240 万（9%），美国土著人口约 200 万（0.8%），亚裔及太平洋岛国人口约 730 万（2.9%）。"③移民国家意味着其多种宗教、多元文化的并存，但这恰好为自由、民主、平等为核心的资产阶级价值观奠定了基础。

3. 主导方式的差异。主导方式的差异主要体现在各自的传统和侧重点上的不同。（1）理论灌输性和实践渗透性。由于思想政治理论课是我国高校德育的主渠道，其核心内容是进行马克思主义理论教育，所以我们的主导方式往往具有理论灌输和说服教育的特点。而美国高校则注重实践渗透性，寓德育于环境熏陶、传媒

---

① 《江泽民文选》第 3 卷，人民出版社 2006 年版，第 559 页。
② 钱满素：《作为美国民族精神的实用主义》，《社会科学论坛》1999 年第 9—10 期。
③ ［美］卢瑟·S. 路德克主编：《构建美国——美国的社会与文化》，王波等译，江苏人民出版社 2006 版，第 4 页。

渗透和隐性课程(校园生活、社会实践活动等)之中。(2)群体统一性和个别多样性。我国高校的思想政治理论课及心理健康教育类课程等一般都以班级为单位,内容也大致相同,因此德育的主导方式具有群体性和统一性的特点;而美国高校则注重个体目标,其主导方式具有个别多样性特点。(3)教育者主导与个体自主性。我国任何高校、任何专业的思想政治理论课都是大学生的必修课,所以重视发挥教育者的主导作用;而美国则强调发挥受教育者个体在教育过程中的主体作用,强调个体自主的教育方法,主要表现为个体参与、自由选择、相对主义等特征。美国高校虽然也规定必修一门政治课,但其政治类课程较多,可选余地也较大,政治课可以选择这一做法本身就给学生传递出一个信息:一方面政治知识是学生的必备素质之一;另一方面每个同学都应该选择一门自己感兴趣的政治课。这种个体自主的教育方法强化了学生提升自身政治、思想道德素质的主动性。另外,美国高校的其他课程及课外活动包括一些社团活动、宗教活动、国庆校庆活动等作为隐性的思想政治教育行为,其个体自主的特点也是不言而喻的。(4)学校教育单一性和学校社会一体性。我国高校德育对离开课堂后的学生很少有相应的强化和跟踪的配套政策和方法,也就是说,对理论学习后的效果无法把握,且没有一个目的性较强的大环境对其加以强化、促其吸收,与家庭和政府等也缺乏配合,因此我国高校德育的主导方式具有学校教育的单一性;美国青少年德育从小学至大学都有和社会紧密相连的特色,他们采用环境熏陶、传媒渗透、隐性课程等方式将学校德育用非课程资源加以强化,使德育无处不在、无时不在,这体现了学校、社会一体性的特点。美国南加州大学研究生英美文学研究会主任卢瑟·S.路德克教授说过:"美国的公民教育和效忠意识的培养贯穿于整个教育系统和社会规范中,使美国人把公民权视为个人的责任。"①因此,美国德育的主导方式具有学校社会一体化特点。(5)有名有实与无名有实。我国高校德育在教学中都有相应的课程名称,而承担思想政治理论课的教师也大多是相关专业的教师,所以其主导方式是有名有实;而美国无论是政治社会化或公民教育,"圈子外的人"都无法找到与之匹配的课程,但实际上其历史课、公民学与政府、社会学、生计教育、全球教育等均为公民教育课程,而在大学培养这些课程老师的则是一个名为"社会研究教育"的专业②。这些专业、课程设置的名称确实让我们很难将其与公民教育、政治社会化等挂起钩来,但事实上却是无处不在,无名有实。

第三节　美国高校坚持德育主导性的经验和启示

对中美两国高校坚持德育主导性作了共同性和差异性的比较分析后,可以得出一些美国高校坚持德育主导性的有益经验,这对于我国高校德育主导性的发展无疑具有重要借鉴意义和促进作用。

一、美国高校坚持德育主导目标的经验及对我国的启示

1.美国高校坚持德育主导目标的经验

(1)传承性和稳固性。一方面,美国高校德育的个体主导目

---

① ［美］卢瑟·S.路德克主编:《构建美国——美国的社会与文化》,王波等译,江苏人民出版社 2006 年版,第 5 页。

② 高峰:《美国政治社会化研究》,首都师范大学出版社 2004 年版,第 254—255 页。

标是公民,"公民"这一名称传承了古希腊的"城邦公民";另一方面,美国高校乃至整个美国社会德育的主导目标——"美国化",从殖民地时期到现在一直如此。这种在主导目标上的传承性和稳固性有助于美国形成他们的公民文化,可以说,美国的公民教育就是美国化教育、就是美国资本主义制度和资产阶级价值观的教育。

(2)发展性和包容性。尽管"公民"这一概念是来自于古希腊城邦的,但美国在其法律、道德和政治内涵的基础上随着历史的发展而发展了公民的内涵,比如宗教精神、美国精神和其独立、自由、民主、平等和财产权等一系列的资产阶级价值观。在公民内涵扩大的同时,只要不防止其主导目标的实现,当代美国高校就能够包容移民、留学生带来的各种本国文化,这种包容在某种程度上又成为美国民主和自由的象征。

(3)隐性和渗透性。前面在论述美国高校德育主导目标的资本主义意识形态本质时,曾引述过一个美国教授所说的话,意思是从广义上讲每个教师都担当着公民教育的责任,因为一个好公民就是爱美国、爱美国的社会制度,因此,公民教育是带有隐性特征的。其学校的"隐性课程"则是直接灌输着美国化的内容。除此以外,无论是学校的社团活动、成年学生的选举还是各种宗教活动,美国化的目标无时无处不渗透其中。

2. 美国高校坚持德育主导目标的启示

(1)高校德育在加强中国特色社会主义教育的同时,要大力加强公民意识教育。胡锦涛同志在党的十七大报告中铿锵有力地指出:"在当代中国,坚持中国特色社会主义道路,就是真正坚持社会主义。"这就是高校德育主导目标之主导方向,也是总的社会目标。同时,报告还指出:"加强公民意识教育,树立社会主义民主法治、自由平等、公平正义理念。"①这一精神指引高校要大力加强公民意识教育,使每一个中国大学生都以自己是中国公民为荣。然而,尽管我们把培养"四有"公民作为主导目标,但事实上高校在培养"四有"公民的问题上还有待加强。我们的目标是"培养德智体美全面发展的社会主义合格建设者和可靠接班人"②,这是我们教育者对大学生的教育目标,但这并没有赋予大学生一个明确的自我目标——即"我将成为一个什么人?"实际上这正是美国"政治自我"、"政治人"概念提出并得到研究的根本原因。从大学生个体出发,让大学生在自我塑造上有自主性,同时将社会要求婉转地渗透其中,这才是真正的"贴近学生"。所以,高校要大力加强中国公民或"四有"公民的教育力度,使公民意识成为每一个大学生的成长目标。

(2)高校德育要加强中国特色的中国公民教育,挖掘"君子"的有益成分。美国"公民"的名称是继承了古希腊的"城邦公民",也继承了其具有的法律意义;我们要深刻挖掘中国公民或"四有"公民的中国特色,那么中国传统文化中"君子"的有益成分就值得参考和吸收。"君子"这个名称是中国两千多年封建社会政治上所要求的个体目标,其所包含的道德礼仪相当丰富,这个理想的人格名称和内涵已经深深地烙印在中华民族的民族性中,如果我们加以忽视而重新树立与其毫不相关的理想人格,就犯了割断历史的形而上学的错误,也就是说,中国公民或"四有"公民不光要符

---

① 胡锦涛:《高举中国特色社会主义伟大旗帜,为夺取全面建设小康社会新胜利而奋斗——在中国共产党第十七次全国代表大会上的报告》,人民出版社 2007 年版,第 30 页。

② 中共中央、国务院:《关于进一步加强和改进大学生思想政治教育的意见》,《人民日报》2004 年 10 月 15 日。

合中国的建设实际,符合马克思主义本身的理论要求,还要符合中国传统文化中"君子"人格所内含的、那些被中国人认可的、永远生生不息的传统道德和文明。另一方面,在我们的传统文化中,"君子"的力量并没有完全丧失,它还指导着一些人的道德行为。尤其是近年来传统文化的复苏更是对君子部分人格力量的赞扬,高校要在这种形势中抓住机遇,在中国公民的内涵中传承"君子"人格的力量,在大学生中加强中国特色的中国公民教育。

(3)高校德育要体现中国公民的宪法性质,突出中国公民的权利和义务教育。我国宪法规定:凡是具有中华人民共和国国籍的就是中华人民共和国公民,还规定了公民的权利及义务。《宪法》是一个国家的根本大法,美国公民在法律意义上的传承性来源于古希腊、古罗马的公民,其稳固性则更来源于1787年的《美国宪法》。所以,高校要加强中国公民的教育,也要考虑《宪法》赋予公民的根本法律性质及其所要求的权利和义务,把加强《宪法》教育,尤其是加强《宪法》中对公民权利和义务的宣传教育,作为高校公民教育或"四有"公民教育的重要内容。

(4)高校德育要坚持个体主导目标的和平建设性特点,培养大学生"和谐世界"的理念。2005年9月15日,联合国成立60周年首脑会议举行第二次全体会议,中国国家主席胡锦涛同志发表题为《努力建设持久和平、共同繁荣的和谐世界》的重要演讲,首次提出了"和谐世界"的理念。① 之后和谐世界理念成为中国特色社会主义的外交思想之一,高校大学生也应树立这一理念,在世界多极化和经济全球化的大趋势中,我们要让大学生把握"要和平、

---

① 《胡锦涛在联合国成立60周年首脑会议上的讲话》,《人民日报》2005年9月16日。

促发展、谋合作"的时代主旋律,做和平的使者,绝不学习做美国带有侵略扩张性特点的"民主公民"。尤其是改革开放 30 多年以来,作为最大的发展中国家,中国已经进入快速发展期,中国的发展模式也为世界许多国家认可或借鉴,这值得每一个中国人骄傲和自豪。但同时也应让大学生看到,中国仍然是一个发展中国家,发展中的问题层出不穷,中国必须利用现有的世界和平的机会继续发展才能解决存在的问题,也才能真正防止美国等西方国家对我国的"西化"、"分化"图谋。

二、美国高校坚持德育主导内容的经验及对我国的启示

1. 美国高校坚持德育主导内容的经验

(1)"形散而神聚"。美国高校德育主导内容是多样化中的一元主导。从《独立宣言》到《美国宪法》、《权利法案》这些重大的建国文件,到美国各届总统的就职演说,再到美国化、美国精神及盎格鲁——新教文化等具有美国民族特色文化的塑造,再到公民教育、公民宗教的理论及其实践,最后到实用主义、个人主义、自由主义、保守主义等理论,无论是政治类课程还是非政治类课程,美国高校的课堂无不体现着以独立、民主、自由、平等、财产权、宗教精神为核心的资产阶级价值观,这种现状类似散文的写作,具有形散而神聚的特点,而这种"形散"的表现,又符合其自由、平等的价值观,然而自由又是以公民的权利义务和宗教的《圣经》等为约束的自由,所以美国高校德育主导内容看似是多元的,实质却是真正的一元主导。

(2)宗教性。宗教内容某种程度上填补了美国人民的精神和心理需要。新教教徒是美国的缔造者,为美国的宗教精神奠定了基础,也使宗教成为多数美国人的信仰支柱,甚至起到填补美国人

心理需要的作用。因此美国青年在上大学之前,多数已经是宗教教徒,宗教在美国一直履行着德育的作用是众所周知的,而美国大学生宗教信仰也十分自由:"77%的大学生仍会作祈祷,71%的大学生认为宗教对他们有帮助,73%的大学生认为宗教和信仰能帮助他们发展自我人格。58%的学生认为信仰在他们的生活中十分重要。"①有些大学甚至为大学生提供各种宗教服务:"无论是公立大学还是私立大学都处处为校外宗教提供各种条件,并且允许大学生在特定的时间到教堂接受宗教教育。不同宗教派别(主要是基督教内部各种派别)的教堂散落在大学校园里,宗教组织非常活跃,活动连续不断,且形式多样化。有的大学还设有教士、牧师办公室,随时接待学生。还有专门向外国留学生传教的专职牧师。"②

(3)继承性和发展性。无论时代如何变化,美国高校德育的主导内容始终都有独立、平等、自由、财产权、宗教精神等内容,在此基础上,美国人创造了自己的美国精神、实用主义哲学等,而实用主义哲学等内容又能随着时代的变化而发展。

2. 美国高校坚持德育主导内容的启示

(1)将社会主义核心价值观广泛渗透在高校德育的各种理论和实践中。十七大报告中指出,要"建设社会主义核心价值体系,增强社会主义意识形态的吸引力和凝聚力",所以我们要用具体明确、简单易记而又大众化的语言或者故事等多种形式,对社会主义核心价值体系的内容加以建设和强化,借鉴美国主导内容"形

---

① 普世社会科学研究网:《美国大学生的信仰现状调查》;http://www. pacilution. com/ShowArticle. asp? ArticleID=1102

② 万斌主编:《马克思主义与当代》,浙江大学出版社2004年版,第53页。

散而神聚"的经验,这有利于将社会主义核心价值观广泛渗透在高校德育的各种理论和实践中。比如,我们当前要建设社会主义和谐社会,"和谐"已成为出现频度相当高的词汇,但我们不应该为讲和谐而和谐,而是将和谐作为一种文化或者生活方式渗透在高校的各种工作领域中,只有这样,和谐才能真正成为指导每一个大学生日常生活的价值观。正如十七大报告指出的那样,要"切实把社会主义核心价值体系融入国民教育和精神文明建设全过程,转化为人民的自觉追求。"①

（2）高校德育要加强全面的理想信念教育和心理健康教育。江泽民同志指出:"理想信念教育,是党的思想政治工作的核心内容。只有在全党同志和全体人民中牢固确立正确的理想信念,才能不断增加凝聚力和战斗力,我们的事业才能不断取得成功。"②理想信念教育对我国高校的影响与美国高校的"上帝"一样,都属于信仰教育。美国人相信上帝既能给予他们美好的社会,又能给予他们美好的生活,又能庇佑美国人找到好工作,又能保佑他们度过各种难关等等,所以在美国"上帝无处不在"。尽管这种宗教信仰在我们看来是一种非科学信仰,但美国对信仰教育的态度和做法给我带来一定启示。首先,高校要加强"全面的"理想信念教育。所谓的"全面的理想信念教育",就我国而言,就是除了进行社会主义和共产主义理想信念教育以外,还包括唯物主义的生活理想、职业理想、家庭理想等各个方面在内的理想教育。而且,宗

---

① 胡锦涛:《高举中国特色社会主义伟大旗帜,为夺取全面建设小康社会新胜利而奋斗——在中国共产党第十七次全国代表大会上的报告》,人民出版社2007年版,第34页。
② 《江泽民文选》第3卷,人民出版社2006年版,第89页。

教在美国人生活中无处不在,他们的信仰教育氛围几乎是全社会、全历史的,所以我们很有必要将自己的理想信念教育设置为专门的课程甚至是组建专门的教育辅助机构或团体,只有通过这种实践性较强的方式才能加强大学生的理想信念教育。其次,心理健康教育也是高校必须加强重视的一方面。"马加爵事件"以来,尽管高校普遍开展了心理健康课程、讲座和活动之类的教育,但是还远远不够,各个高校在这方面的工作也参差不齐。我们不但要把在高校推广和普及心理健康知识作为德育的重要内容,在所有类型的高校中开设与此相关的课程,而且要让心理健康或咨询老师、辅导员、德育教师、班主任都成为大学生的"心灵上帝",在大学生需要帮助的时候及时出现。总之,只有加强全面的理想信念教育和心理健康教育,中国大学生的精神支柱才会更加牢固,才能杜绝各种非马克思主义和反马克思主义价值观对大学生的侵蚀。

(3)高校要加强传统文化和马克思主义理论的融合贯通。美国高校德育主导内容的继承和发展及其本土性启示我们,我国要将几千年传统文化中的优秀内容继承下来,并将之和具有外输性的马克思主义世界观、人生观、价值观、道德观等有效地融合贯通,只有这样才能更易为深深打上中国文化烙印的中国大学生所接受。有学者认为,马克思主义理论教育离不开对中国传统文化的研究,马克思主义中国化首先意味着马克思主义与中国传统文化的有机结合。中国五千年的悠久历史孕育了深厚的文化底蕴,其中的儒、道、佛是中国传统文化教育的核心内容,它们对当代中国依然有着广泛而深刻的影响。[1] 因此,将马克思主义理论和中国

---

① 赵康太:《当代思想理论教育前沿问题纵论》,武汉大学出版社 2007 年版,第 3 页。

传统文化中的孔孟、老庄、墨子、韩非子等经典人物思想的优秀成分融合贯通,并结合中国特色社会主义建设的实际及世界全球化的时代背景,用推陈出新又善于普及的语言进行概括和传播,是当前高校德育主导内容建设的一个重要环节,也是我们社会主义核心价值观具体内容的要求所在。

(4)高校要加强社会主义民主政治教育,将社会主义民主作为中国公民的主要内涵之一。美国民主在美国已成为美国人、美国大学生基本的思维方式和生活理念之一,美国对外也在推广其美国式民主。实际上,尽管"民主、自由、平等的观念在今天的世界上已经跨越了国界,超越了阶级和意识形态,成为人类社会基本的价值目标"[1],但是美国资产阶级民主和我国社会主义民主仍有本质的区别。前者的民主实质上是资产阶级利益集团的民主,后者的民主才是真正的人民民主。作为社会主义国家的高校,我们要大力加强社会主义民主政治教育,用我们真正属于人民的民主来分析、抵制美国式民主。就社会主义民主建设这个问题,十七大报告在"坚定不移发展社会主义民主政治"部分专门进行了阐述,报告明确指出:"人民民主是社会主义的生命"、"社会主义愈发展,民主也愈发展",充分肯定了人民民主对发展社会主义的重要性,肯定了人民民主和社会主义的高度一致性,即:没有人民民主,就没有真正的社会主义。因此,我们要在高校大学生中将社会主义的人民民主和中国公民教育紧密结合起来,并将人民民主作为中国公民的主要内涵之一加以教育,通过这样的方式,才能使德育主导内容切合主导目标的要求,更好地抵制美国式民主对我国意

---

[1] 葛腾飞、周桂银:《美国政治发展与对外政策》,世界知识出版社2007年版,第6页。

识形态领域及大学生思想的侵蚀。

三、美国高校坚持德育主导方式的经验及对我国的启示

1. 美国高校坚持德育主导方式的经验

（1）美国高校德育主导方式是由个体主导向整体主导的巧妙过渡。美国的政治社会化理论除了强调要把美国特有的政治文化传播到美国大学生和美国其他公民的头脑中，即强调阶级性和意识形态性外，重点是研究如何将政治文化社会化——也就是我们这里的德育主导方式，而这个社会化包括了两个向度：即社会到个体的同化过程和个体到社会的适应过程，实质上对个体到社会的适应过程的研究也是为了更有效的同化个体。因此，在政治社会化理论的指导下，其主导方式必然是在社会主导的同时兼具个体主导。所以，美国高校德育主导性注定也是多样化的，这种多样化既体现在社会主导方式之载体的多样化中——家庭、学校、宗教、政府机构、大众传媒等等，"孩子们所遇到的每一个场所，都是政治社会化的潜在机构"①，又体现在个体主导方式的多样化中——个体所在的不同的年龄段、不同的地区和民族种族、不同类型的学校、不同信仰的人群、不同的党派，甚至是不同的性别等等。可以说，这样的主导方式是使美国及美国高校德育主导性无处不在、无时不在的主要原因之一。同时在高校内部，美国高校的课程除了专业课外，人文社科类课程占了相当大的部分，这些课程不但为每一个学生的全面发展提供了丰富的课程资源，还都承载了爱国主义、资本主义制度及实用主义和个人主义的教育内容。其公民教

---

① ［美］米切尔·罗斯金等：《政治科学》（第6版），林震等译，华夏出版社2001年版，第143页。

育从做一个好公民出发，实则将好公民等同于爱美国、爱资本主义、有社会责任感等，可以说将个人主义融进了爱国主义之中，这正是美国学校德育由个体主导向整体主导的巧妙过渡。

（2）美国高校德育主导方式是理论主导和实践主导的有力结合。美国的政治社会化理论强调其美国特色的政治文化，这个以美国资产阶级价值观及其实用主义、个人主义为核心的政治文化实际上就是美国德育主导方式的理论主导。但是，美国高校在其课堂或者别的场合将其直接灌输给美国大学生的同时，更注重的是实践环节。在学校举行的学生社团活动、志愿者活动、宗教活动、政治选举活动和学校教育的各种文体实践活动中，皆强调实用主义所倡导的"学校即社会"、"在做中学"等理念，因此，美国德育主导方式是实践主导有效地结合了理论主导。

（3）美国高校德育主导方式是隐性主导和显性主导的有力融合。美国政治社会化有两个向度，即社会到个体的同化过程和个体到社会的适应过程。一方面，从社会到个体的同化既是一种显性主导又是一种隐性主导。如学校的历史课，既是历史教育又是公民教育；大学的政治类课程是显性教育，而学校的隐性课程则是隐性教育。再如其宗教活动中包含的公民教育是显性教育，而不同的宗教教派支持不同的党派竞选则是一种隐性教育——这是一种民主、自由、平等的信息传递。另一方面，从个体到社会的适应过程的研究，是为了更有效地同化个体。这个事实也告诉我们，美国对个体的关注事实上起到了支持美国整体发展的作用，这是一种非常有效的隐性主导。另外，美国高校德育不论是在主导目标、主导内容还是主导方式上，都具有隐性或渗透性的特点，但这并不是说美国高校德育没有显性的一面。他们所倡导的政治社会化以及高校开设的必修课"美国历史"等文史政类课程中所包含的德育主导性,实际上也是显性的。这表明,美国高校坚持德育主导性是隐性主导和显性主导的有力融合。

(4)美国高校德育主导方式是经济主导和政治文化主导的有力配合。政治文化主导是政治社会化的主要内容,此处不再赘述。其经济主导表现在:一是美国核心价值观中强调财产权。私有财产神圣不可侵犯是得到宪法确认的,这一点既体现了资产阶级的意志,某种程度上也反映了大众的自我保护心理;二是美国建立的一系列福利制度。如食品券——1961 年在肯尼迪领导下开始发放,于 1964 年约翰逊的领导下推广之,到 1995 年,它已上升到每年 2750 万美元,超过 10% 的美国家庭获益;抚养子女家庭补助(AFDC)——是 1935 年由《社会保障法》设立的最初的"福利"项目,到 1993 年,该项目使大约 500 万个美国家庭受惠;老年保健医疗和医疗补助——是 1965 年开始实行的,分别为老年人的联邦资助项目和联邦与州为穷人提供的资助,在 20 世纪 90 年代,这两个项目每年开支超过 2 个亿。[①] 此外,还有美国政府所支持的各种慈善事业。美国学者认为政府的任务是为所有公民提供生存、稳定以及经济的和社会的福利。这是现代世界中绝大多数国家的最高目标……政府可以通过提高百姓的生活水平以获得民众的支持[②]。美国这种在法律上强调财产权,在政策上对福利事业和慈善事业的支持是美国政府赢得大多数人民包括美国大学生信赖及其长治久安的基本保障——尽管我们清楚地知道,由于生产力的

---

① 　[美]米切尔·罗斯金等:《政治科学》(第 6 版),林震等译,华夏出版社 2001 年版,第 378—381 页。

② 　[美]米切尔·罗斯金等:《政治科学》(第 6 版),林震等译,华夏出版社 2001 年版,第 39 页。

高度发展,美国资产阶级对国人的福利比起其对国人的剥削来说只不过是九牛一毛罢了。

2. 美国高校坚持德育主导方式的启示

(1)我们在加强社会主导的同时,要充分关注并实践个体主导。一方面,我们的德育要尽量贴近学生,重视个体主导,充分发挥德育的个体价值。社会主义市场经济的建立和发展,使计划经济所决定的人们一切以集体主义为出发点的思维方式受到了冲击和挑战,那种过分强调学生的社会要求而忽视学生主体感受的做法,是很难收到实效的。所以,关注个体发展已经成为现代德育的内在要求。正如郑永廷教授所说,"当代中国最需要而又最缺乏的,是对'独立能力的个人'和'完整个人'的关注。"[①]另一方面,如何在对独立能力的个人和完整个人的关注中发挥德育对个体的主导作用呢?借鉴美国政治社会化理论中对训练个体或个体适应社会政治的过程理论是相当有必要的。在个体适应政治文化的理论指导下,充分挖掘各种方式让大学生形成对中国特色社会主义政治的认识。如美国政治社会化理论将家庭列为第一个研究对象、第一个社会化机构,"家庭塑造了个体的心理特征,它决定着我们的政治态度,传递一套规范和价值(包括政治内容),以及信念和态度(如政党忠诚感和对政府的信任或不信任)。"[②]借鉴这一理论,我们也可以从初等教育开始,开办各个年龄段孩子的父母学校,将爱国主义和社会主义核心价值观的内容作为重要目标,在家庭教育和学校教育中同步进行。有了这样的基础,到了大学阶

---

① 郑永廷等:《人的现代化理论与实践》,人民出版社 2006 年版,第 256 页。
② [美]米切尔·罗斯金等:《政治科学》(第 6 版),林震等译,华夏出版社 2001 年版,第 145 页。

段,学生的社会主义观念就进入了相应的巩固和提升阶段,高校德育主导性就会容易为学生所接受。

(2)我们在加强理论主导的同时,要增强实践主导。第一,应肯定高校思想政治理论课上的理论灌输,这给大学生提供了专门和集中学习思想政治理论的渠道,同时我们要组织各种实践活动来强化其课堂学习;第二,要大力改革高校思想政治理论课教学方法,强化实践教学环节;第三,应开展丰富多彩的课外实践活动,充分发挥学生的主体性,在潜移默化中培养其良好的思想政治道德素质。

(3)我们在加强显性主导的同时,要增强隐性主导。我国高校思想政治理论课是明确灌输马克思主义理论的政治课,"共产党人不屑于隐瞒自己的观点和意图"①。同时,对于当代大学生而言,用一些喜闻乐见的隐性或渗透性的内容和方法来加强德育,将有助于提高德育的有效性。在社会主导的层面上,可以尝试将德育类一些选修课的课程名称和讲座题目设置为贴近学生个体发展的、与中国当代社会实际发展相关的、能引起学生学习兴趣的名称,具体内容架构也可稍做调整,这样有助于增强学生的学习积极性,提高德育的隐性主导力度,尤其是在高校德育课程中要把选修与必修相结合,以增强学生的主体选择感;同时要加强对大众媒介的控制力度,增加对大学生网络德育建设的投资力度等。在个体主导上,可以将中国公民的教育目标、教育内容和个体生存、发展的一系列相关实践与个人利益结合起来,且充分照顾到家庭、学校、政府和社会等机构对个体影响的一致性,使个体在多元文化背景下形成对我国主流意识形态的认同。

---

① 《马克思恩格斯选集》第 1 卷,人民出版社 1995 年版,第 307 页。

(4)我们在加强政治主导的同时,要增强经济的主导作用。美国的福利政策和慈善事业对美国人的主导作用是不言而喻的,在一定意义上,这是资本主义得以顺利发展的"免费小餐"。而在我们社会主义中国,中国共产党本身就是代表中国最广大人民的根本利益的,更应注重和改善民生,切实让全国人民共享建设成果。高校要通过形势与政策等课程向大学生及时宣传我们党的民生政策及其成效,这是我们发挥经济主导不可缺少的一环。十七大报告中指出,"社会建设与人民幸福安康息息相关。必须在经济发展的基础上,更加注重社会建设,着力保障和改善民生,推进社会体制改革,扩大公共服务,完善社会管理,促进社会公平正义,努力使全体人民学有所教、劳有所得、病有所医、老有所养、住有所居,推动建设和谐社会","……努力形成社会和谐人人有责、和谐社会人人共享的生动局面。"改善民生本身就是一种最实际的教育,因而,在改善民生的过程中,把党和国家的惠民政策和建设成果生动快捷地讲解给学生,是高校德育不可滞后的任务,因为只有这样,才能增强经济的从而是全方位的德育主导性。

第十章 多元文化背景下高校德育主导性的实现

坚持主导性,是我国高校德育的优良传统。改革开放以来,从总体上看,我国高校德育主导性是非常明确的,也是比较有效的。但也不可否认,由于受到多元文化的影响和干扰,在一些高校和有些方面出现了主导性弱化的现象。因此,积极探索坚持和发展高校德育主导性的有效途径和实现方式,成为高校德育的现实问题。

第一节 高校德育主导性的实效性现状分析

实效性是指组织目标的实现程度。具体讲,实效性是指实践活动预期目的与结果之间的关系,是指实践活动结果对于目的是否实现及其实现的程度,亦即实际效果问题。实效性是人们对任何实践活动感知与评判的最直接、最根本的依据。[1] 高校德育主导性的实效性就是指高校德育主导性的预期目标达到的程度和德育主导性任务实际完成的状况,表现为高校德育主导性理论和实践在提升大学生个体思想道德素质效果上的实现程度。进入新世纪以来,随着社会多样化、经济全球化、文化多元化、信息网络化趋

---

[1] 魏林灵:《高校德育实效性低的成因及对策分析》,《教育与职业》2009 年第 3 期。

势的发展,当代大学生的政治信仰和思想道德正在发生新的变化。为深入贯彻中共中央、国务院《关于进一步加强和改进大学生思想政治教育的意见》精神,客观真实地了解和把握当代大学生思想变化的基本特点,增强高校德育的针对性和有效性,2007年上半年,我们以复旦大学、华东师范大学、上海大学、上海师范大学等上海市八所高校的在校本科生为调查对象,采用发放调查问卷形式,对当代大学生在政治观、人生观、道德观等方面的主流思想状况进行了专题问卷调查①。现结合我们的调查结果,对高校德育主导性的整体效果作一简要分析。

一、高校德育主导性的实效性表现及因析

根据我们的问卷调查分析,从总体上看,当前我国高校在坚持高校德育主导性方面是比较有效的,当代大学生的主流思想呈现出健康、积极、乐观、理性的发展特点。具体表现在:

1. 政治观表现

第一,马克思主义信仰仍然是多数学生的主导信仰,但受到多元文化的影响和冲击。在改革开放以前我国意识形态领域比较单一的情况下,马克思主义信仰毫无疑问是大学生的主导信仰。但是,改革开放以后,随着我国意识形态领域的多元化趋势,马克思主义信仰受到多元文化的影响和冲击。调查显示,在"您的政治信仰是什么"的选项中,选择"社会主义和共产主义"的占51.8%,选择"资本主义"的占7.8%,选择"某宗教"的占5.3%,选择"其他"的占5.9%,"不明确"的占29.2%。在"马克思主义对我国现

---

① 参见石书臣、靖守侠:《多元文化背景下大学生主流思想状况的调查与思考》,《学校党建与思想教育》2008年第3期。

代化建设的根本指导作用"选项中,选择"赞同"的占 36.5%,选择"基本赞同"的占 43.8%,选择"不赞同"的占 7.4%,选择"讲不清"的占 12.2%。这表明,当代大学生的政治信仰虽然受到多元文化背景的严重冲击,但马克思主义信仰仍然是多数学生的主导信仰。

第二,多数学生对中国特色社会主义的前景持乐观态度,但对社会主义最终能否战胜资本主义产生迷茫。调查显示,在"您对中国特色社会主义的发展前景"的选项中,选择"充满信心"的占 26.9%,选择"较有信心"的占 43.1%,选择"一般"的占 24.1%,选择"没有信心"的占 5.9%。"充满信心"和"较有信心"之和达到了 70%。在"社会主义优越于资本主义"的选项中,选择"赞同"的占 24.5%,选择"基本赞同"的占 33.3%,选择"不赞同"的占 21.6%,选择"讲不清"的占 20.6%。"赞同"和"基本赞同"之和达到了 57.8%。在"中国必须坚持社会主义道路"的选项中,选择"赞同"的占 44.3%,选择"基本赞同"的占 32.5%,选择"不赞同"的占 8.8%,选择"讲不清"的占 14.4%。"赞同"和"基本赞同"之和达到了 76.9%。由此可见,当代大学生对中国特色社会主义具有较高的认同感,认为社会主义更适应中国的实际,能给人民带来更大利益。但也要看到,当代大学生对社会主义最终能否战胜资本主义的问题是比较迷茫的。调查显示,在"社会主义终究可以战胜资本主义"的选项中,选择"赞同"的占 20.9%,选择"基本赞同"的占 28.3%,选择"不赞同"的占 23%,选择"讲不清"的占 25.9%。"不赞同"和"讲不清"两项之和占了 50.9%,超过了半数。

第三,对共产党的领导充满信心,申请加入中国共产党的态度比较积极。调查显示,在"中国社会主义现代化建设必须坚持共产党的领导"的选项中，选择"赞同"的占 42.9%，选择"基本赞同"的占 34.3%，选择"不赞同"的占 11%，选择"讲不清"的占 11.9%。"赞同"和"基本赞同"之和达到了 77.2%。在"多党制不适合中国国情"的选项中，选择"赞同"的占 28.9%，选择"基本赞同"的占 28.6%，选择"不赞同"的占 27.7%，选择"讲不清"的占 14.8%。"赞同"和"基本赞同"之和达到了 57.5%。在对共产党领导充满信心的基础上，大学生对申请加入中国共产党的态度也是积极的。在"您对于申请加入中国共产党的态度"的选项中，选择"很积极"的占 28.4%，选择"比较积极"的占 37.3%，选择"不想加入"的占 20.9%，选择"没想过"的占 13.3%。可见，65.7% 的学生态度"比较积极"或是"很积极"。

第四，关心政治，但关注点在于与个人切身利益相关问题。在"您认为大学生是否应该关心和参与政治生活"的选项中，选择"多关心多参与"的占 38%，选择"多关心少参与"的占 53.5%，选择"少关心少参与"的占 5.1%，选择"不关心不参与"的占 3.4%。在"您最关注的热点问题是什么"的选项中，按选择比例高低依次为："社会问题"36.8%，"生活问题"18%，"考研、就业"16.7%，"政治问题"11.7%，"其他"9.4%，"情感问题"7.4%。可见，凡是与国家、民族和自己切身利益相关的问题，他们都充满政治激情，对社会的教育、医疗、腐败、不公平都有自己的看法和理解。

第五，多数学生比较喜欢思想政治理论课，但有更高要求。在"您对公共政治课（思想政治理论课）的感觉是"的选项中，选择"很有用，应该好好学"的占 9%，选择"好不好，关键在老师"的占 42.1%，选择"感兴趣，但需要改进"的占 19.3%，选择"没想法，开什么课上什么课"的占 20.5%，选择"很厌烦，简直浪费时间"的占 9.1%。

从总体上看,当代大学生的政治信仰及对政治问题的看法,基本上能与党和国家的要求保持一致,大学生对政治问题的看法比较客观、理性,不再盲目受某些政治思潮所左右,能够比较冷静地思考和自主判断有关政治问题,不再那么偏激和冲动了。

2. 人生观表现

第一,人生理想和人生目标比较明确,但出现自我化、近景化倾向。在"您是否有自己的理想和精神支柱"的选项中,回答"有,比较明确"的占到 55.5%,选择"飘忽不定,不太明确"的占 38.5%,选择"没有"的占 2.5%,选择"没想过"的占 3.5%。在"您的理想和追求是什么"的选项中,按选择比例高低依次为:"生活幸福"占 55%,"事业成功"占 20.5%,"对国家有所贡献"占 11.5%,"其他"占 5.9%,"为共产主义而奋斗"占 3.6%,"个人的名利"占 3.5%。在"在选择自己将来的职业时,您最看重哪个因素"的选项中,按选择比例高低依次为:"发展前景"占 47.1%,"经济收入"占 28.1%,"工作条件"占 9.4%,"其他"占 7.0%,"专业对口"占 6%,"祖国需要"占 2.5%。可见,在社会理想与个人理想之间,多数学生更看重个人理想,而不再是把为国家、集体和社会服务放在第一位;他们比较注重眼前的利益,而缺乏对人生的长远规划。

第二,人生态度积极,但务实性、功利性色彩增浓。调查显示,在"如果您和另外一个同学同时具备获得奖学金的条件,但只能一人获得,您怎么办"的选项中,选择"凭自己实力争取获得"的占 86.5%,选择"发扬风格,自觉放弃"的占 3.2%,选择"采取小手段,使自己获得"的占 1.5%,选择"无所谓"的占 8.9%。在"青春易逝,及时行乐"的选项中,选择"不赞同"的占 42.4%,选择"赞同"和"基本赞同"的占 46.4%,选择"讲不清"的占 11.1%。在

"大利大干，小利小干，无利不干"的选项中，选择"不赞同"的占69.1%，选择"赞同"的和"基本赞同"的占21.8%，选择"讲不清"的占9.1%。在"人与人之间的关系就是互相利用"的选项中，选择"不赞同"的占65.8%，选择"赞同"和"基本赞同"的占23.5%，选择"讲不清"的占10.7%。

第三，看重人生价值，但奉献与索取并重。在"奉献是人生最大的快乐"的选项中，选择"赞同"的占26.6%，选择"基本赞同"的占48.2%，选择"不赞同"的占13.5%，选择"讲不清"的占11.7%。前两项为74.8%，说明为社会为国家为人民作出贡献，用奉献精神服务人民，仍然是当代大学生的主流思想。在"您认为一个人的价值主要取决于什么"的选项中，选择"他人和社会的认可与尊重"的占44.3%，选择"对他人与社会贡献如何"的占26.5%，选择"个人成功与否"的占15.5%，选择"其他"的占7.3%，选择"金钱、权力、名誉、地位"的占6.5%。可见大部分学生把是否得到"他人和社会的认可与尊重"以及"对他人和社会贡献如何"作为人生是否有价值的评价标准，这和社会的主导评价标准是一致的。但是，多数学生所讲的奉献不再是单一的无条件的"无私奉献"，而是与索取紧密相连的。在"正当索取，积极奉献"的选项中，选择"赞同"的占68.3%，选择"基本赞同"的占26.8%，选择"不赞同"的占2.3%，选择"讲不清"的占2.5%。在"主观为自己，客观为他人"的判断中，选择"赞同"和"比较赞同"的占66.3%，选择"不赞同"的占16.4%，选择"讲不清"的占17.4%。

3. 道德观表现

第一，肯定优良传统道德，但主张赋予时代含义。在"在您看来，在全社会提倡'勤俭节约'是否已经过时"的选项中，选择"永

远不会过时"的占 35.3%,选择"应提倡,但要赋予时代含义"的占
61.4%,选择"现在已经过时了"的占 1.3%,选择"说不清"的占
1.9%。可见,占 96.7% 的绝大多数学生认为不会过时,应该提
倡。在"己所不欲,勿施于人"的选项中,选择"赞同"的占
80.6%,选择"基本赞同"的占 15.9%,选择"不赞同"的占 1.9%,
选择"讲不清"的占 1.6%。在"勿以恶小而为之,勿以善小而不
为"的选项中,选择"赞同"的占 81.5%,选择"基本赞同"的占
14.8%,选择"不赞同"的占 2.3%,选择"讲不清"的占 1.4%。在
"传统道德与市场经济格格不入"的选项中,选择"赞同"的占
7%,选择"基本赞同"的占 11.6%,选择"不赞同"的占 73%,选择
"讲不清"的占 8.4%。他们认为传统道德与市场经济并不矛盾,
发展市场经济仍然需要传统道德,也仍然需要雷锋精神。在"市
场经济不需要雷锋精神"的判断中,选择"赞同"的仅占 7.4%,选
择"基本赞同"的也只占 10.7%,而选择"不赞同"的占 73.9%,选
择"讲不清"的占 8%。

　　第二,崇尚良好社会公德,但自我保护意识增强。在"在公共
汽车上见到老弱病残幼,您会怎样做"的选项中,选择"主动让座"
的占 56.7%,选择"看具体情况而定"的占 41.2%,选择"装作没
看见"的占 1.1%,选择"座位是我的,不必让"的占 1%。在"当路
遇坏人行凶、抢劫、偷盗,您会怎样做"的选项中,选择"挺身而出,
见义勇为"的占 5.5%,选择"求助他人、报警"的占 55%,选择"看
事态发展再做打算"的占 29.5%,选择"尽量回避,少惹麻烦"的占
9.9%。这表明当代大学生在崇尚良好社会公德的同时,自我保护
意识明显增强,当力所不能及时不再盲目地"见义勇为",而会求
助他人或报警,这也是社会引导的一种正确方式。

　　第三,社会责任感较强,但对社会上道德缺失现象表示宽容。

在"天下兴亡，匹夫有责"这一选项中，选择"赞同"的占 69.2%，选择"基本赞同"的占 25.8%，选择"不赞同"的占 2.9%，选择"讲不清"的占 2.1%。在"个人利益必须服从国家和集体利益"的选项中，选择"赞同"的占 32%，选择"基本赞同"的占 44.4%，选择"不赞同"的占 13.1%，选择"讲不清"的占 10.5%。在"您对社会上存在的道德缺失现象的反应是"的选项中，选择"深恶痛绝"的占 36.6%，选择"深感忧虑"的占 29.9%，选择"可以理解"的占 30.7%，选择"与己无关"的占 2.8%。

以上表明，当代大学生基本接受并适应了社会主义市场经济的道德要求和道德原则，对以竞争与协作共存的市场经济道德要求是认同和推崇的。对人生的基本道德要求和道德价值趋向稳定与成熟，绝大部分学生能比较自觉地运用市场经济的基本规律来调节自己的人生航向，跟上社会发展的步伐。

我国当前坚持高校德育主导性取得有效性的主要原因在于：

第一，党和国家对高校德育的高度重视和宏观指导。中共中央、国务院专门制定了《关于加强和改进大学生思想政治教育的意见》（"中央 16 号文件"），全国高校启动了新一轮高校思想政治理论课教改方案（"05 方案"），设立了马克思主义理论一级学科，有效地推动了高校德育的改革和发展。

第二，高校领导重视，教师自觉，积极进行大学生思想政治理论课教学改革，提高了思想政治理论课的吸引力、影响力和有效性。

第三，高校普遍加强了辅导员队伍建设和日常性德育工作，增强了第一课堂与第二课堂、思想政治理论课教师与辅导员、课堂教学与社会实践的互动与配合，提高了教育实效。

第四，加强了校园网建设，开辟网络教育平台，增强了德育的吸引力、互动性和时效性。

第五,加强了校园文化建设。良好的大学校园环境和校园文化对大学生思想道德的健康发展起到了潜移默化的积极影响作用。

第六,加强了学校、社会和家庭的协作与配合,增强了德育的合力,提高和巩固了德育主导效果。

二、当前高校德育主导性弱化的表现及因析

德育系统是一个由多种要素相互联系、相互作用构成的有机整体,德育主导性的实现,有赖于各个要素主导性的发挥,即德育目标、内容、方法、环境、教育者、教育对象主导性的发挥。从总体上来说,当代大学生精神风貌是健康的、积极向上的,主流是好的。但由于社会大环境的因素和学校、家庭教育存在的某些弊端,大学生自身也存在一些不容忽视的问题,概括起来主要有:三个弱点——吃不起苦,受不起挫折,放不下架子;四个偏向——重知识、轻做人,重个人、轻集体,重理论、轻实践,重权利、轻义务;五个缺乏——缺乏责任意识、公德意识、劳动意识、自立意识、环保意识[①]等原因,给高校坚持德育主导性增加了难度,在有些方面出现了德育主导性弱化的现象。其主要表现是:

1. 多元文化的影响扩大,社会主义意识形态的影响减弱

第一,西方文化的影响。在"您喜欢好莱坞影片吗"的选项中,选择"很喜欢"的占 18.1%,选择"较喜欢"的占 41.1%,选择"一般"的占 36.4%,选择"不喜欢"的占 4.5%;在"您认为好莱坞

---

① 蒋威宜:《积极贯彻落实中央精神,切实加强和改进大学生思想教育工作》,上海中医药大学出版社 2005 年版,第 24 页。

影片最吸引大学生的地方在哪里"的选项中,选择"演员水平高"的占 8.4%,选择"制作技术高"的占 25.6%,选择"富有思想性"的占 8.2%,选择"剧情独特,构思新颖"的占 22.7%,选择"气势和场面宏大"的占 31.3%,选择"其他"的占 3.8%。在"西方文化中对您影响最大的因素是"的选项中,选择"影视、音乐"的占 52%,选择"图书"的占 12.4%,选择"社会制度"的占 17.7%,选择"餐饮"的占 11.9%,选择"其他"的占 6%;在"您了解新自由主义观点吗"选项中,选择"比较了解"的占 3.1%,选择"有所了解"的占 15%,选择"听说过,但不太了解"的占 46.4%,选择"不了解"的占 35.6%,也就是说 81.9%的学生对新自由主义不太了解或不了解;在"您对新自由主义观点的看法"的选项中,选择"赞同"的仅占 5.2%,选择"不赞同"的占 1.9%,选择"有值得借鉴的地方"的占 37%,选择"不清楚"的占 55.9%。可见,多数学生非常喜欢西方影视、音乐,西方文化的影响在扩大,但对其思想和制度的了解并不深,认同也不高。

第二,日韩文化的影响。在"您喜欢'日本动漫'吗"的选项中,选择"很喜欢"的占 23.1%,选择"较喜欢"的占 26.4%,选择"一般"的占 31.9%,选择"不喜欢"的占 18.6%;在"您认为'日本动漫'最吸引大学生的地方在哪里"的选项中,选择"人物造型好"的占 33.1%,选择"剧情生动、浪漫、煽情"的占 31.5%,选择"电脑技术逼真"的占 11.7%,选择"音乐歌曲好听"的占 6.4%,选择"彰显民族性格"的占 5.3%,选择"其他"的占 12%。在"您喜欢'韩剧'吗"的选项中,选择"很喜欢"的占 15.6%,选择"较喜欢"的占 26.6%,选择"一般"的占 38%,选择"不喜欢"的占 19.8%;在"您认为'韩剧'最吸引大学生的地方在哪里"的选项中,选择"剧情生动、浪漫、煽情"的占 41.5%,选择"有较浓厚的文化底蕴,尤其是伦理道德方面"的占10.7%,选择"看帅哥美女"的占19.2%,选择"展示社会生活的美好一面,给人安全舒适的感觉"的占21.2%,选择"其他"的占7.4%;在"您认为'韩剧'中的核心文化是什么"的选项中,选择"儒家文化"的占33.7%,选择"西方文化"的占2.6%,选择"韩国文化"的占41.6%,选择"不清楚"的占22%;在"'韩流'对您的生活有影响吗"的选项中,选择"影响很大"的占2.2%,选择"影响较大"的占11%,选择"影响不大"的占57.8%,选择"没影响"的占29.1%。这些数据从一个侧面反映了日韩文化对我国大学生的吸引力,但从本质上看,当代大学生对日韩文化的兴趣主要在"形式"方面,而"内容"方面的影响不太大。

第三,大众文化的影响。大众文化具有大众性、广泛性的特点,需要用先进性给予引导和扶正。在"您认为'超级女声'、'加油好男儿'节目最吸引人的地方在哪里"的选项中,选择"贴近大众"的占33.5%,选择"张扬个性"的占38.9%,选择"形式独特"的占6.5%,选择"文化创新"的占3.9%,选择"其他"的占17.3。在"您认为'超级女声'、'加油好男儿'节目会对中国娱乐节目的发展产生什么影响"的选项中,选择"积极影响"的占10.7%,选择"消极影响"的占12.1%,选择"好坏影响都有"的占72.1%,选择"没影响"的占5.1%。虽然这些大众化的节目广受青少年的青睐,但大学生的关注程度并不高。调查显示,"非常关注"的占4.7%,"关注"的占25%,"不太关注"的占54.9%,"无所谓"的占15.4%。

第四,中国传统文化的影响。中国传统文化是中国特色社会主义文化的重要组成部分,但不是核心文化和主导文化。在"您认为传统文化对于当下的中国社会有何意义"的选项中,选择"很重要"的占 54%，选择"有一定作用"的占 40.9%，可见，绝大部分学生认为传统文化对于当下的中国"很重要"和"有一些作用"。大学生已经逐渐认同传统文化，从改革开放之初认为外国什么都好，包括外国没有文化内涵的文化也是好的，慢慢地，经过一段时间的弯路，人们尤其是对政治和社会比较敏感的大学生，开始感到中国传统文化的精华和魅力。在"对您的政治信仰和人生观、价值观形成影响最大的思想体系是什么"的调查中，61.9% 的大学生认为，中国传统文化是对大学生的政治信仰和人生观、价值观形成影响最大的思想体系。

第五，网络文化的影响。网络文化具有复杂性、多元性的特点，对主导文化带来一定冲击。根据我们的调查结果，在"您上网的主要目的是"的选项中，选择"查阅资料"的占 30.6%，选择"浏览信息"的占 39.4%，选择"玩游戏"的占 12%，选择"找人聊天"的占 8.8%，选择"收发 E-mail"的占 2%，选择"其他"的占 7.3%。在"您了解博客（blog）吗"的选项中，选择"我已经开始写 blog 了"的占 33%，选择"没有写过 blog，但是我浏览过别人的 blog"的占 48.5%，选择"我没写过也没浏览过别人的 blog"的占 9.3%，选择"听说过 blog，但不了解是什么"的占 7.8%，选择"完全不了解 blog 是什么"的占 1.4%。在"当您在网上无意中看到反动的信息或讨论时，您一般怎样做"的选项中，选择"好奇，进去看看"的占 22.2%，选择"仔细阅读，作出自己的判断"的占 30.7%，选择"奇闻共赏，并主动了解相关信息"的占 11.3%，选择"置之不理"的占 35.8%。这些数据说明，在当今社会，随着信息网络化的发展，互联网作为思想文化传播的新媒体，已经成为大学生学习知识、交流思想、休闲娱乐的重要手段，"上网"成为大学生学习生活的重要组成部分。但是，网络是一柄"双刃剑"，它对大学生的思想道德发展既有积极作用,也有消极影响。在"网络带给您的影响是"的选项中,选择"正面影响大于负面影响"的占67.7%,选择"负面影响大于正面影响"的占7.5%,选择"没影响"的占11%,选择"讲不清"的占13.8%。

第六,社会主义意识形态的影响。社会主义意识形态是中国特色社会主义文化的主导内容,但在意识形态领域多元化的背景下,随着多元文化影响的扩大,社会主义意识形态的主导地位受到很大冲击。在"社会主义意识形态对大学生的影响在减弱"的选项中,选择"赞同"的占38.4%,选择"基本赞同"的占38.1%,选择"不赞同"的占15.9%,选择"讲不清"的占7.6%。在"对您的政治信仰和人生观、价值观形成影响最大的思想体系是什么"的调查中,认为是"马克思主义"的只有10.1%。

2.政治主导力弱化

第一,政治认识表面化。对中国特色社会主义的认识只停留在表面上,在认识理解上存在感性、模糊甚至错误的认识,特别是对共产主义远大理想不够坚定,缺乏信仰、信心与信念。虽然在"您的政治信仰是什么"的选项中,选择信仰"社会主义和共产主义"的达到51.8%,但在"您的理想和追求是什么"的选项中,选择"为共产主义而奋斗"的只占3.6%,在"您看学生党员的入党动机是什么"的选项中,选择"信仰共产主义"的只占4.6%。另外,还有21.6%的学生对"社会主义优越于资本主义",25%的学生对"社会主义终究可以战胜资本主义"的观点表示不赞同。

第二,对政治生活的参与热情不够高。在"您认为大学生是否应该关心和参与政治生活"的调查中,认为"多关心多参与"的只占38%,"多关心少参与"却高达53.5%,"少关心少参与"5.1%,"不关心不参与"3.4%。在这项调查中,一方面可以看到当代大学生对政治生活的普遍关心（认为应当多关心政治生活的学生达到91.5%），另一方面也反映出他们实际参与热情不够高（认为应当少参与或不参与的总计达到62%），不愿对国家承担自己应该承担的社会责任。

第三，政治取向功利化。在"您看学生党员的入党动机是什么"的调查中，为个人事业发展、获取教师和单位好感的"实在利益感"占总数的76.8%，其中"为个人发展获取资本"的为51.4%，"表示一种要求进步姿态的为"25.4%，"为他人和社会多作贡献"的为14.8%，"信仰共产主义"的只占4.6%。也即很多学生的入党动机并不单纯，不是为社会更好的作贡献，不是因为信仰共产主义，不是对社会主义建设有信心，而是为个人一时私利，带有明显的功利化倾向，这不能不让人担忧。

3. 人生观、道德观的消极因素在增长

第一，价值取向的主流是健康向上的，但实用主义、个人主义色彩增浓。从总体上看，当代大学生正在形成与社会主义市场经济体制相适应的价值观，但不少大学生以自我成长为动力，以实现个人价值为目的，以自身奋斗为指导来规划大学生活。表现在：注重个人的发展，缺乏对社会的服务奉献精神；注重知识的实用，缺乏对学术的钻研精神；注重自我的感受，缺乏对他人的关爱；注重眼前的利益，缺乏对人生的长远规划。在"您的理想和追求是"的调查中，选择最多的是"生活幸福"和"事业成功"，而不再是为国家、集体和社会服务，在上个世纪八十年代以前被压抑被忽略的个人利益、个人发展成为当代大学生的理想和追求；在"在选择自己将来的职业时，您最看重哪个因素"的选项中，选择最多的是"发展前景"和"经济收入"，而选择"祖国需要"的只占2.5%。

第二,道德品质的主流是良好的,但传统美德丢失相当严重。在"人的本质是自私的"的判断中,选择"赞同"的占43.2%,选择"基本赞同"的占30%,选择"不赞同"的只占18.1%,选择"讲不清"的占8.8%。道德评价存在双重标准,对他人高标准、高要求,对自己则低标准、低要求。有的学生在生活上不顾家庭条件进行盲目攀比。在不少连学费都交不起、生活费都要自己赚的学生中,却有相当一部分学生买高档衣饰,拥有着高档手机、笔记本电脑等。同学之间的团结友爱互助精神也在淡化,有些学生以家庭贫富画线,只跟自己生活水平相似的人交朋友,看不起家庭贫困的,同学之间的纯洁友谊和友爱互助出现金钱化的倾向。

4.学校德育对大学生的影响偏低

第一,学校和德育教育者的主导作用不明显。在"对您的政治信仰和人生观、价值观形成影响最大的途径是什么"的选项中,选择"家庭"的占44.9%,选择"社会"的占20%,选择"学校"的占27.3%,选择"网络"的占1.7,选择"其他"的占6.1%。在"对您的政治信仰和人生观、价值观形成影响最大的人是"的选项中,选择"父母"的高达53.9%,选择"教师"的占15.2%,选择"名人、明星"的占3.8%,选择"英雄、模范"的占10.3%,选择"其他"的占16.9%。

第二,高校网站的德育功能发挥不够。在"您关注高校网站中的思想政治信息吗"的选项中,选择"很关注"的仅占2.8%,选择"较关注"的占11.3%,选择"一般"的占48.6%,选泽"不关注"的占37.2%。

第三,思想政治理论课的实效性不高。调查显示,在"您在大学期间所受的德育对您的思想的影响如何"的选项中,选择"有很大影响,有很大转变"的占6%,选择"较有影响,有一定转变"的占

43.4%,选择"基本没有影响,没有多大转变"的占 38.1%,选择"没有影响,没有转变"的占 12.5%。

当前坚持高校德育主导性出现弱化的主要原因在于:

第一,国际环境的变化和多元文化影响的扩大。一是国际复杂环境的干扰,导致大学生社会主义信念的弱化。二是意识形态领域的多元化,导致社会主导价值取向的主导作用的弱化,受经济主义、功利主义等思想影响,一些大学生对政治、经济、道德等方面的认识出现偏差,变得急功近利,产生"政治无用论"、"德育无用论"等错误认识,对德育的主导产生漠不关心、反感、逆反甚至抵触情绪。这种现象不仅表现在教育对象身上,也表现在教育者身上。在这种错误思想支配下,很容易在实践中淡化德育主导性。三是对多样化缺乏引导,有的是片面强调如何适应多样性而忽视了主导性,有的是强调主导性忽视多样性。对多样性缺乏引导,必然引发严重的社会问题;对主导性缺乏坚持,就会导致多样性的加强和无序发展;

第二,对网络领域、心理领域、环境领域、竞争领域等新领域的思想道德影响缺乏主导经验,没有形成成熟的主导性理论和方法。比如信息网络化导致网络主导强化、德育主导弱化的现象,主流意识形态和主导价值取向的主导地位、教育者的权威性和主导作用、教育对象的主导性在网络领域都有淡化和消解现象。

第三,社会现实中的一些消极因素对主导性产生了一定抵消作用和负面影响,使高校德育面临"5+2=0"的难题,即 5 天的学校德育效果,由于 2 天的周末社会生活而被抵消。比如,一些党员、干部的不良行为、违法行为,以权谋私、权钱交易、暗箱操作等现象败坏了社会风气,也严重影响了共产党在大学生心目中的地位。宋代杨万里在《见执政书》写道:"不求不争于民,而民知逊;

不求不贪于民,而民知廉"①,否则"上有好者,下必有甚焉者矣"②。另外,社会上讲道德的人并一定有比较好的利益,有些不道德的行为一定时间内反而获得了利益,这种矛盾对大学生有相当大的负面影响。

第四,高校德育本身的主导力不强。一是思想政治理论课在"三贴近"方面做得还不够,对大学生缺乏吸引力和说服力。在"您对公共政治课(思想政治理论课)在贴近实际方面的评价是"的选项中,选择"做得很好"的占 7%,选择"做得较好"的占 48.3%,选择"做得不好"的占 33.2%,选择"差距很大"的占 11.5%。在"您对公共政治课(思想政治理论课)在贴近生活方面的评价是"的选项中,选择"做得很好"的占 5.6%,选择"做得较好"的占 42.6%,选择"做得不好"的占 38.8%,选择"差距很大"的占 13%。在"您对公共政治课(思想政治理论课)在贴近学生方面的评价是"的选项中,选择"做得很好"的占 6.3%,选择"做得较好"的占 41.3%,选择"做得不好"的占 39.4%,选择"差距很大"的占 13.1%。可见,有半数左右的学生还不满意。二是道德的养成及内化需要长期的道德习惯和道德行为践行,良好的道德习性并不能在短时期内就有"立竿见影"的效果,大学生不愿意花时间和精力进行这种投资。三是德育主导性在现代社会条件下缺乏提升和发展,以至于跟不上时代发展和实践发展的要求。③ 四是有些德育教育者的业务素质不过硬,需要在业务上和专业上进

---

① 杨万里:《见执政书》。

② 《孟子·滕文公上》。

③ 石书臣:《现代思想政治教育主导性研究》,学林出版社 2004 年版,第 273 页。

行"充电"。

第五，当代大学生的自我主导能力不高。一是自我主导的基础不好。在小学，思想教育是灌输式的，由于学生思想不太成熟，没有太多自己的思考，灌输式的教育往往起到了比较好的效果；而在初中和高中，类似"思想品德教育"的教学常常受到学业压力的冲击，居于次要的位置，学生对思想政治课普遍不重视。在入团和入党的过程中，成绩的好坏往往成为至关重要的决定因素，成绩不好的学生是没有入党希望的，使很多学生对入党产生了失望情绪。加之高中学习的紧张，客观上也使他们淡化了相关的理论学习。二是长期应试教育下的学生始终处在社会政治生活之外，被家长、学校有意无意地隔离在社会之外，对社会政治生活没有深刻的了解，更缺乏真实的经验和体会，对很多政治问题只能停留在"多关心"的程度。三是当代大学生主体性的增强，消解了教育者的主导作用。

第二节 高校德育主导性的评价

高校德育主导性评价是对高校德育主导效果及其状况的评价。德育主导性评价是高校德育主导工作的重要组成部分，是调节德育运行机制，优化高校德育过程，检验德育实践效果的重要环节，也是促进高校德育工作者和大学生在德育主导过程中自我检查、自我调节、自我完善的重要手段，更是推动德育主导性科学化，提高德育主导性有效性的重要载体，对于高校人才培养的方向起着重要的导向作用。

一、我国高校德育主导性评价的现状

当前，高校对德育主导性评价工作十分关注，但由于德育主导

性评价的复杂性和具体操作难度大的原因,使得如何科学、全面、客观、合理地开展高校德育主导性评价,成了高校德育工作的难题之一。随着社会的不断变革和高等教育的快速发展,传统的高校德育主导性评价方式在评价的标准,评价的程序设置、量化操作的方法、导向激励作用的发挥等多方面都表现出与现实的不适应,存在诸多方面的问题,需要改革和创新。

1. 我国高校德育主导性评价存在的问题

第一,德育主导性评价标准单一化和抽象化。不同的个体在同一接受活动中所表现出来的行为是具有差异性的。在德育评价过程中,我们应重视人的差异性,这是人性化评价理念的基本要求。目前,一些高校德育主导性评价习惯于一刀切,对大学生的道德评价追求整齐划一,过于强调统一性,用一个标准要求评价对象,严重违背了德育的客观规律。长期以来,抽象的政治标准在高校德育主导性评价中一直占有特殊重要的地位。评价采用标准的考试题来测验大学生的道德水平,用考试成绩决定大学生的道德等级,从而将复杂的、动态的大学生道德发展过程简单化为一串抽象的、概括化的数字。教育者往往以"高、大、全"的标准要求每个大学生,只追求理想目标而不顾现实的可能性,结果导致大学生知行不一,口头上能喊各种"崇高"的口号,而行动上却做不到。这种封闭性的单一的评价目标使学校德育主导性越来越偏离它的根本方向。

第二,德育主导性评价方式量化和简单化。高校德育主导性评价,一般是采取通过定量评价产生德育定性等级的办法。一个人的道德水平层次应该怎样来评定? 这是一个长期困扰德育理论工作者的问题。就理论层面而言,德育主导性评价的定性与定量相结合的评价模式是较为科学合理的评价办法。但在现实评价中,很多学校通过先采用指标量化的方法给每一位学生打德育分,再按德育分值的高低和比例给学生设定一个德育定性的等级,诸如优秀、良好、及格之类,这已是我国很多高校已经运行多年,作为学生奖学金、三好生评比和毕业分配重要参照的措施。实践证明,这种通过定量评价产生德育定性等级的方法本身并不具有科学性,具有评价简单化的缺陷。这种终结式的评价目标完全是封闭性的,它至少导致了两个结果:一是评价者与被评价者处于事实上的不平等地位,教师成为决定大学生品德等级的权威,大学生只能服从而不能提出异议,因而师生间的相互理解、尊重和对话也变得不可能;二是大学生由于被剥夺了评价的话语权,往往无法参与到评价当中,这就使评价引不起被评价者的共鸣,甚至可能对评价产生对立、抵触和厌倦情绪,不利于评价结果的反馈、认同,不利于评价的改进和发展功能的发挥。

第三,德育主导性评价作用片面化和表面化。当前,高校德育主导性评价工作具体是由辅导员协同班级德育考评小组共同实施的。实际上,由于辅导员对学生情况相对缺乏了解,班级德育考评是由学生代表组成的德育考评小组来实施的,这就造成了德育主导性评价工作的实施者本身,既是裁判员又是运动员的现象,很难实现德育主导性评价所要求的"公平、公正"原则,同时,也可能使评价走过场,趋于形式化。因此,通过德育主导性评价想要起到的导向激励作用事实上也不明显,评价结果也往往大同小异。由于不关注个体的内在差异,不注重对个体的道德发展进行纵向比较,我们很难看到大学生在道德上的真实发展水平。

2. 高校德育主导性评价应注意的几个问题

当前,德育主导性评价越来越不能反映学生多样化的状况和不同的个体特点,在客观上也不能适应高校素质教育的推行和社会对大学生多样人才的现实需求,因此,德育主导性评价是一个系统工程,应该始终以"有效性"为价值导向,逐步在改革中走向有效的德育主导。在多样文化背景下,必须建立科学、客观、合理、有效、人性化的新型高校德育主导性评价体系,从而为深刻认识高校德育的内涵,为全面推进高校德育工作和素质教育提供有效途径。要进行有效的德育主导性评价,必须注意以下几个方面:

第一,德育主导性评价目标要体现层次性。德育主导性评价的根本目的在于获得反馈信息,提高学校德育工作的成效,指导学生的品德朝着社会所期望的方向发展。德育评价本质上是为了更好地促进大学生的品德发展,而不是为了对大学生做出终结性的评定,更不是为了利用评价结果把大学生分为三六九等,评定孰高孰低。因此,评价目标可分为:最高目标、理想目标和基本目标。德育评价的最高目标是指以培养有共产主义理想信念并愿为之奋斗终生,愿在现实学习生活中努力践行党的宗旨为标准;德育评价的理想目标是指以培养为建设中国特色社会主义事业贡献力量并成为合格建设者与可靠接班人为标准;德育评价的基本目标是指以培养一个大学生愿把自己的知识贡献给社会,做到遵纪守法、文明礼貌、不危害社会为标准。德育评价目标层次化,有利于追求不同层次的学生健康成长,体现了尊重人、关心人的人性化精神。①

第二,德育主导性评价标准要体现实践性。在现实操作中,由于定量评价是产生德育定性等级的基础,因此学生都十分注重各项指标的得分,这往往导致高校德育主导性评价由对德育的诊断与激励变成学生对利益的追逐。所以,当前高校德育主导性评价

---

① 张其志:《实施发展性品德评价应注意的问题》,《教育评论》2004年第3期。

改革中重要的一点是要实现评价方式的变革。而建立实践性的标准等级评价体系，是探索学生新型评价方式的一种积极思路。实践性的标准等级评价体系的特点，具体可以概括为简化评定等级的分类，明确各等级的评定标准，淡化各等级的比例限定并以实践的方法来对学生进行客观评定。

第三，德育主导性评价形式要体现多样性。在学校的育人过程中，既要充分发挥教师在教育过程中的主导作用，也要充分尊重学生的主体地位，这是一个重要的现代教育理念。德育主导性评价也要实现从"他评"到"自评"以及"互评"的转变，并设置具体行动的情景要求和评价平台，真正做到全面、科学、公平、公正，可持续地进行评价。

第四，德育主导性评价功能要体现导向性。高校的德育主导性评价的目的不仅仅在于评定学生的德育水平，对学生的德育状况有一个诊断，更重要的意义是通过德育的评价起到鼓励先进，鞭策后进的激励作用。就高校德育工作的整体而言，单纯的德育主导性评价诊断作用的发挥无助于整体德育工作的积极开展。只有通过充分激发德育主导性评价的激励功能，才能使学校的德育活动自始至终处于一种积极活跃的最佳状态之中。因此，要建立起以导向激励为主，以诊断测评为辅的全方位、多功能的德育主导性评价机制，积极引导学生把德育的外在要求转化为内在的动力，落实到行动上，促使德育主导性评价活动，真正成为学生自我教育、自我调节的有效载体，更大地发挥评价的导向激励功能，推动高校德育主导教育工作的持续深入开展。

二、高校德育主导性评价的主要特点

高校德育主导性评价应当从高校德育主导性评价的特征出

发,贯彻德育主导性评价的基本原则,实现高校德育目标。高校德育主导性评价有如下几个方面的特征:

1.德育主导性评价主体具有指向性。德育主导性评价的主体指向德育的机构、德育工作者和教育对象,他们之间形成多向互动的主导关系,在这种动态的互动关系下,形成对德育主导性效果的评价。评价过程与德育主导性过程是可逆的,即德育主导过程是由学校到教师到学生,而德育主导性的评价则是由效果的体现者学生的表现,来评价教师德育主导的效果以及学校德育主导工作开展的有效性。

2.德育主导性评价具有价值性。德育主导性评价本质上是一种价值判断过程,它必须对高校德育主导的理论价值和社会效果作出价值判断。首先,德育主导性评价具有社会价值。德育作为一种社会实践活动,应当满足社会主义政治、经济、文化发展的需要以及社会对培养、塑造合格大学生的需要,这就是高校德育主导性的社会价值。高校德育要对这种社会价值是否实现以及实现的程度如何作出判断。其次,高校德育主导性评价还具有个体性价值。高校德育的个体性价值,指的是高校德育对大学生个体形成符合社会发展和自身完善的客观要求的主导品德的价值,是对大学生个体的学习、价值判断和选择、政治参与、人际交往和社会适应、心理调节优化等能力的提高以及理想信念的树立等所产生的积极主导效应。总之,高校德育价值评价应坚持德育之社会性价值的评价与德育之个体性价值的评价的统一。

3.德育主导性评价具有综合性。德育主导性评价的目标受多种因素影响,是通过德育目标所涉及的各种因素的评价结果,综合得出对德育目标的评价。德育评价应按指标体系分类,任何一种德育期望,都必须制订成特定的德育目标,并在评价中将目标转换成一个指标体系,德育评价实际上就是根据这个指标体系来衡量某一德育行为或德育对象达到指标的程度。高校德育主导性评价要避免偏重某一方面的评定,尽量使德育目标全部实现,就必须要扩大评价的范围,考核德育的全部领域,无论道德认识、政治态度、行为习惯、个性心理品质、适应状态、乃至教育环境等等都要加以评定,并在此基础上,再进行综合性的评价解释。

4.德育主导性评价具有复杂性。对德育主导性的有效性作出评价,既具有间接性,又具有模糊性和相对性。有些是无法进行直接评价的,而是凭借收集与之有关的因素资料判断、推理进行间接的评价,如对高校德育主导工作及德育工作者主导教育的有效性评价,不是通过其自身的行为来体现,而要通过学生的行为效果来评价;有些评价指标所产生的直接信息是非数据类型信息,即每个评价因素都很难用具体的数字量化描述和考核。如我们难以用一个具体的数字来描述一个学生的政治态度应得多少分;同时,德育主导性评价既包括认知领域,也包括情感、品德、思想意识等非认知领域,要判断这些非认知领域的目标是否达到,需要较长时间的考察和认证。特别是德育的主导作用在一般情况下很难产生"立竿见影"的同步效应,而往往需要一定时间才能见到效果。这不仅因为学生正确思想政治品德的形成是受多方面因素综合影响的结果,而且把德育的主导目标和内容内化为学生个体的思想政治教育品德需要有一个过程。

三、高校德育主导性评价的标准

高校德育主导效果的评价必须建立相应的评价标准。建立评价标准体系是实施评价的前提。如果没有评价的标准体系,对德育主导性的实际测评就没有了基础并缺失了科学性。高校德育主导效果的评价标准,既要考虑不同社会结构的道德要求,又要考虑高校德育对象的客观性,还要面向社会主义德育发展的终极目标。

1. 德育主导性评价要以同社会经济基础相适应的思想政治道德要求为依据。高校德育主导性评价目标必须首先从终极目标上符合人类社会发展目标的要求。思想政治道德内容属于意识形态范畴,是由经济基础决定的,不同的社会经济基础必然产生不同的道德及评价。我们应根据我国相应时期的社会经济关系所反映的思想政治道德内容的主导性要求,从社会发展的需要和趋势出发来进行德育的主导性评价。任何一个人都是社会的人,都需要符合社会发展的规律和要求,所以,评价不仅看当前,更要看长远,看发展趋势,看其是否符合经济社会发展的要求,是否有利于社会的稳定和发展;同时,高校德育主导性评价又要从基本目标上符合高校及大学生本身的实际状况,要正确反映人性发展的客观实在性。在德育及其评价过程中,作为一种激励机制,作为学校和学生努力的方向,德育主导性评价在其建构的过程中必须充分考虑人格完善性、发展性与全面性,要从校内到校外,全面综合评价高校德育主导的有效性水平。

2. 德育主导性评价要以促进学生的全面发展为归宿。马克思主义认为,人的发展应当是社会化发展与个性化发展的有机统一。马克思主义的人的全面发展学说是无产阶级教育的崇高目的和行动纲领,也是我们在进行高校德育主导性评价时应坚持的原则,高校德育主导性评价强调人的全面发展,实质上是要尊重和关注人的个性化、多样化发展,是对过去突出社会化发展目标而忽视个性化目标的反思。现代德育主导性评价在重视社会价值的同时,日益注重人的全面发展,无疑是对个体的个性化目标的尊重与重视。强调促进人的全面发展,实质上是要尊重和关注人的个性化、多样化发展,特别是开发人的优势个性。正如胡锦涛同志在清华百年校庆讲话中所指出的:"希望同学们把全面发展和个性发展紧密结合起来。全面发展和个性发展相辅相成。同学们要坚持德才兼备、全面发展的基本要求,在发展个人兴趣专长和开发优势潜能的过程中,在正确处理个人、集体、社会关系的基础上保持个性、彰显本色,实现思想成长、学业进步、身心健康有机结合,在德智体美相互促进、有机融合中实现全面发展,努力成为可堪大用、能负重任的栋梁之材。"

3.德育主导性评价要以德育目标的实现程度为标准。要重点检测德育目标是否实现及实现程度如何。在"以人为本"的德育理念指导下,高校的德育目标必须充分体现高校学生个体发展水平的层次性和差异性。目前,我国高校学生的道德水平参差不齐,他们所能接受的德育要求和达到的程度也不尽相同。德育主导的有效性取决于受教育者的接受程度,而接受程度又取决于受教育者的需求度,受教育者的内在需求越强烈,则对德育的接受度越高。科学定位德育目标,必须充分考虑大学生的思想政治道德现状和接受度,在德育的认知目标、情感目标、行为目标上体现出层次性,要以德育目标的实现程度为标准。

四、高校德育主导性评价的原则

高校德育主导性评价的原则是高校德育尤其是高校德育主导性评价的指导思想。指导思想不同,就会有不同的高校德育主导性评价。德育主导性评价是为了考察德育主导过程是否与德育目标发生偏离,以及德育的绩效如何,及时纠正偏差从而实现德育主导性的目的。实践证明,要做好德育主导工作,必须对德育主导工作有正确的评价,而德育主导性评价又以评价原则为指导,所以德

育主导性评价的原则至为重要。根据高校德育主导性的特点以及大学生的特点,在进行高校德育主导性评价时必须遵循下列评价原则:

1. 方向性原则

方向性原则是指高校德育主导性评价体系的构建要与党和国家的教育方针中规定的教育内容、德育目标相统一,要与社会主义思想道德建设总目标相一致。德育主导性评价的方向性原则是构建整个德育评价体系的核心与灵魂。高校在进行德育主导性评价时,要充分体现这种方向性。"按照什么样的思想体系和社会规范,朝着什么样的社会发展目标和价值取向开展评估工作,这都直接影响着受评者的思想政治品德的发展方向,这是评估工作的根本问题。如果评估工作的评价标准和根本要求出现了方向性的错误,就会把受评者思想政治品德引入歧途,背离社会发展的期待与要求。"[①]特别是在多元文化背景下,既要坚持德育评价方向的正确性,又要尊重德育对象价值取向的选择性;既要坚持社会主义意识形态的主导性,又要承认德育对象思想观念的层次性。但是,不管在什么情况下,高校德育必须旗帜鲜明地坚持德育主导的方向性,坚决防止和消除偏离社会主义思想体系的现象,坚决防止和抵制形形色色错误思潮的侵扰和腐蚀。

2. 科学性原则

高校德育主导性评价要符合科学性的原则,其科学性体现在:一方面,高校德育是一门研究大学生思想和行为的科学,有自己独特的发展规律。在进行高校德育主导性评价时必须遵循高校德育

---

① 邱伟光、张耀灿主编:《思想政治教育学原理》,高等教育出版社1999年版,第232页。

的发展规律。现在,我们对高校德育的发展规律虽有所认识,但应该说我们的认识还不够深刻,还有待于进一步深化。我们应加强这方面的研究,以便更好地掌握它。另一方面,高校德育的对象即大学生的思想和道德品质也有自己的发展规律。如果违背了这个发展规律,德育主导性评价势必会脱离实际,成为空洞的形式。在当今社会中,社会生活的转变、多元思想文化的交流、独生子女的个性心理和习惯等等,都会使学生思想品德的成长呈现许多新特点,给德育提出许多新课题和要求。为此,我们要不断地研究新情况,解决新问题,勤于思考,勇于探索,准确地把握新时期高校德育的发展变化规律和大学生思想道德发展的规律性。

3.系统性原则

高校德育主导性评价要遵循系统性的原则,因为高校德育本身就是一项系统工程。从德育结果的形成过程来看,德育主要由德育系统内部诸要素之间及系统与环境之间相互作用而产生的结果。德育系统的外部环境主要包括自然界、人类社会中的政治、经济、文化等外在环境对德育系统所产生的作用。该系统内部诸要素主要包括教育者、受教育者、德育目的、德育内容、德育方法等等。而且,现代德育不仅仅由教育者和学校来完成,社会的、家庭的影响有时候使受教育者所受影响更大、更深刻。所以,考察高校德育、进行高校德育主导性评价时,要坚持系统性原则,不能离开社会背景,不能离开家庭影响而单纯地考察学校的德育工作。同时,要注重外部评价与自我评价相结合,既充分发挥学校的教育引导作用,又充分调动大学生的积极性、主动性,尤其是要充分发挥大学生的自我评价作用。当代大学生思想比较活跃,有较高的政治热情,较强的民主意识和参与意识,只要注意发挥其主动性,注重大学生的自我确认、自我评价、自我分析、自我激励、自我誓约、自我命令、自我禁止、自我监督等,就能使高校德育主导工作起到事半功倍的效果。

4. 定性分析和定量分析相结合原则

定性分析是对测评对象的类型或性质的分析,主要解决"是什么"的问题。定量分析是对测评对象的范围、规模、程度等数量关系的分析,主要解决"有多少"的问题。尽管学生的思想状况难以直接把握,但可采取分类和分档的方法,经过设定和选择转化为定量。同时,通过连续系统地记录其日常表现,进行定量分析并做出相对严格判断。高校德育主导性的效果评价应坚持定量分析与定性分析相结合的原则。

5. 连续性和创新性相统一原则

连续性原则是高校德育主导性评价的重要原则,只有坚持连续性的原则,才能保持高校德育主导性评价的权威性、稳定性和有效性。一般来说,高校德育主导性评价标准应当与大学生从小学到高中到大学的评价标准相联系,至少在大学里一旦标准制定出来,就应当在一定时期内保持相对稳定,并与社会的德育要求统一起来,使评价具有渐进性和连续性的特点。同时,在高校德育主导性评价工作中,不仅要遵照规范化、制度化去做,而且要通过不断总结经验,做到有所发现、有所创新、有所前进,在创新中增强评价的时代感和引领性。

第三节　高校德育主导性的实现方式和途径

高校德育及其主导性是社会历史发展的产物,只有随着社会条件的发展变化而不断创新和发展,才能更好地发挥主导作用。在现代化社会条件下,高校德育面临许多新境遇、新情况、新问题,要想充分发挥德育的主导作用,提高主导效果,就必须根据社会发展要求和当代大学生主流思想发展的新特点,特别是根据"科学发展观"和建设社会主义核心价值体系的要求,不断探索坚持高校德育主导性的有效途径和实现方式。

一、要始终坚持马克思主义在意识形态领域的指导地位

苏东剧变的教训和我国改革开放的实践经验告诉我们:越是面临严峻挑战的时候,我们越要坚持马克思主义的指导地位不动摇。面对高校德育的新境遇,只有始终坚持马克思主义在意识形态领域的指导地位,才能保证高校德育主导性的正确方向。只有方向正确的主导性,才是有价值的,也才会产生积极的主导效果。反之,如果方向不明确甚至坚持了错误方向,则势必导致主导性的弱化甚至产生负导效果。中共中央、国务院《关于进一步加强和改进大学生思想政治教育的意见》中,还专门强调了高等学校哲学社会科学课程在大学生思想政治教育中的重要作用。文件指出:"高等学校哲学社会科学课程负有德育的重要职责。要坚持和巩固马克思主义在意识形态领域的指导地位,在哲学社会科学教学中充分体现马克思主义中国化的最新成果,用科学理论武装大学生,用优秀文化培育大学生。"这为我们发挥哲学社会科学在高校德育方面的主导作用指明了方向。

二、不断提升德育目标和内容,特别是加强社会主义核心价值体系教育

德育目标和德育内容,是德育要素中的主导因素,规定着德育的本质和方向。所以,提升德育的目标和内容,是坚持高校德育主导性的前提和基础。在经济体制深刻变革、社会结构深刻变动、利

益格局深刻调整、思想观念深刻变化的情况下,人们思想活动的独立性、选择性、多变性和差异性明显增强,迫切需要高校德育在实现"三贴近"的过程中牢固树立"导向论"的思想。这不仅是贯彻"三贴近"原则、提高德育引导水平的客观需要,更是在不同的思想观念、不同的价值追求、不同的利益格局、不同的利益诉求互相交织、相互激荡的新形势下,始终坚持马克思主义指导思想和建设社会主义核心价值体系的现实要求。

第一,要增强高校德育目标的全面性、层次性。以科学发展观审视高校德育目标主导性,就是要实现德育目标的人本性、全面性、协调性。对高校大学生来说,一是要坚持大学生个人的全面发展目标,即坚持大学生个体政治社会化目标与个性化思想道德目标的有机统一;二是要坚持科学文化素质目标、思想道德素质目标、心理健康素质目标的全面发展;三是要坚持高校德育社会目标与个体目标的协调发展。而且,在现代社会条件下,无论从社会主义市场经济发展还是从人的全面发展的要求来讲,都对德育主导目标提出主导性与层次性相结合的要求。一方面,这是我国社会主义市场经济的主体性和多样性发展的客观要求。处于社会主义经济体制的转型时期,随着"四个多样化"的出现和发展,必然给大学生的思想观念、价值取向、文化生活带来多样性,大学生的思想道德方面也呈现出了先进、滞后和中间三个层次的层次性发展特点,这就需要增强大学生目标的层次性。另一方面,也是大学生个人全面发展的客观要求。强调人的全面发展,实质上是重视大学生发展目标的层次性,特别是对大学生个体目标和个性目标的尊重与重视,是要求大学生德、智、体全面发展。只有体现层次性,才能对各个层次的学生都具有主导性。

第二,增强高校德育内容的丰富性、时代性。在现代社会条件下，随着世界全球化和社会多样化的发展，大学生的思想道德日益呈现出多样性的发展趋势，因而必然对德育内容提出多样性、丰富性、发展性的要求。只有不断地丰富德育的内容体系，才能满足大学生多方面、多样性的思想道德需求，因而才能在更大程度上实现它的主导作用。党的十六大报告中指出："要建立与社会主义市场经济相适应、与社会主义法律相协调、与中华民族传统美德相承接的社会主义道德体系。"这种新的内容体系，及时反映了我国改革开放深入发展的大背景里出现的新变化、新情况、新问题，是与时俱进而又体现时代性的德育内容体系。在多元文化背景下，党的十六届六中全会《关于构建社会主义和谐社会若干重大问题的决定》又明确提出了建设社会主义核心价值体系的重大决策。党的十七大报告强调："建设社会主义核心价值体系，增强社会主义意识形态的吸引力和凝聚力"。因此，深入开展社会主义核心价值体系教育成为最具时代特点的内容要求。只有具有时代性的德育内容，才会对大学生构成吸引力，才能更好地发挥德育的主导作用。同时，要善于选择反映时代精神和体现时代特色的人和事来教育、引导、感染和激励大学生，否则，就吸引不了学生，也就起不到主导作用。

三、加强德育教育者的主导能力建设

《中共中央国务院关于进一步加强和改进大学生思想政治教育的意见》中指出："大学生思想政治教育工作队伍主体是学校党政干部和共青团干部，思想政治理论课和哲学社会科学课教师，辅导员和班主任。"实现德育对多样化的主导，对高校德育教育者的主导素质和主导能力提出更高要求。加强德育教育者的主导能力建设，就成为坚持高校德育主导性的客观要求。德育教育者的主

导性,是实现高校德育主导性的关键因素,而支撑他们的主导地位和主导作用的是其自身较高的素质。"教育者的素质越高,就越能准确把握和代表社会要求,承担起输送社会要求的神圣职责,成为思想政治教育过程的成功的组织者,并取得教育的实效。"①

　　第一,要不断提高思想政治理论课教师的自身素质,获得教育实效。邓小平同志指出:"一个学校能不能为社会主义建设培养合格的人才,培养德智体全面发展、有社会主义觉悟的有文化的劳动者,关键在教师。"②法国教育家涂尔干也曾经说过:"就像牧师是上帝的阐释者一样,教师是他的时代和国家的伟大的道德观念的阐释者。"③教育者的特定职能决定了其严格的素质要求。一是需要不断提高思想政治道德素质,坚持正确的政治方向,完善自我形象。教师对学生的示范作用,其政治方向、道德品质修养和言行,都会潜移默化地影响学生的思想和行为。二是努力提高科学文化素质。社会在日新月异地发展,教师需要不断更新与充实具有时代性的信息、内容和精神,把最新的发展前沿传递给学生。三是重视教育者信息素质的培养。主要是要求在各种信息交叉渗透、技术高度发达的社会中,具有对信息进行搜集、筛选、鉴别和处理的能力,及时澄清和分析不客观的错误的信息,把正确客观的信息传递给学生。在多元文化背景下,这点显得更加重要。四是培养并尊重和认同大学生的主体意识。教师要明确自身的定位,肯定和认可大学生的主体性,实现教师主导与学生自觉的有机统一。

---

①　张耀灿、陈万柏主编:《思想政治教育学原理》,高等教育出版社 2001 年版,第 25 页。

②　《邓小平文选》第 2 卷,人民出版社 1994 年版,第 108 页。

③　[法]爱弥尔·涂尔干:《道德教育》,陈光金等译,上海人民出版社 2001 年版,第 324 页。

第二，建设一支"政治强、业务精、纪律严、作风正"的辅导员和班主任队伍，是做好大学生教育管理的组织保证。2005年初，胡锦涛同志在全国加强和改进大学生思想政治教育工作会议上的讲话中指出，"要采取有力措施，按照政治强、业务精、纪律严、作风正的要求，着力建设一支高水平的辅导员和班主任队伍，使他们在学生思想政治教育中发挥更大作用"。辅导员、班主任素质的高低，直接影响到其工作开展的成效，影响到其工作的成败。一批好教师会造就一所好学校，一个好辅导员会影响一批学生的未来，因而要不断提高辅导员、班主任的素质。一是要有较高的政治理论素养。自身有坚定的政治方向和马克思主义理论素养，才能有效地解决"一些大学生不同程度地存在政治信仰迷茫、理想信念模糊、价值取向扭曲、诚信意识淡薄、社会责任感缺乏"等问题。二是要有管理学、心理健康教育等方面的知识。只有这样，才能科学解决学生管理工作中出现的实际问题，提高工作能力和工作效率。三是要有一定的专业研究能力，成为学生工作专家，针对大学生中出现的问题，进行深入细致思考，探索工作规律，创新工作思路，提高工作水平。

第三，创造性地发挥学校党政干部和共青团干部的德育工作优势。毛泽东同志在中共六届六中全会上的政治报告中曾指出："政治路线确定之后，干部就是决定的因素。"①高校党政干部和共青团干部担负着高校德育的组织、协调、实施工作，必须具备如下素质：一是要有更高的政治素质要求。必须用马列主义、毛泽东思想和中国特色社会主义理论体系武装自己，运用马克思主义立场、观点和方法，认真落实中共中央、国务院《关于进一步加强和改进

---

① 《毛泽东选集》第2卷，人民出版社1991年版，第526页。

大学生思想政治教育的意见》的精神和要求。二是改变传统灌输式的宣传教育方式,采取形式新颖的有效教育方式。如:采取座谈会的方式,面对面地开展针对性地教育;参观考察的方式,通过实践体验对大学生进行深刻地教育;借用计算机多媒体,直观形象地进行教育等等。这些新颖方式能够使大学生更加乐于接受并积极参与。三是深入学生的生活。哪里有学生,哪里就有党团组织,哪里就有学生德育。要积极推进德育"进网络,进宿舍,进社团",深入到学生生活的各个领域,切实地了解学生,有针对性地有效开展德育。

四、发挥好"两大课堂"的主导作用

"两大课堂"即学校的第一课堂和第二课堂,是高校思想政治理论课育人体系的两个极为重要的子系统。第一课堂是指依据教材和教学大纲,在规定的教学时间进行的教学活动,通过向学生传授相对完整的学科知识体系,能够为学生的长足发展打下坚实的基础,是实现培养目标的主渠道、主阵地。第二课堂是指在第一课堂之外的时间进行的与第一课堂相关的教学实践活动,通过学生综合运用所学知识和理论,使学生的知识结构得到检验、补充和完善,可以拓展学生的思维空间,培养学生的创新精神和创新能力,是辅助性渠道和重要阵地,是第一课堂的延伸和补充。实现高校德育主导性,必须重视并发挥好这两个课堂对大学生的德育主导作用。

第一,更加有效地发挥第一课堂的主渠道作用。一是要不断改进和充实教学内容,积极用马克思主义中国化的最新理论成果,选择反映时代精神和体现时代特色的人和事来教育学生。二是不断改进和创新教育的方式方法,采取互动式、问题式、启发式、研究

式、网络式、实践式、案例式、结对式等教学方式,尊重学生的主体性,调动学生的积极性和主动性。三是运用现代化的教育手段,通过广播电视、网络媒体教学工具,充分利用其直观、感染力强的特点,增强德育的吸引力。

第二,重视和开发第二课堂的主导功能。一是建立激励机制,引导专业教师投身到第二课堂,开展育人活动。如:将教师指导第二课堂活动和教师第一课堂教学工作同等对待,实行第二课堂津贴制;将教师指导第二课堂与教师职称评定、评优评奖密切结合等,吸引教师投入到第二课堂中来,切实提高教育效果。二是在第二课堂开展各种主题活动,理论联系实际。把第一课堂的知识,运用到第二课堂开展的活动中去,如:组织邓小平理论学习小组,深化所学知识,并强化教育效果。

无论是第一课堂还是第二课堂,其教育形式一定要灵活多样,必须充分发掘和综合利用各种教育资源,通过各种教育途径,采取各种有效方式和方法进行,坚持理论联系实际和"要精要管用"的原则,改革教育内容和教育方法,发挥两大课堂各自的优势。如:除了第一课堂中思想政治理论的正面灌输和辅助性的文学作品、广播电视、网络媒体教学工具外,还需要利用第二课堂中的参观访问、红色旅游、专题报告、社会实践等教育形式,促使德育方式多样化、现代化,使严肃、高尚的教育变得生动形象,以春风化雨、润物无声的方式注入广大学生心扉,从而使高校德育主导性达到事半功倍的效果。在重视第一课堂的同时,也要努力开发第二课堂的德育功能,两者要相互配合,相得益彰。

五、尊重学生的主体性,实现主导关系转型

现代德育的一个重要特点和要求,就是对教育对象的主体性

的重视和开发。学术界把重视教育对象的主体性的教育模式称作主体性德育模式。同样，为了推进高校德育主导性的实现，必须根据主体性德育的要求，建构一种新型的主导关系，即德育的互动主导关系。所谓德育的互动主导关系，是指以重视教育对象的主体性为前提和特征而形成的教育者与教育对象之间的一种双向互动的主导关系。这种主导关系主要是相对于传统德育中片面强调教育者的主导作用，而不重视教育对象主体性的单向主导关系而言的。其基本要求包括：

第一，德育施教过程的主导关系。德育过程首先是施教的过程。就施教过程而言，教育者是德育过程的设计者、组织者、发动者，居于主导地位。而教育对象则是教育者施教的对象，相对来说，处于被主导和服从的地位。但是，由于教育者和教育对象都是具有主体性的人，所以，德育教育者与教育对象的关系是一种互动关系和互动主导关系。也就是说，教育者的主导作用必须考虑到教育对象的主体需要和个体特点，这样的主导作用才有针对性，才会收到良好的主导效果。同时，教育对象也不是完全被动的，应积极发挥主观能动性，不仅对教育者施教的教育内容具有一定的选择性，而且应该积极配合教育者实施教育活动。从而，形成一种互动主导关系。

第二，德育接受过程中的主导关系。在接受教育过程中，教育对象是接受活动的发动者和维持者，因而是接受教育的主体和主导者。只有教育对象主动地、有目的地从事接受活动，这种活动才能持续不断地进行下去。如果教育对象没有内在的接受需要、接受动力和对外界的教育影响进行主动选择的活动，任何外界的教育影响都将是没有效果的。而教育者在接受过程中则成了教育对象认识和作用的对象，教育者必须依据教育对象的需要来确定教育目标和教育内容。当然，这种需要并不是毫无限制的绝对的需要，而是一种合理的、客观的、与社会发展要求并行不悖的需要。不管教育对象认识到还是尚未认识到，都体现了教育对象思想政治道德发展的一种实际需要，体现了教育者对受教育者的适应性和能动性。接受过程中的教育对象和教育者的关系，也是一种互动关系和互动主导关系。只是在这里教育对象居于主导地位，而教育者则相对处于被主导和服从的地位。但是，教育对象接受的主导作用必须与教育者的要求具有契合性、一致性，否则，就会偏离接受教育的方向，而教育者也不是完全被动的，而是具有主观能动性。这主要体现在有选择地为教育对象提供积极健康的、合理实际的思想政治道德需要方面，而不能是教育对象需要什么就提供什么，没有是非标准。

第三，德育互动主导关系的实质。虽然德育过程是施教过程与受教过程的辩证统一，但是，这两种过程及其在这两种过程中所形成的两种主导关系在教育过程中的地位是不一样的。由于德育本质上是指一定阶级、政党、社会群体用一定的思想观念、政治观点、道德规范，对其成员施加有目的、有计划、有组织的影响，使他们形成符合一定社会、一定阶级所需要的思想品德的社会实践活动，而教育者又是整个教育活动的设计者、发动者和组织者，所以，教育者的施教活动是受教育者接受教育活动的前提，教育者的施教过程决定着教育对象的受教过程。同样，实施过程中的主导关系也就必然是教育过程中占主导地位的主导关系，而教育者在实施过程中的主导作用必然决定着教育对象在接受过程中的主导作用。当然，随着教育活动的持续进行，教育对象主体性得到充分全面的发展后，教育对象的受教过程就会逐渐摆脱教育者施教过程的支配与控制，表现为教育对象对教育者的超越。但这并不否认施教过程对受教过程的主导作用,也并不否认教育对象在受教过程中的主导作用必须以教育者在施教过程中的主导作用为前提。事实上,任何教育对象如果没有经过教育者在施教过程中的主导教育,就不可能发挥好他们在接受过程中的主导作用。因此,德育互动主导关系的实质依然在于教育者对教育对象的主导,它与片面强调教育者主导作用的单向主导关系的区别,主要在于它对教育对象主体性的重视与发挥。同时,德育主导关系的最终目标是实现教育对象的高水平的自我教育。在这里,德育的主导关系实际上转变成"导"与"学"的一体化,也就是每个人都成了自己学习的主导主体,即"自主主导"。

六、重视校园网络的建设与管理

信息网络是现代高科技发展的产物,随着信息网络化的发展,对信息网络领域的思想道德主导,成为现代高校德育主导性所面临的新课题。

第一,建设和发展高校德育网站,积极占领网上意识形态阵地。互联网是一个新的思想阵地,我们要变被动防范为主动占领,积极开展网上正面宣传和正确信息的传播,充分发挥它在德育主导工作中的积极作用。目前,虽然许多高校已经建立了自己的"校园信息网"和"红色网站",但与其他各类网站的数目、质量、影响力和大学生思想道德发展的需求相比还有很大差距,需要加快建设与发展。从高校德育主导性的角度讲,一是要加快校园网络的基础设施建设。加大在网络基础建设方面人力、物力、财力的投入力度,扩大网络覆盖面,如:每幢宿舍楼都能享受校园网络信息服务;设立专门的电脑计算机室等,使大学生能便利地上网,为网络德育创造良好的物质保障条件。二是要建设好网络德育的内容体系。特别是在多元文化背景下，要用马克思主义占领网络阵地，以正确、积极的思想政治道德信息引导和满足人们的精神文化需要。三是要集中力量，整合优质校园网络资源，建设一批有影响力的高水平网站。要加强各校间 BBS 的连接和共同管理，建立高校间的联合 BBS 平台，实现网络思想教育信息共享，从而提高德育的主导质量和主导效率。四是要建设好融思想性、知识性、趣味性、服务性于一体的主题教育网站或网页，采用大学生喜闻乐见的方式，积极开展生动活泼的网络德育活动。比如在校园网的电子公告牌上开辟涵盖政治、经济、文化、科技等内容的栏目，以其高质量内容的丰富多彩来吸引大学生的访问；建立大学生关注的热点、焦点问题讨论专栏，对学生关注的热点、焦点、难点问题，在网上进行及时地反馈、解答和引导，对大学生进行有针对性的教育；澄清某些网站上不符合事实或是非不分的观点，有效地帮助学生提高思想免疫力等，使德育网站真正成为大学生的精神家园。只有如此，才能增强德育网站对大学生的吸引力，化被动为主动，变不利为有利，充分发挥高校德育的主导作用。

第二，提高德育教育者的信息网络技能，掌握网络德育的主动权。在网络时代，努力造就一支既精通做德育工作，又能熟练掌握计算机操作技能和网络维护技术的高校德育队伍，是我们面临的一个重要课题。在当今社会大学生上网比较普遍的情况下，没有这样一支队伍，就很难掌握高校网络德育的主动权。这就要求我们的德育教育者必须主动学习计算机网络的技术和技能以及为其提供系统的学习、培训机会和必备的计算机设备。通过学习和培训，使他们尽快认识网络、熟悉网络并能够利用网络开展德育。德育教育者只有熟练掌握网络，走进网络，才能掌握学生的思想动态，及时发现和解决学生出现的思想问题。因此，高校德育教育者要把工作阵地延伸到网络上来,通过在网络上开展专题讨论,还可以通过 E-mail、QQ、MSN、博客、微博等各种交互手段,与学生进行交流,解答他们的疑问,用正确、积极、健康的思想文化占领网络阵地,从而掌握网络德育的主动权。

第三,自我教育与网络管理双管齐下,全面提升大学生网民的主体性。针对大学生网民的主体性在网络领域消解的现象,教育者首先要引导他们进行自我教育,自觉约束和规范自己的网络行为。苏联教育家苏霍姆林斯基说过:"在对个人的教育中,自我教育是起主导作用的方法之一。""只有学会进行自我教育,才能成为一个真正的人"。教育者要引导大学生自觉地加强对网络有关法律法规和道德规范的学习,并将有关内容纳入大学生思想政治理论课,增强"网络人"遵纪、守法、明德意识,以调整、控制、矫正其在网上的行为。提高自我教育能力,既有利于大学生思想道德的健康发展,也是提升大学生网民主体性的重要体现。同时,要加强网络管理,使自我教育与网络管理相辅相成。高校必须按照国家互联网管理的有关法规和教育部的有关要求,建立德育进网络的管理机制,使网络建设制度化、规范化。通过行政、法律、技术等手段,提高对网络的监控力,控制信息源头,对上网的内容进行审查、规范,防止各类有害信息进入网络,对不良信息进行限制和"过滤",把网络对大学生的危害降低到最低限度。

七、加强校园文化环境建设

校园文化环境对学生教育起着潜移默化的熏陶和启迪的作用,一个布局合理、整洁优美、健康和谐的校园文化环境,对学生的健康成长和发展,必然产生巨大的影响。苏霍姆林斯基说过:"要充分发挥环境的育人功能,使校园的每一面墙都会讲话。"校园文化设施建设要根据学校的实际和学生的实际，科学规划，合理布局，形成自己独特的文化风格。尤其是校园人文景观的建设，比如：充分利用精美的雕塑、醒目的标语、优美的画廊以及草坪和花木等，营造良好的文化氛围，以调动学生的思维和情感，起到怡情励志的作用。同时，动员全校师生，共创健康和谐的校园文化环境。如果把校园文化环境比喻成学校的生态系统的话，那么教师和学生便是生态系统中的生产者和消费者，是整个系统中居于主体地位的部分。文明健康和谐的高校校园需要广大师生的维护，校园文化环境的构建，更需要广大师生的积极参与，通力合作，在共同目标和追求的指导下，从不同的角度和立场提出建设性的意见和要求，在全面综合各种因素的基础上，创建符合学校实际和学生实际的健康和谐的校园文化环境。一个好的校园文化环境，不仅对学生的思想道德发展具有重要的主导作用，而且对全校教职员工都有积极的引领作用。

主要参考文献

一、著作类

1.《马克思恩格斯选集》第1—4卷,人民出版社1995年版。

2.《马克思恩格斯全集》第22卷,人民出版社1972年版。

3.《马克思恩格斯全集》第42卷,人民出版社1979年版。

4.《列宁选集》第1—4卷,人民出版社1995年版。

5.《列宁全集》第35卷,人民出版社1985年版。

6.《列宁全集》第45卷,人民出版社1990年版。

7.《列宁文稿》第5卷,人民出版社1978年版。

8.《毛泽东选集》第1—4卷,人民出版社1991年版。

9.《毛泽东著作选读》下册,人民出版社1986年版。

10.《毛主席论教育革命》,人民出版社1967年版。

11.《邓小平文选》第1—3卷,人民出版社1993、1994年版。

12.《江泽民文选》第1—3卷,人民出版社2006年版。

13. 江泽民:《论"三个代表"》,中央文献出版社2001年版。

14. 胡锦涛:《高举中国特色社会主义伟大旗帜 为夺取全面建设小康社会新胜利而奋斗——在中国共产党第十七次全国代表大会上的报告》,人民出版社2007年版。

15. 中共中央宣传部编:《毛泽东邓小平江泽民论思想政治工作》,学习出版社2000年版。

16. 罗国杰:《马克思主义思想政治教育理论基础》,高等教育出版

社 2002 年版,

17. 郑永廷:《现代思想道德教育理论与方法》,广东高等教育出版社 2000 年版,第 111 页。

18. 张耀灿、郑永廷等:《现代思想政治教育学》,人民出版社 2006 年版。

19. 郑永廷、江传月等:《主导德育论——大学生思想政治教育一元主导与多样发展研究》,人民出版社 2008 年版。

20. 郑永廷、张彦:《德育发展研究》,人民出版社 2006 年版。

21. 班华主编:《现代德育论》,安徽人民出版社 2001 年版。

22. 鲁洁、王逢贤主编:《德育新论》,江苏教育出版社 1994 年版。

23. 张澍军:《德育哲学引论》,人民出版社 2002 年版。

24. 戚万学:《冲突与整合——20 世纪西方道德教育理论》,山东教育出版社 1995 年版。

25. 檀传宝:《学校道德教育原理》,教育科学出版社 2000 年版。

26. 檀传宝主编:《德育与班级管理》,高等教育出版社 2007 年版。

27. 陈秉公:《思想政治教育学原理》,辽宁人民出版社 2001 年版。

28. 刘卓红、钟明华等:《开放德育论》,人民出版社 2008 年版。

29. 冯增俊:《当代西方学校道德教育》,广东教育出版社 1993 年版。

30. 张耀灿、陈万柏主编:《思想政治教育学原理》,高等教育出版社 2001 年版。

31. 邱伟光、张耀灿主编:《思想政治教育学原理》,高等教育出版社 1999 年版。

32. 王瑞荪主编:《比较思想政治教育》,高等教育出版社 2001 年版。

33. 苏振芳主编:《当代国外思想政治教育比较》,社会科学文献出版社 2009 年版。

34. 陈立思主编:《当代世界的思想政治教育》,中国人民大学出版社 1999 年版。

35. 苏崇德主编:《比较思想政治教育学》,高等教育出版社 1995 年版。

36. 沈壮海:《思想政治教育的文化视野》,人民出版社 2005 年版。

37. 戴钢书:《德育环境研究》,人民出版社 2002 年版。

38. 佘双好:《现代德育课程论》,中国社会科学出版社 2003 年版。

39. 王仕民主编:《德育功能论》,中山大学出版社 2005 年版。

40. 石书臣:《现代思想政治教育主导性研究》,上海学林出版社 2004 年版。

41. 沈壮海:《思想政治教育有效性研究》,武汉大学出版社 2001 年版。

42. 袁本新、王丽荣等:《人本德育论》,人民出版社 2007 年版。

43. 杨超:《现代德育人本论》,广东人民出版社 2005 年版。

44. 王学风:《多元文化社会的学校德育研究》,广东人民出版社 2005 年版。

45. 谢海光:《互联网与思想政治工作概论》,复旦大学出版社 2000 年版。

46. 梁桂麟:《知识经济与高校德育》,人民出版社 2002 年版。

47. 韩源、侯德芳:《新世纪的高校思想政治教育》,西南财经大学出版社 2002 年版。

48. 赵康太:《当代思想理论教育前沿问题纵论》,武汉大学出版社 2007 年版。

49. 檀传宝:《网络文化与青少年德育》,福建教育出版社 2005 年版。

50. 戴黍:《互联网与高校德育》,新疆大学出版社 2002 年版。

51. 郑金洲:《多元文化教育》,天津教育出版社 2004 年版。

52. 张骥:《"四个如何认识"与思想政治工作创新研究》,河北教育出版社 2004 年版。

53. 胡子克主编:《马克思主义理论教育概论》,人民出版社 2005 年版。

54. 蒋威宜:《积极贯彻落实中央精神,切实加强和改进大学生思想教育工作》,上海中医药大学出版社 2005 年版。

55. 郑永廷等:《人的现代化理论与实践》,人民出版社 2006 年版。

56. 万斌主编:《马克思主义与当代》,浙江大学出版社 2004 年版。

57. 黄钊等:《中国道德文化论》,湖北人民出版社 2000 年版。

58. 何锡蓉:《核心价值体系构建于价值观研究》,上海社会科学院出版社 2008 年版。

59. 宋惠昌:《当代意识形态研究》,中共中央党校出版社 1993 年版。

60. 孟登迎:《意识形态与主体建构》,中国社会科学出版社 2002 年版。

61. 高峰:《美国政治社会化研究》,首都师范大学出版社 2004 年版。

62. 张昆:《大众媒介的政治社会化功能》,武汉大学出版社 2003 年版。

63. 徐海波:《意识形态与大众文化》,人民出版社 2009 年版。

64. 杨立英、曾盛聪:《全球化网络化境遇与社会主义意识形态建设研究》,人民出版社 2007 年版。

65. 张骥:《中国文化安全与意识形态战略》,人民出版社 2010 年版。

66. 王克千、吴宗英:《价值观与中华民族凝聚力》,上海人民出版社 2001 年版。

67. 朱旭东:《全球化历史进程与中国社会主义文化》,贵州人民出版社 2002 年版。

68. 李君如:《社会主义和谐社会论》,人民出版社 2005 年版。

69. 赵光武主编:《后现代主义哲学述评》,西苑出版社 2000 年版。

70. 董焱:《信息文化论——数字化生存状态冷思考》,北京图书馆出版社 2003 年版。

71. 田贵平:《中国特色社会主义的网络文化研究》,博士论文 2006 年。

72. 葛腾飞、周桂银:《美国政治发展与对外政策》,世界知识出版社 2007 年版。

73. 王惠岩:《政治学原理》,高等教育出版社 1999 年版。

74. 高放等:《科学社会主义的理论与实践》,中国人民大学出版社 2005 年版。

75. 肖前主编:《马克思主义哲学原理》,中国人民大学出版社 1994 年版。

76. 本书编写组:《马克思主义基本原理概论》,高等教育出版社 2008 年版。

77. 高清海主编:《马克思主义哲学基础》上册,人民出版社 1986 年版。

78. 胡德海:《教育学原理》,甘肃教育出版社 1998 年版。

79. 黄建钢:《教育——哲学论》,浙江大学出版社 2006 年版。

80. 谢安邦主编:《高等教育学》,高等教育出版社 1999 年版。

81. 杨会军:《一口气读完美国史》,京华出版社 2005 年版。

82. 王天一、夏之莲、朱美玉编:《外国教育史》,北京师范大学出版社 2005 年版。

83. 俞可平主编:《西方政治学名著提要》,江西人民出版社 2001
年版。

84. 董纯才等主编:《中国大百科全书·教育卷》,中国大百科全书
出版社 1985 年版。

85. 顾明远主编:《教育大辞典》第 1 卷,上海教育出版社 1990 年版。

86.《简明大不列颠百科全书》第 9 卷,中国大百科全书出版社
1986 年版。

87.《中国大百科全书·哲学卷 Ⅱ》,中国大百科全书出版社 1987
年版。

88. 庞元正、丁冬红主编:《当代西方社会发展理论新词典》,吉林
人民出版社 2001 年版。

89. 陈国强:《简明辞典》,浙江人民出版社 1990 年版。

90.《哲学辞典》,吉林人民出版社 1983 年版。

91.《孟子·滕文公上》。

92.《墨子·尚贤上》。

93. 王弼:《周易略例·明象》。

94. 王弼:《老子》四十二章注。

95. 法藏:《华严经探玄记》。

96. 杨万里:《见执政书》。

97. 司马光:《资治通鉴》第 1 册,中华书局 1956 年版。

98. [美]约翰·杜威:《民主主义与教育》,王承绪译,人民教育出
版社 1990 年版。

99. 联合国教科文组织国际教育发展委员会编:《学会生存——教
育世界的今天和明天》,华东师范大学比较教育研究所译,教
育科学出版社 1996 年版。

100. [美]加布里埃尔·A.阿尔蒙德、小 G.宾厄姆·鲍威尔:《比较政治学:体系、过程和政策》,曹沛霖等译,上海译文出版社1987年版。

101. [美]约翰·罗尔斯:《正义论》,何怀宏等译,中国社会科学出版社1988年版。

102. [美]约翰·罗尔斯:《政治自由主义》,万俊人译,译林出版社2000年版。

103. [美]理查德·尼克松:《真正的战争》,长铮译,新华出版社1980年版。

104. [美]理查德·尼克松:《1999:不战而胜》,中国人民公安大学出版社1988年版。

105. [美]施密特、谢利、巴迪斯:《美国政府与政治》,梅然译,北京大学出版社2005年版。

106. [美]米切尔·罗斯金等:《政治科学》(第6版),林震等译,华夏出版社2001年版。

107. [美]罗伯特·N.贝拉等:《心灵的习性:美国人生活中的个人主义和公共责任》,翟宏彪等译,北京三联书店1991年版。

108. [美]卢瑟·S.路德克主编:《构建美国——美国的社会与文化》,王波等译,江苏人民出版社2006年版。

109. [法]爱弥尔·涂尔干:《道德教育》,陈光金等译,上海人民出版社2001年版。

110. [美]珍妮特·沃斯、[新西兰]戈登·德莱顿:《学习的革命》,顾瑞荣等译,上海三联书店1998年版。

111. [德]霍克海默、阿道尔诺:《启蒙辩证法》,渠敬东、曹卫东译,上海人民出版社2003年版。

112. [美]约翰·费斯克:《关键概念》,新华出版社2004年版。

113. ［美］Moral and political education/edited by Stephen Macedo and Yael Tamir. New York:New York University Press,2002.

114. ［英］Keywords:Avocabulary of Culture and Society/Raymond Williams. Fontana Press,1976.

二、期刊论文类

1. 中共中央、国务院:《关于进一步加强和改进大学生思想政治教育的意见》,《人民日报》2004 年 10 月 15 日。

2.《中共中央关于加强社会主义精神文明建设若干重要问题的决议》,人民出版社 1996 年版。

3. 赵耀:《当代中国社会思潮透视》,《中国特色社会主义研究》2002 年第 1 期。

4. 郑永廷:《美国学校的政治观及价值观》,《思想教育研究》1990年第 5 期。

5. 刘世丽、杨连生:《美国"政治社会化"教育方法的启示》,《思想教育研究》2002 年第 9 期。

6. 吴锦旗:《美国思想政治教育的本质透视》,《思想政治工作研究》2006 年第 5 期。

7. 贾英健:《多样价值观态势与主导价值观的确立》,《山东社会科学》2002 年第 1 期。

8. 石书臣:《主导性与多样性的辩证统一:中国特色社会主义理论体系的方法论思考》,《江西社会科学》2008 年第 3 期。

9. 石书臣、靖守侠:《多元文化背景下大学生主流思想状况的调查与思考》,《学校党建与思想教育》2008 年第 3 期。

10. 牟岱:《论中国多元文化》,《社会科学辑刊》1997 年第 6 期。

11. 沈根华:《试论思想政治教育的文化价值》,《南京政治学院学报》2002 年第 5 期。

12. 蒲实:《要大力倡导经济文化研究 》,《理论前沿》1998 年第 9 期。

13. 彭志越:《文化素质教育与校园文化建设》,《高等教育研究》 1999 年第 1 期。

14. 栾轶玫:《解析电视节目低俗化——定义、表象与动因》,《今传媒》2008 年第 6 期。

15. 唐荣德:《"学校教育主导作用论"在教育实践中引发的认识误区》,《桂林市教育学院学报》1999 年第 4 期。

16. 魏林灵:《高校德育实效性低的成因及对策分析》,《教育与职业》2009 年第 3 期。

17. 赵剑民:《试析德育价值与德育实效 》,《教育探索》2001 年第 7 期。

18. 张志祥:《德育价值与高职院校德育的价值取向 》,《当代教育论坛》2006 年第 3 期。

19. 李太平:《德育功能·德育价值·德育目的》,《湖北大学学报》(哲学社会科学版)1999 年第 6 期。

20. 王立仁:《论德育的价值》,《思想理论教育导刊》2002 年第 12 期。

21. 徐贵权:《德育功能与德育价值之关系》,《教育评论》1995 年第 6 期。

22. 赵飞:《德育价值观和谐性缺失与德育有效性弱化》,《黑龙江高教研究》2006 年第 11 期。

23. 邱伟光:《坚持与时俱进地创新德育理论》,《思想理论教育》 2002 年第 7—8 期。

24. 朱子超:《后现代主义思潮对中国当代青年大学生的影响分

析》,《广西青年干部学院学报》2005 年第 6 期。

25. 黄林:《后现代主义思潮下个人品德建设面临的挑战及其对策》,《教育探索》2009 年第 6 期。

26. 张彦:《价值澄清理论对我国高校思想政治教育的借鉴意义》,《金华职业技术学院学报》2009 年第 4 期。

27. 中国社会科学院"新自由主义"课题组:《新自由主义研究》,《马克思主义研究》2003 年第 6 期。

28. 梁柱:《历史虚无主义思潮评析》,《红旗文稿》2009 年第 9 期。

29. 孙兰芝:《约翰·罗尔斯"政治自由主义"评介》,《国际政治研究》2003 年第 1 期。

30. 惠敏:《西方大众文化研究述评》,《山东外语教学》2010 年第 4 期。

31. 毛建儒:《对西方"以人为本"思想的历史考察》,《理论探索》2008 年第 5 期。

32. 陈立思:《关于美国思想政治教育的几个问题》,《中国青年政治学院学报》1997 年第 1 期。

33. 钱满素:《作为美国民族精神的实用主义》,《社会科学论坛》1999 年第 9—10 期。

34. 杨静云:《美国的思想政治教育(一)》,《中外企业文化》1995 年第 6 期。

35. 杨静云:《美国的思想政治教育(二)》,《中外企业文化》1995 年第 6 期。

36. 魏文英:《美国思想政治教育透视》,《理论学习与探索》1997 年第 4 期。

37. 朱霞梅:《用社会学解读思想政治教育》,《思想教育研究》2007 年第 6 期。

38. 张其志:《实施发展性品德评价应注意的问题》,《教育评论》2004 年第 3 期。

39. 顾海良:《关于高校思想政治理论课程建设的学科基础问题》,《思想理论教育》2007 年第 11 期。

40. 佘双好:《关于高校思想政治理论课程定位的探讨》,《思想理论教育》2007 年第 11 期。

41. 佘双好:《思想政治理论课程教师应提升学科建设意识》,《思想理论教育导刊》2007 年第 9 期。

42. 杜志强、陈时见:《大学通识教育:回顾、反思与追求》,《教育科学》2009 年第 6 期。

43. 蔡映辉:《高校通识教育课程设置的问题及改革对策》,《高等教育研究》2004 年第 6 期。

44. 魏启晋:《通识教育背景下的高校思想政治理论课教学》,《北京教育》(德育)2009 年第 S1 期。

45. 李曼丽:《今日美国大学的道德和公民教育——课程与教学》,《高等教育研究》2004 年第 2 期。

46. 李定国:《美国高校通识教育的实施对我国大学生思想政治教育的启示》,《湖北社会科学》2008 年第 12 期。

47. 李曼丽、汪永铨:《关于"通识教育"概念内涵的讨论》,《清华大学教育研究》1999 年第 1 期。

48. 李曼丽、杨莉、孙海涛:《我国高校通识教育现状调查分析——以北大、清华、人大、北师大四所院校为例》,《清华大学教育研究》2001 年第 2 期。

49. 王德胜:《中国特色的通识教育》,《光明日报·教育周刊》2008 年 2 月 20 日。

50. 李曼丽:《通识教育——一种大学教育观》,清华大学出版社

1999 年版,第 139—145 页。

51. 陈向明:《从北大元培计划看通识教育与专业教育的关系》,《北京大学教育评论》2006 年第 3 期。

52. 周奔波、丁为、王细芳:《大学通识教育的理论与实践初探》,《高教论坛》2005 年第 2 期。

53. [美]弗雷德·雷格斯蒂:《政治社会化》,王彩波译自美国《社会科学百科全书》,《国外政治学》1987 年第 5 期。

后　记

　　本书是石书臣教授主持的全国教育科学"十五"规划重点课题"多元文化背景下高校德育主导性研究"（项目编号：DEA050068）的最后成果。

　　全书共分十章，参加本书写作的主要成员有上海师范大学石书臣教授、潘宁副教授、杨子萍副教授，琼台师范高等专科学校高丽娟老师等。具体分工如下：石书臣撰写第一章、第二章、第三章、第五章、第六章、第七章、第八章、第十章第一节；潘宁撰写第四章；杨子萍撰写第十章第二节、第三节；高丽娟撰写第九章。全书由石书臣教授提出写作提纲和进行统稿、定稿。

　　本书的出版得到上海市教卫系统思想政治工作研究会的大力支持和帮助；全国高校思想政治教育研究会副会长、学术委员会主任、中山大学郑永廷教授对本书写作给予了很多指导，并欣然答应为本书作序，在此深表谢意！

　　在本书写作过程中，作者参考了许多同行专家和学者的有关著作和论文，在此对原作者一并表示感谢！上海师范大学马克思主义学院思想政治教育专业硕士研究生高玲玲、胡晶、吴启凤、李瑞娟分别在第二章、第三章、第五章、第七章的资料收集和整理方面付出了辛苦劳动；靖守侠、余晓珍、郑倩倩、刘静、刘莉参加了本课题的问卷调查及数据统计工作;杨艳、刘彦君进行了文字校对工作。在本书付梓之际,也向他们表示感谢!

由于作者水平所限,书中难免存在不妥之处,敬请同行专家、学者和读者们批评指正。

石书臣

2011 年 9 月 10 日

责任编辑:邓仁娥
装帧设计:曹　春
版式设计:程凤琴
责任校对:周　昕

图书在版编目(CIP)数据

主导论:多元文化背景下的高校德育主导性研究/石书臣 等著.
-北京:人民出版社,2011.12
ISBN 978－7－01－010440－9

Ⅰ.①主… Ⅱ.①石… Ⅲ.①高等学校-德育-研究-中国
Ⅳ.①G641

中国版本图书馆 CIP 数据核字(2011)第 237922 号

主导论:多元文化背景下的高校德育主导性研究
ZHUDAOLUN DUOYUAN WENHUA BEIJINGXIA DE
GAOXIAO DEYU ZHUDAOXING YANJIU

石书臣　等著

人民大出版社 出版发行
(100706　北京朝阳门内大街166号)

北京市文林印务有限公司印刷　新华书店经销

2011 年 12 月第 1 版　2011 年 12 月北京第 1 次印刷
开本:880 毫米×1230 毫米 1/32　印张:11.375
字数:251 千字

ISBN 978－7－01－010440－9　定价:28.00 元

邮购地址 100706　北京朝阳门内大街 166 号
人民东方图书销售中心　电话 (010)65250042　65289539